暨南大学成人教育会计本科系列教材编委会

会计学国家级教学团队系列教材

暨南大学成人教育会计本科系列教材

管理会计

胡玉明　丁友刚　卢　馨　编著

Management

Accounting

暨南大学出版社

JINAN UNIVERSITY PRESS

中国·广州

图书在版编目（CIP）数据

管理会计/胡玉明，丁友刚，卢馨编著 . —广州：暨南大学出版社，2013.9（2023.1 重印）
（暨南大学成人教育会计本科系列教材）
ISBN 978 - 7 - 5668 - 0606 - 2

I. 管… II. ①胡…②丁…③卢… III. ①管理会计 IV. ①F234. 3

中国版本图书馆 CIP 数据核字（2013）第 119497 号

管理会计
GUANLI KUAIJI
编著者：胡玉明　丁友刚　卢　馨

- -

出 版 人：张晋升
责任编辑：潘雅琴　黄朝阳
责任校对：黄　颖
责任印制：周一丹　郑玉婷

HTH| 出版发行：暨南大学出版社（511443）
电　　话：总编室（8620）37332601
　　　　　营销部（8620）37332680　37332681　37332682　37332683
传　　真：（8620）37332660（办公室）　37332684（营销部）
网　　址：http：//www.jnupress.com
排　　版：广州市天河星辰文化发展部照排中心
印　　刷：广东虎彩云印刷有限公司
开　　本：787mm×1092mm　1/16
印　　张：16
字　　数：370 千
版　　次：2013 年 9 月第 1 版
印　　次：2023 年 1 月第 4 次
印　　数：5001—5500 册
定　　价：39.50 元

总　序

　　会计是经济信息系统的重要组成部分和一种国际商业语言。将会计主体的财务信息真实、完整、及时地传递给内外部财务信息使用者，并满足这些财务信息使用者决策时的需要，这些对政府、投资者、债权人和管理者都是非常重要的。近年来，我国资本市场的诞生、规范和发展，彻底改变了我国企业传统的财务管理理念与方法，企业的投融资管理面临新的环境、方式和方法。财务与会计执业者所面临的各种外部环境（包括经济、政治、法律、文化环境等）发生了深刻变化，在经济全球化和管理信息复杂化的时代，会计人才不仅应具有系统、完备的会计与公司理财等方面的知识和技能，而且还必须具备国际视野，全面掌握国际会计准则，懂得国外主要经济体的相关会计法规、国际资本市场运行规律和其他相关的知识与技能。在这种背景下，为了满足会计人员学习、更新知识的需要，暨南大学会计学系、暨南大学教育学院、暨南大学出版社共同筹划了"暨南大学成人教育会计本科系列教材"，邀请暨南大学会计学系在各个学科具有丰富教学经验、有影响力的专家组成教材编写委员会，组织编写该系列教材，力求推出一套"理论与实务并重，本土化与国际化相融合，能够反映当前学科发展前沿水平，符合成人教育会计学本科特点的精品系列教材"。

　　"理论与实务并重"就是要针对会计学是实务性很强的经济管理科学这一特点，研究各成教会计教材所涉及的相关理论、方法及其应用，分析每一本教材的特点、难易程度和导读规律。既要讲清楚理论概念，又要设计必要的实例，通过案例教学，培养学生的实操能力。

　　"本土化与国际化相融合"就是要针对会计准则的国际趋同化与财务管理的国际市场化等趋势，在教材中充分借鉴国际标准和国外知名企业的先进管理理念和方法，并充分体现中国会计的特色和经验，力争做到本土化与国际化的有机结合。

　　"能够反映当前学科发展前沿水平"是指本系列教材应该在继承现有教材的优点和特色的基础上，吸收当前相关理论和实务操作的最新研究成果和发展动态，补充和修改相关教材体系与内容。其目的是使教材能够更好地适应新的环境变化，满足学生获取更多知识、增强专业技能的要求。

　　成人教育会计本科系列教材建设是一项长期而艰巨的任务,多年来,我们为此作出了不懈努力。我国的经济发展与改革日新月异,环境变化多样且复杂,相关理论和实务操作的研究成果不断涌现,由于我们的水平有限,本系列教材中存在的不周之处,恳请读者批评指正。

暨南大学成人教育会计本科系列教材编审委员会

2013 年 3 月

前　言

本书是作者在参阅国内外近年来出版的管理会计教材的基础上，结合多年的教学实践经验编写而成的。

与具有社会化特征的财务会计不同，具有个性化特征的管理会计侧重于为企业组织的内部经营管理服务。管理会计对企业组织的结构或体制以及企业组织所面临的市场环境具有依附性。鉴于此，作为成人教育会计本科系列教材之一，本书旨在通俗易懂地阐述管理会计的基本原理与方法，在写作过程中，力图体现如下三个特色：

第一，通俗易懂、由浅入深、循序渐进，尽量通过图表和例证讲解管理会计基本原理与方法，培养学生的管理思维和运用管理会计的理念。

第二，继承与发展相结合，在阐述管理会计基本原理的同时，注重管理会计的新发展。

第三，在阐述管理会计基本理念的同时，注重引导和培养学生"举一反三、触类旁通"的能力，感悟管理会计中数字的"灵性"。

为了体现上述三个特色，本书的基本框架如下图所示：

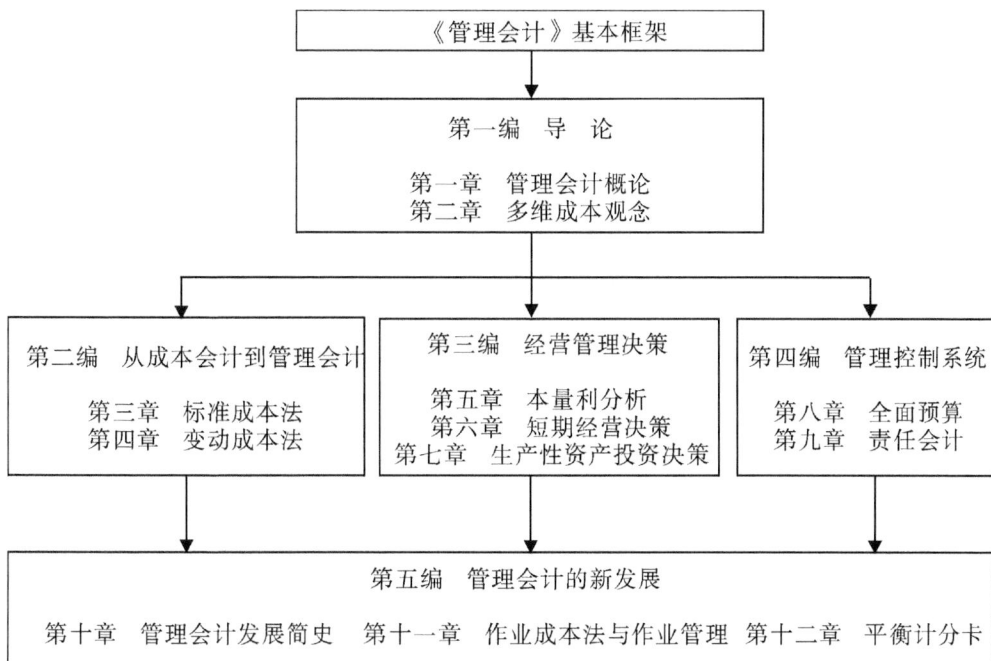

《管理会计》基本框架

第一编　导　论
第一章　管理会计概论
第二章　多维成本观念

第二编　从成本会计到管理会计
第三章　标准成本法
第四章　变动成本法

第三编　经营管理决策
第五章　本量利分析
第六章　短期经营决策
第七章　生产性资产投资决策

第四编　管理控制系统
第八章　全面预算
第九章　责任会计

第五编　管理会计的新发展
第十章　管理会计发展简史　　第十一章　作业成本法与作业管理　　第十二章　平衡计分卡

　　本书是暨南大学会计学系胡玉明教授、丁友刚教授和卢馨副教授在教学过程中共同合作的成果。全书分为五编，总共十二章。其中，第一章、第二章、第十章和第十二章由胡玉明负责编写；第三章、第四章、第五章、第六章和第七章由丁友刚负责编写；第八章、第九章和第十一章由卢馨负责编写。最后，由胡玉明负责全书的定稿工作。

　　学习管理会计自然离不开必要的练习，练习部分将体现在与本书配套的《管理会计学习指导书》之中。

　　我们会竭尽全力做好本书的编写工作，但是，由于我们的水平与时间之限制，书中难免存在不妥之处，敬请各位读者批评指正。

胡玉明
2013 年 5 月 7 日

目　录

第一编　导　论

第二编　从成本会计到管理会计

第三编　经营管理决策

第四编　管理控制系统

第五编　管理会计的新发展

第一编 导 论

　　管理会计是管理学与会计学相融合的一门综合性学科，它侧重于为企业组织的内部经营管理服务，对企业组织的结构或体制以及企业组织所面临的市场环境具有依附性。本编立足于企业组织及其管理行为，阐述管理会计的基本理念及其多维成本观念，为后续章节的学习奠定基础。

第一章　管理会计概论

现代会计以企业会计为主体，财务会计（Financial Accounting）与管理会计（Management or Managerial Accounting）是企业会计的两个重要领域。本章立足企业组织及其管理行为，阐述财务会计与管理会计的"同源分流"，并以此为基础讨论管理会计职业化及其道德规范问题。

通过本章学习，应该掌握如下内容：
1. 基于不同视角的企业组织
2. 现代会计的"同源分流"
3. 管理会计信息的基本特征
4. 管理会计在企业组织中的角色

第一节　企业组织及其管理行为

企业组织①通常可以理解为各个个体按照共同的目标而构造的有机体。企业组织主要通过适当的手段或方式获取并运用一定的经济资源实现其目标。这个过程就是人们熟知的资源合理配置过程。任何企业组织都面临"生产什么与生产多少"、"如何生产"和"为谁生产"等三个基本问题。如何解决这三个基本问题，通常涉及资源条件、技术条件、市场条件和制度安排，而制度安排则涉及企业组织形式及其管理行为问题。

一、企业组织形式

企业组织形式不同，其管理行为也有所不同。通常，企业组织形式主要包括独资企业（Sole Proprietorship）、合伙企业（Partnership）和公司（Corporation）三种。

（一）独资企业

独资企业是指一个人出资经营，出资者对企业债务承担无限责任的一种企业组织形式。在这里，作为出资人的业主是自然人，而不是法人。作为一种企业组织形式，对"独资"一词的理解不能停留在字面上的"望文生义"。例如，人们经常提到的"国有独资公司"，如果只是从字面上理解，它应该是独资企业，但是，"国有独资公司"的出资者不

---

① 本章用"企业组织"这个词，还隐含另一层意思：尽管本书受篇幅的限制，侧重于讨论营利组织的管理会计，但是，本书所讨论的管理会计基本原理与方法大部分还适用于非营利组织。

是自然人，而是代表全国人民的国家及其各级政府机构。因此，"国有独资公司"不是独资企业。同样，"外商独资企业"也不是独资企业。实际上，"外商独资企业"出现在中国，只能说是"没有中方参与股权的外资企业"，至于其组织形式如何，完全视其母公司的性质或在中国的注册情况而定。

通常，独资企业具有如下基本特征：

1. 独资企业创建成本比较低

独资企业的设立不必像筹建公司那样需要具备较多的条件和办理复杂的手续。因此，成立独资企业相当容易而且成本较低。

2. 独资企业需要的资本数额较少

由于独资企业的业主对企业的债务承担无限责任，法律对独资企业的设立限制比较少。业主不需要拥有太多的资本，就可以向有关机构申请登记设立。

3. 独资企业不是纳税主体

根据国际惯例，在许多国家，独资企业不是纳税主体，不必缴纳企业所得税，而是将独资企业的经营所得并入业主个人的收入，与业主的其他收入一起缴纳个人所得税①。

4. 独资企业难以筹集到大量的资本

由于个人的财力和信用度有限，独资企业在筹集资本方面受到较大的限制。这使得独资企业即使遇到有利可图的投资机会，也会因为不能筹集到足额的资本而错失良机。

5. 独资企业的业主对企业债务承担无限责任

当独资企业遭受清算时，如果独资企业的资产不足以偿还其全部债务，业主必须动用其个人财产偿还独资企业所负的债务。

6. 独资企业有限的生命力

独资企业会随着业主的死亡而宣告结束。

（二）合伙企业

合伙企业是指由两个或两个以上的业主（自然人）共同投资经营、共负盈亏、共担风险的企业组织②。国外的合伙企业大多数是以个人服务为主的行业，如会计师事务所、律师事务所、医师诊所等。在中国，合伙企业仅限于私营企业。根据《中国注册会计师法》规定，会计师事务所也可以采用合伙企业组织形式。

通常，合伙企业具有如下基本特征：

1. 合伙企业不是独立的法律主体

尽管在会计上，合伙企业是一个会计主体，但法律并没有赋予合伙企业法人的资格。合伙企业的对外事务都应以合伙人个人的名义进行。合伙企业依附于合伙人而存在。

2. 各合伙人互为代理

除非契约另有规定，在合伙业务范围内，对任何合伙人所执行的业务，其他合伙人都

---

① 有关这点，中国与国际通行惯例不一致。

② 中国的《民法通则》除了在第二章第五节对个人合伙作了规定之外，还在第三章第四节联营中规定了法人之间的合伙型联营。这实际上就是认可法人可以成为合伙人，突破了传统民法认为合伙人只能是自然人（个人）的界限。

应负责。每个合伙人都是其他合伙人的代理人。这就是各合伙人互为代理关系。互为代理在合伙企业意味着任何一个合伙人都有权在企业常规经营范围内代表企业签订合同。因此，所有与合伙之事有关的任何合伙人的行动，都对该合伙企业存在约束力。

3. 合伙人负无限责任

作为一般合伙人，不管其投资的金额多少，每个人都对合伙企业的债务负全部清偿责任即无限连带责任。如果合伙企业不能以企业资产清偿全部债务，合伙人必须用其个人财产还清负债。合伙人的无限责任与合伙人互为代理是密不可分的。一个不诚实或判断能力比较差的合伙人可能会签订使合伙企业陷于困境的合同。因此，合伙企业在选择合伙人的时候，必须谨慎从事，新合伙人入伙必须经过全体合伙人的同意。当然，合伙人可以通过建立有限合伙企业来避免对企业债务承担无限个人责任。这时，一般合伙人对企业的债务承担无限责任，而有限合伙人只以其投资额为限承担债务，有限合伙人拥有类似于公司股东的有限责任。一个合伙企业至少要有一个一般合伙人，以便负责清偿无法由合伙企业资产来偿还的那些债务。目前，国际上（包括中国）一些规模较大的会计师事务所就采用有限合伙企业形式。

4. 合伙企业生命的有限性

合伙企业是建立在契约基础上的人的组合。合伙人变动，不论是新合伙人的入伙，还是原合伙人退伙或死亡，都会使原来的契约终止。这时，无论形式上企业存在与否，实质上，原来的合伙企业已经不复存在。现在存在的合伙企业已经是一个新的合伙企业，合伙企业的存续期以全部合伙人持续拥有合伙企业的时间长度为限。

5. 合伙人共有财产

各合伙人可以用现金或其他财产向合伙企业投资入伙。但是，一旦入伙，各合伙人投入合伙企业的任何财产都成为全体合伙人的共同财产。合伙人不能对特定的财产项目提出要求权。嗣后，这些财产变卖的损益也属于合伙企业的损益。因此，合伙企业的资产是各合伙人共同拥有的资产，负债也是各合伙人共同的负债。

6. 合伙企业不是纳税主体

一般来说，合伙企业不是纳税主体，合伙企业的经营净收益按一定方法分配之后，成为各个合伙人的所得，与其他来源所得合并申报个人所得税。

7. 合伙企业损益分配具有伸缩性

合伙企业的损益可以按合伙人一致同意的方法在合伙人之间进行分配，具有相当程度的伸缩性。

（三）公司

无论是独资企业还是合伙企业，随着市场的拓展和需求的日益增大，企业组织的生产规模将继续扩大。这时，即使业主或合伙人每年自己拿出一部分利润用于再投资，扩大生产规模，企业组织仍然感到资本紧张。企业组织发现自己处于一个"两难困境"：企业组织越成功，发展越快，就越感到资本短缺。如何解决企业组织发展过程的资本问题便成为独资或合伙企业发展面临的重要问题。经历了多年的发展与探索，企业组织找到了通过使更多的人分享企业组织的利润或分担企业组织亏损的方式来获得更多的资本（股本）这个理想的方式。由此，公司这种企业组织形式便应运而生。

公司与前述的独资企业或合伙企业完全不同，它是由政府主管部门创造的法人组织，具有所有权与经营权分离的重要特性。正是由于这个特性，公司具有以下三个基本特征：

1. 公司具有无限的生命力

公司的股份可以自由转让，公司不会因为所有者或经营者的死亡而宣告结束，除非破产清算，公司具有无限的生命力。

2. 公司股份的转让相当方便

公司的注册资本划分为若干等额的股份，谁持有股份谁就是公司的所有者。在发达的金融市场上，股份的转让相当方便。

3. 公司的所有者即股东只负有限的偿债责任

公司的股东只以其出资额为限对公司的债务负责。

正是因为上述基本特征，公司筹集资本的能力相当强。但是，要成立一家公司，手续相当麻烦，需要披露众多信息，其创建成本和营运成本也比较高。不过，由于公司的股东只负有限责任、筹集资本能力较强和股权容易转让等因素，除了那些规模很小的企业组织之外，公司的优势还是相当明显的。也正因为如此，在美国，就数量而言，大约有80%的企业组织属于独资企业，而属于合伙与公司的企业组织则各占10%。但就销售额来说，大约有80%的销售额来自公司，约有7%的销售额来自合伙企业，至于独资企业的销售额则占总销售额的13%左右。可见，在现代经济生活中，公司占主导地位。

尽管各种不同的企业组织形式都需要运用管理会计辅助管理决策①，但是，企业组织形式不同，对管理会计的内在需求也不同，其运用管理会计的深度与广度自然也不同。

二、基于不同视角的企业组织

企业组织可以从多种视角予以描述。基于本书整体框架，这里仅从战略视角和价值链视角考察企业组织。

（一）基于战略视角的企业组织

如前所述，任何企业组织都面临"生产什么与生产多少"、"如何生产"和"为谁生产"等三个基本问题。其中，"生产什么与生产多少"和"为谁生产"就涉及企业组织基于特定管理情境（Management Context）的战略定位问题。

企业组织可以视为一种人造的有机整体。协同（Synergy）是企业组织设计的重要目标。通常企业组织由不同的经营单位组成，这些不同的经营单位都有各自的战略。企业组织的战略可以分为企业组织层面整体战略和经营单位层面战略两个层次。为了使企业组织的整体绩效高于各经营单位绩效之和，充分发挥"1＋1＞2"的效应，各个不同经营单位层面战略必须协调与整合，不能各自为政，违背企业组织的整体战略。传统的企业组织依据职能分工而设计，每个职能部门（经营单位）都有其自己的专业领域、语言和文化。由此，许多企业组织产生了职能部门（经营单位）之间沟通与协调的障碍，从而衍生出各职能部门（经营单位）各自为政，自建"藩篱"的现象，成为有效实施战略的重要障碍。

---

① 鉴于此，本书后面提及的"企业组织"不再明确区分各种不同的企业组织形式。

因此，企业组织应该将战略转化为统一的执行语言，化战略为统一行动，实现企业组织战略的协同效应。

过去，人们习以为常地将战略视为企业组织高层领导的"专利"。其实，战略的有效实施仅靠企业组织的首席执行官（Chief Executive Officer，CEO）等少数人的努力是难以奏效的。相反，战略的有效实施必须依赖企业组织每个员工的参与并作出相应的贡献。只有使企业组织董事会圆桌上的战略深入到每个员工的"心田"并成为其日常工作和行动的指南，才能使所有员工理解战略并以有利于战略实施的行为方式从事其日常工作。这就不能再采取传统的"上令下行"的命令方式，而必须采取"由上而下，自下而上"的战略沟通方式。更重要的还在于，不能只停留在让员工理解战略的层面上，要通过绩效评价与激励机制相结合使每个员工清楚并感受到其日常工作与战略休戚相关，激发员工对战略的兴趣与投入。如果企业组织的每个员工都理解战略并得到相应的激励，从而有效实施战略，战略便成为每个员工的日常工作了。

然而，企业组织的战略必须与企业组织内外部环境相适应。即便是优秀的领航员，希望顺利地带领一艘远航的船到达目的地，也需要根据风向和水流的变化，随时调整航线，难道企业组织就不需要根据环境的变化与时俱进地调整或修正战略？企业组织应该建立战略反馈与检讨机制，这是一个持续不断的循环机制。企业组织的战略只有成为一个连续的过程，才能保证企业组织这艘巨轮始终航行在正确的航道上，从而保证企业组织的可持续发展。

因此，基于战略视角，企业组织就是一个"战略制定—战略实施—战略修订—战略实施"无限循环的主体。完全可以说，不存在没有战略的企业组织，也不存在没有企业组织的战略，这就是当今"事事强调战略定位，时时强调战略定位"管理情境的生动写照。

（二）基于价值链视角的企业组织

在企业组织面临的三个基本问题中，"如何生产"就涉及企业组织的价值链（Value Chain）问题。价值链是指一系列企业组织职能，企业组织通过这些职能逐步使其产品或服务具备"有用性"这个重要特征，这些职能主要包括：

1. 研究与开发（Research and Development）

研究与开发是指与新产品、新服务、新流程有关的创意或实验。

2. 设计（Design）

设计是指产品、服务或流程的详细规划和执行。

3. 生产（Production）

生产是指企业组织为了生产产品或提供服务而进行资源配置与组合的过程。

4. 营销（Marketing）

营销是指企业组织让个人或群体了解、评价产品或服务属性，并引导其购买或接受该产品或服务的各种活动。

5. 分销（Distribution）

分销是指企业组织将产品或服务传递给顾客的过程。

6. 顾客服务（Customer Service）

顾客服务是指企业组织向顾客提供服务的活动。

上述这些职能构成企业组织价值链的基本价值活动。除了上述基本价值活动外，企业组织的价值链还包括诸如企业组织基础设施、人力资源管理、技术开发、采购等辅助价值活动。这些价值活动之所以称为辅助价值活动是因为这些价值活动并不直接表现为产品的生产和营销过程，它们对企业组织取得竞争优势具有长期的影响，并为企业组织取得竞争优势奠定物资、技术和人力基础。

企业组织的价值活动是构筑企业组织竞争优势的基石。但是，企业组织价值链的基本观念并不意味着企业组织应该按照价值链的顺序进行管理，更不意味着企业组织应该占据价值链的全部环节。对价值链的分析，不仅要分析价值链的各个构成要素，更为重要的是要从价值链的相互关系中分析其对企业组织竞争优势的影响。

任何企业组织要生存和发展，都必须为企业组织的投资者和其他利益相关者（Stakeholder）如顾客、员工、供应商、所在地区和相关行业创造价值。如果把企业组织这个"黑箱"打开，就可以把企业组织创造价值的过程分解成一系列互不相同但又相互关联的经济活动，或称之为增值活动，其总和便构成企业组织的价值链。每一项经营管理活动就是这个价值链的其中一个环节。

根据产品实体在价值链的各个环节的流转程序，企业组织的价值活动可以分为上游环节和下游环节两大类。企业组织的基本活动中，材料供应、产品研究与开发、设计、生产可以称为价值链的上游环节，产品的营销、分销和顾客服务可以称为价值链的下游环节。上游环节价值活动的中心就是产品，与产品的技术特性紧密相关；下游环节价值活动的中心是顾客，其成败在于顾客特点和服务。

在企业组织众多的价值活动中，并不是每一个环节都创造价值。企业组织所创造的价值实际上来自于企业组织价值链的某个特定的价值活动，企业组织的竞争优势，尤其是能够长期保持的优势，归根到底就是企业组织在价值链的某些特定环节的优势。企业组织抓住这些关键环节，也就抓住了整个价值链。这些特定环节就是企业组织的战略价值链环节。这些战略价值链环节可以是产品的研究与开发、产品或工艺设计，也可以是市场营销、信息技术，甚至是人事管理、财务管理等，因行业而异。

价值链观念可以揭示哪些价值活动应该控制在企业组织内部，哪些价值活动可以借助外部市场，以外购方式从企业组织外部获得。从更为广阔的国际视野来观察，企业组织还必须确定在企业组织应该内部控制的那些战略价值链环节中，究竟哪些应该安排在国内，哪些应该安排在国外，哪些应该分散，哪些应该集中。

因此，基于价值链视角，企业组织就是一个战略价值链环节的组合。有效设计的企业组织应该是一系列价值创造活动的集合体即价值链。企业组织的竞争优势取决于其战略价值链环节的竞争优势。

三、企业组织的管理过程及其行为

如前所述，企业组织通过管理实现其目标。管理就是企业组织借助于一定的行政权力分配所形成的科层结构，引导并激励企业组织成员的行为，不断适应企业组织内外部环境的变化，从而达到企业组织的既定目标。管理的主要职能包括计划、组织、协调、指挥与控制，这些管理职能的有效实施就构成了企业组织的管理过程。

然而，我们应该看到，企业组织是一个由人构成的有机体。更严格地说，企业组织的目标并不是与"企业组织"相联系，而是与"人"相联系。如果企业组织通过科层结构实施管理决策，其对象实际上是企业组织"人"的行为。

现代经济学的一个基本假设就是"人是理性的"。也就是说，企业组织的个人为了自身利益都会采取使其自身效用最大化的行为。从企业组织的所有者到经理人，再到普通员工，都是理性的人。这些人由于其自身的偏好各异，通常会表现出各种各样的需求，但是，由于资源的有限性或稀缺性，他们无法任意满足自身的所有需求。因此，每个理性的人在追求自身效用最大化的过程中，都会评估其所面临的各种机会，从而作出自己的选择。当然，由于人的认知能力、计算能力等方面通常都是有限的，人的理性也只能是"有限理性"。基于人的有限理性，人们只能选择"满意"的结果，而不是"最优化"或"最大化"的"理性"结果。

如前所述，企业组织是一系列契约的连接点。任何契约都是人签订的，人们正是通过签订契约而获得并保证其自身的利益。由于契约的不完备性，就产生了所谓"搭便车"或"代理问题"。因此，企业组织管理过程的实质就是调节、引导人的行为的过程。也正因为人的有限理性，企业组织才能通过各种制度（如激励机制）的设计，引导甚至改变人的行为，使"有限理性"的人的行为有助于实现企业组织中的战略目标。

第二节　管理会计基本概念

何谓管理会计？只有通过与财务会计的对比，才能更好地理解管理会计的基本概念。鉴于此，本节阐述财务会计与管理会计的区别与联系、管理会计信息的基本特征以及管理会计在企业组织中的角色等基本问题。

一、现代会计的"同源分流"

现代金融市场与现代公司制度的产生与发展，导致企业组织的所有权与经营权相分离。正是基于企业组织的所有权与经营权的"两权分离"，满足企业组织的所有者与经营者的不同信息需求，现代会计产生了"同源分流"，逐步形成了财务会计与管理会计两个相对独立的领域。

（一）财务会计与管理会计概述

现代会计包括两个相对独立的领域：财务会计与管理会计。

1. 财务会计概述

财务会计主要是立足企业组织，面向市场，通过定期地提供财务报告，为企业组织的利益相关者服务。现代金融市场与现代公司制度的产生与发展，使得会计信息使用者多元化。财务会计正是从这些不同信息使用者的利益和需求出发，集中研究有关的会计问题，并着重通过定期提供各种财务报告满足各相关利益者的不同需求。由此产生了以财务报表为中心的"会计观"，从而形成"财务会计"这个概念。

由于那些与企业组织存在经济利益关系的社会各界人士，都不直接参加企业组织的经营管理活动，只能从企业组织提供的财务报告获得有关企业组织的经营成果和财务状况等间接材料。为了保障其自身的经济利益，这些利益相关者自然要求财务会计站在"公证人"的地位，客观地反映情况，以保证有关资料的可靠性。于是，财务会计从日常的账务处理到最终提供财务报告，都要严格遵循符合企业组织外部各利益相关者利益的"公认会计原则"（Generally Accepted Accounting Principles，GAAP）[①]。财务会计之精华体现于公司财务会计，从一定意义上说，财务会计是一种社会化的会计，其提供的信息是一种社会化的公共产品。

企业组织的经理人具有投资者（Investor）与经营者（Manager）双重角色。财务会计（Financial Accounting Means Accounting for Financing）主要服务于经理人的投资者角色，解决"赚多少钱"（计量价值）的问题，侧重于解决企业组织如何"做大"的问题。

2. 管理会计概述

与财务会计不同，管理会计主要通过内部管理报表（Internal Managerial Statement）或绩效报告（Performance Report）为企业组织的内部经营管理服务，即为企业组织的经营管理决策提供相关信息。如果说财务会计是以财务报表为中心的"会计观"，那么，管理会计就是以经营管理为中心的"会计观"。如果说财务会计是社会化的会计，那么，管理会计就是个性化的会计。管理会计只为特定的信息使用者提供相关信息，即所谓"相关信息适时地提供给相关的人"（Right information is provided to the right people at the right time）。

管理会计（Management Accounting Means Accounting for Management）主要服务于经理人的经营者角色，解决"如何赚钱"（创造价值）的问题，侧重于解决企业组织如何"做强"的问题。

（二）现代会计的"同源"

之所以说财务会计与管理会计是现代会计的"同源"，是因为它们之间存在密切的联系。这主要表现在：

1. 财务会计与管理会计都是现代会计的重要组成部分

财务会计与管理会计都是企业组织经营管理的基本组成部分。在企业组织的实践中，完全没有必要同时存在财务会计与管理会计这两个相对独立的系统。实际上，财务会计与管理会计具有共同的基础：原始资料相同。以此为基础，财务会计与管理会计基于不同信息使用者信息需求的侧重点不同，各自对原始资料进行加工、整理和扩展。同时，财务会计与管理会计的服务对象也有交叉。尽管财务会计侧重于为企业组织的外部利益相关者服务，但是，它也为企业组织的内部经营管理决策服务；同样，管理会计虽然侧重于为企业组织的内部经营管理服务，它也同时为企业组织的外部利益相关者服务。

2. 财务会计与管理会计都依存于"受托责任"

这里所说的"受托责任"（Accountability）是过去简单的经管责任（Stewardship）的发展。在当今的社会，"受托责任"无处不在。只要存在委托代理关系，就存在"受托责任"。然而，基于现代金融市场与现代公司制度框架，企业组织是一系列契约的连接点，

---

① 在中国，称为企业会计准则。

发达的金融市场把许多"契约关系"连接在企业组织这个"连接点"上。现代金融市场与现代公司制度的发展，使得企业组织的外部"受托责任"变得模糊起来，而企业组织的内部"受托责任"则呈现出复杂化和层次化的趋势。财务会计侧重于企业组织的外部"受托责任"，管理会计侧重于企业组织的内部"受托责任"。从本质上说，财务会计与管理会计都是一种"受托责任"会计。

（三）现代会计的"分流"

之所以说财务会计与管理会计是现代会计的"分流"，是因为它们在提供信息的侧重点方面有所不同。由此，财务会计与管理会计又存在明显的差异，这主要表现在：

（1）财务会计侧重于为企业组织的外部利益相关者提供有助于决策的信息，而管理会计则侧重于为企业组织的内部经营管理决策提供相关信息。

（2）财务会计强调过去，而管理会计则强调现在与未来。

（3）财务会计受"公认会计原则"的制约，而管理会计则不受"公认会计原则"的制约。管理会计主要考虑经营管理决策的"成本效益"与管理行为问题。

（4）财务会计注重可证实性和货币性信息，而管理会计则较少强调可证实性，并强调货币（财务）性信息与非货币（财务）性信息并重以及数量计算与决策者的综合判断相结合。

（5）财务会计以会计主体为核心，而管理会计则强调多维的主体观念，它不仅仅把企业组织看成一个整体，还强调企业组织的分部。管理会计根据经营管理的需要可以将一个部门或一条生产线作为主体，也可以将一个人作为主体，甚至可以将一项作业作为主体。

（6）财务会计是一种强制性会计，必须按照有关规定定期地提供财务报告，而管理会计则是非强制性会计，根据经营管理决策需要提供相关信息。

（7）管理会计是一种综合性交叉学科。与财务会计相比，管理会计涉及更多其他相关学科，如管理学、心理学、社会学和行为科学等。

综合上述，尽管财务会计与管理会计的侧重点有所不同，但是，它们属于现代会计的"同源分流"，财务会计与管理会计的"同源分流"体现了经理人的投资者与经营者双重角色的和谐统一。由此，财务会计与管理会计的"同源分流"在企业组织的经理人层面实现提供信息（即记账、算账、报账与查账）与运用信息（即用账）的一体化。

二、管理会计信息的基本特征

要理解管理会计信息的基本特征，首先要了解会计信息的需求者。在当今的信息社会，"管理的重心在经营，经营的重心在决策"。因此，任何决策都离不开会计信息。鉴于此，企业组织的会计信息需求者相当广泛。

（一）会计信息需求者

尽管会计信息的需求者相当广泛，但是，归纳起来包括内外部信息需求者两大类：

1. 会计信息的内部需求者

会计信息的内部需求者主要包括企业组织各层次的经营者。会计信息的内部需求者主要运用会计信息制定企业组织的战略和重大决策（如购置设备、产品或服务定价、生产能力运用等）、长短期经营计划（预算）和控制日常经营活动。这类会计信息需求者的信息需求主要是管理会计信息，由管理会计提供。

2. 会计信息的外部需求者

会计信息的外部需求者主要包括与企业组织存在密切经济利益关系的利益相关者如股东、债权人、基金经理、证券分析、工会组织、税务机关、立法和监管机构等。这类会计信息需求者的信息需求主要是财务会计信息，由财务会计提供。

为了顺利实现企业组织的战略目标，一个有效的会计系统，其所提供的会计信息必须有助于解决如下三个问题：

（1）记录与评价问题（Scorekeeping and Valuation）。这主要回答"企业组织做得好还是不好"，也就是说，对企业组织经营过程的数据进行收集与归类，转化为会计这种"商业语言"，并结合企业组织的战略评价企业组织的经营绩效。这方面的工作需要财务会计信息与管理会计信息相结合。

（2）发现问题（Attention Directing）。这主要回答"企业组织存在哪些问题"，也就是说，报告并解释会计信息，结合企业组织的战略目标和经营计划（预算），诊断企业组织经营过程中存在的问题，从而发现企业组织面临的机会与挑战。这方面的工作主要借助于管理会计信息。

（3）解决问题（Problem Solving）。"看不到问题是最大的问题"，如果企业组织看不到经营过程中存在的问题，所谓的分析问题和解决问题就根本无从谈起。既然企业组织发现了其经营过程存在的问题或机会，接下来的工作就是如何解决这些问题。在企业组织的经营管理实践中，通常存在多种解决问题的方案。如何从各种可能的解决问题方案中选择出合适的方案，这就需要借助于管理会计信息。

由此可见，不同会计信息需求者的信息需求不同，财务会计信息与管理会计信息相结合，有助于全面满足会计信息需求者的信息需求。

（二）管理会计信息的基本特征

与财务会计信息不同，管理会计信息具有如下基本特征：

1. 管理会计信息强调财务性信息与非财务性信息并重

适应 21 世纪知识经济时代"智本管理"要求以及基于对管理特性的新认识，管理会计的方法论可归结为三个"重于"、三个"并重"。所谓三个"重于"是指：①"衡量"（Measuring）重于"计算"（Counting）或者"多衡量，少计量"（Measuring More, Counting Less）；②"认知性"（Cognition）重于"精确性"（Precision）；③"悟性"重于"理性"。而所谓三个"并重"是指：①量化与非量化并重；②量化的各种形式并重；③量化的各种形式中，货币计量与非货币计量并重。

由此，管理会计信息强调财务性信息（Financial Information）与非财务性信息（Nonfinancial Information）并重。财务性信息通常属于结果导向的滞后性信息（Lagging Information），而非财务性信息通常属于过程（原因）导向的前置性信息（Leading Information）。财务性信息有助于企业组织发现问题（认识到存在问题），但未必有助于分析问题和解决问题（确定存在哪些问题及其解决方案）。这时，信息需求者"只知其然，不知其所以然"。管理会计强调财务性信息与非财务性信息并重，信息需求者"不仅知其然，更知其所以然"。

2. 管理会计信息强调信息的行为意义

管理会计绝非是纯技术性的会计方法。从更深层次的角度看，管理会计涉及企业组织经理人的价值观念与行为取向问题。归根到底，管理会计职能属于行为职能（Behavioral Function），即能对人的行为施加积极影响的职能。任何管理会计程序的有效性归根到底取决于它如何影响企业组织经理人的行为。当然，企业组织经理人的行为也影响管理会计程序的选择与运用。现代企业组织是一个人力资本与非人力资本的特别合约，作为人力资本所有者的经理人具有思想、感情和行为动机。

因此，在管理会计信息的产生、传递和运用过程中，如何解释、预测和引导企业组织经理人的行为，使管理会计信息的行为职能在企业组织得到有效的发挥就成为管理会计关注的重点。例如，如果企业组织的经理人知道哪些管理会计信息将成为预算或绩效评价的信息或指标，就会关注这些信息以及产生这些信息背后的经营活动，从而努力完成这些经营活动。这就是"评价什么，就得到什么"（You got what you measured）的道理之所在[1]，这就是管理会计所强调的信息的行为意义（Behavioral Implications）。

3. 管理会计信息是一种近似值

有些会计信息如库存现金余额可以做到十分准确，而有些会计信息如未来现金流量数额只能是一种粗略的近似估计。如前所述，管理会计强调现在与未来。这样，绝大多数的管理会计信息属于近似值，它只能是对现在或未来发生的事项的估计。

4. 管理会计信息来源与取值范围取决于信息需求者的目的

如前所述，管理会计只为特定的信息使用者提供相关信息，即所谓"相关信息适时地提供给相关的人"。某项管理会计信息是否相关取决于信息需求者是谁及其时间要求，以成本信息为例，管理会计提供的成本信息强调其决策的相关性，而不是精确性，奉行"不同目的，不同成本"（Different costs for different purposes）的信条。

三、管理会计在企业组织中的角色

通常，管理会计是企业组织的一个决策支持系统（Decision Support System，DSS）。作为一个决策支持系统，管理会计的基本目标包括：①为企业组织的利益相关者提供有助于决策的相关信息即促进决策（Decision Facilitating）；②为企业组织的经营控制与管理决策提供相关信息即促进决策；③参与制定并实施企业组织的战略，通过提供相关信息，对企业组织成员进行激励与管理即影响决策（Decision Influencing）。任何管理会计系统的真正价值都体现于其所提供信息的价值。

作为企业组织的决策支持系统，管理会计是企业组织管理系统的重要组成部分。从管理会计的基本目标来看，管理会计与企业组织的战略制定、经营决策机制、绩效评价以及激励机制紧密联系，难以人为地将其割裂开来。图 1－1 描绘了管理会计在企业组织中的角色。

---

[1] 当然，如果企业组织的经理人可以操纵这些信息，就有可能出现"评价什么，就失去什么或得不到什么"（You lost what you measured），这也是管理会计信息的行为意义。

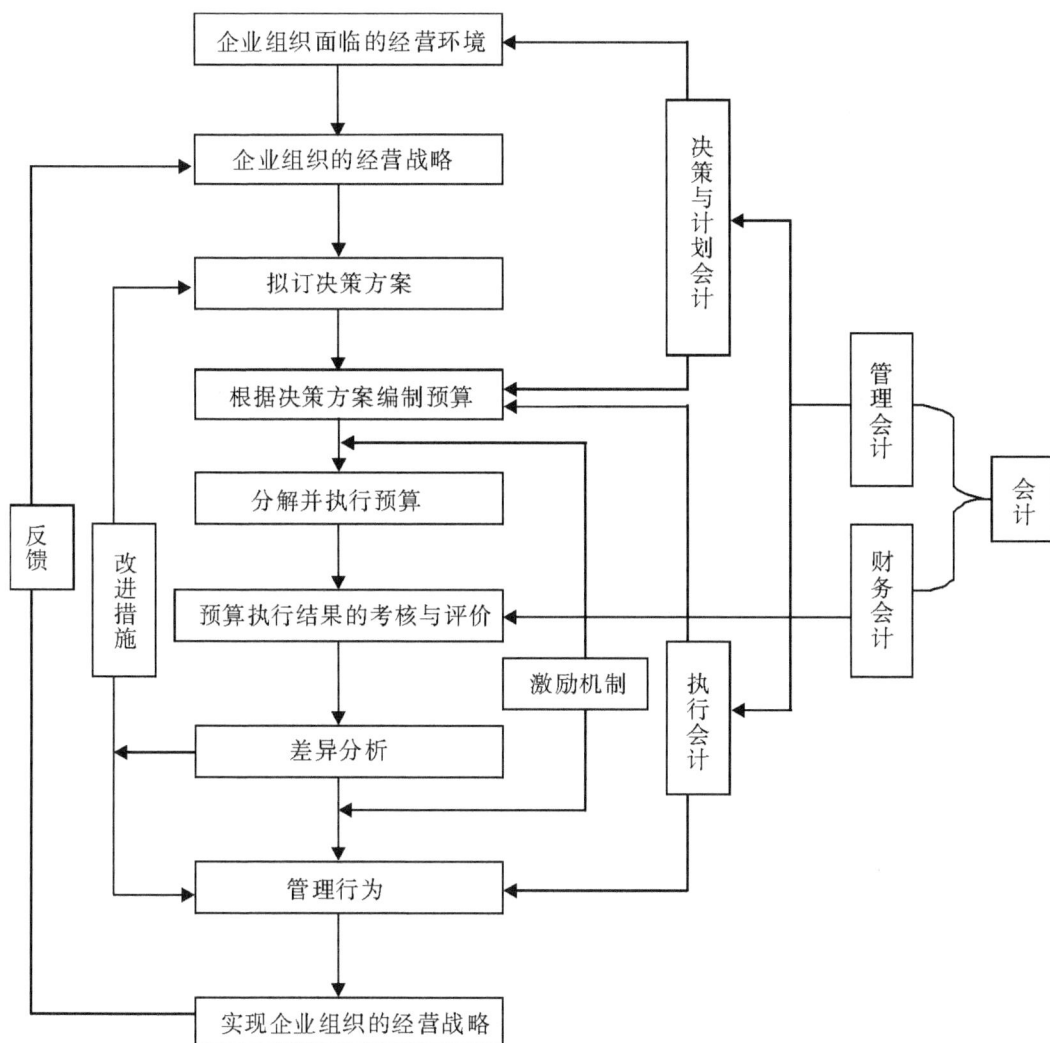

图 1－1　管理会计在企业组织中的角色

由图 1－1 可以看出，基于"环境—战略—行为—过程—结果"一体化的逻辑框架，管理会计贯穿企业组织的经营管理过程之始终。由此，管理会计形成了以"决策与计划会计"和"执行会计"为主体的基本框架。其中，"决策会计"居首位，因为计划以决策为基础，计划只是决策所确定目标的综合体现。

第三节　管理会计职业化及其道德规范

在西方国家，尤其是美国和英国，管理会计已经完全职业化。为了更好地理解管理会计，下面以美国和英国为例，简要阐述管理会计职业化以及与此相关的道德规范问题。

一、专业机构与职业资格考试

在美国和英国，专业机构和职业资格考试推动了管理会计的职业化。

（一）专业机构

1. 美国的专业机构

在美国，许多组织对管理会计的发展具有重要的影响力。其中，最有影响力的当属成立于 1919 年的美国管理会计师协会（Institute of Management Accountants，IMA）。该协会拥有近十万名会员，非常关注管理会计的发展及其职业化问题。美国管理会计师协会下设管理会计实务委员会（Management Accounting Practice Committee）和注册管理会计师协会（Institute of Certified Management Accountants，ICMA）。管理会计实务委员会发布管理会计实务公告（Statement on Management Accounting Practice）。同时，每月末出版《管理会计》（*Management Accounting*）杂志，探讨管理会计实务，成为注册管理会计师的重要读物，注册管理会计师协会则负责注册管理会计师（Certified Management Accountant，CMA）和注册财务管理师（Certified Financial Management，CFM）的考试与管理工作。

2. 英国的专业机构

在英国，同样有许多组织对管理会计的发展具有重要的影响力。其中，最有影响力的当属成立于 1919 年的特许管理会计师协会（The Chartered Institute of Management Accountants，CIMA）。该协会是全球最大的国际性管理会计师组织，也是国际会计师联合会（IFAC）的创始成员之一，目前拥有近二十万名会员和学员。特许管理会计师协会负责特许管理会计师的职业资格（CIMA）认证，2012 年，特许管理会计师协会与美国注册会计师协会（American Institute of Certified Public Accountants，AICPA）联合推出"全球特许管理会计师"（Chartered Global Management Accountant，CGMA）。

（二）职业资格考试

1. 美国职业资格考试

在美国，管理会计师协会举办注册管理会计师考试的目的在于：①确定注册管理会计师的角色及其运用的技能，并认定其为一种职业；②在管理会计方面，培养具有较高教育水平的专业人才；③确定个人管理会计知识及技能的客观评价标准。

在美国，注册管理会计师的考试科目包括：①商业分析（Business Analysis）；②管理会计与报告（Management Accounting and Reporting）；③战略管理（Strategic Management）；④商业应用（Business Applications）①。

在美国，要取得注册管理会计师资格证书，必须具备以下条件：①满足最基本的会员资格（学士学位或通过注册会计师考试）；②在三年之内通过注册管理会计师的四门考试

---

① 近年来，美国注册管理会计师协会在中国推行中文注册管理会计师考试，考试科目合并为"财务规划、绩效与控制"和"财务决策"两个综合科目。"财务规划、绩效与控制"包括"规划、预算编制与预测"（30%）、"绩效管理"（25%）、"成本管理"（25%）、"内部控制"（15%）和"职业道德"（5%）。"财务决策"包括"财务报表分析"（25%）、"公司理财"（25%）、"决策分析与风险管理"（25%）、"投资决策"（20%）和"职业道德"（5%）。这两个考试科目都是 100 道选择题和 2 道问答题，考试时间 4 个小时。

科目的考试；③在专业上具备两年的工作经验；④每三年至少需要 90 小时的职业性教育，以保证执业能力。

2. 英国职业资格考试

在英国，特许管理会计师的考试科目包括：①管理会计基础（Fundamental of Management Accounting）、财务会计基础（Fundamental of Financial Accounting）、商业数学基础（Fundamental of Business Mathematics）、商业经济基础（Fundamental of Business Economics）和道德、公司治理与商法基础（Fundamental of Ethics, Corporate Governance and Business Law）等五个基础级（Fundamental Level）科目，通过基础级科目考试者，可以获得 CIMA 商业会计证书（CIMA Certificate in Business Accounting）；②绩效评价（Performance Evaluation）、决策管理（Decision Management）、组织管理与信息系统（Organizational Management and Information Systems）、综合管理（Integrated Management）、财务会计与税务原理（Financial Accounting and Tax Principles）和财务分析（Financial Analysis）等六个管理级（Managerial Level）科目；③风险与控制战略（Risk and Control Strategy）、企业战略（Business Strategy）和财务战略（Financial Strategy）等三个战略级（Strategic Level）科目；④管理会计职业能力考试级（The Test of Professional Competence in Management Accounting Level，TOPCIMA Level）。这是一份案例研究，要求参与考试者基于模拟的商业背景运用战略管理会计方法作出决策，它涵盖了战略级三个科目的内容，不过，更侧重于战略、实务知识与现实商业环境的转化。

上述资格考试科目按顺序进行，只有通过基础级科目考试并拥有 CIMA 商业会计证书，才能进入管理级科目考试，且只有通过管理级科目考试，才能进入战略级科目考试。只有全部通过基础级、管理级和战略级科目的考试，才能进入管理会计职业能力考试级的考试。只有通过管理会计职业能力考试级并提交三年工作经验的相关证明文件，才能得到特许管理会计师协会的特许管理会计师职业资格（CIMA）认证并成为特许管理会计师。

在西方国家，尤其是美国和英国，正是通过注册（特许）管理会计师的职业资格考试与认证，才使得管理会计职业化①。

二、管理会计师职业道德规范

以美国为例，管理会计师对公众、专业团体、服务机构及其本身，都具有维护和遵守最崇高道德准则的义务。鉴于此，美国管理会计师协会颁布了《管理会计与财务管理从业者道德行为准则》（Standards of Ethical Conduct for Practitioners of Management Accounting and Financial Management），该道德行为准则包括技能（Competence）、保密（Confidentiality）、廉正（Integrity）和客观（Objectivity）等四个方面的内容。

（一）技能

管理会计与财务管理从业者有如下义务：①提高知识及技能，以保持适当的执业技术

---

① 在中国，尽管全国和各省市都设置了总会计师协会，也有会计师系列职称考试，但是，其主要目标是培养财务会计从业人员。在管理会计方面，一直缺少组织和协调全国管理会计从业人员，促进中国管理会计的发展与职业化的相应的组织管理机构，这不能不说是一种缺憾。

水平；②依据有关法律、规章及技术标准，履行其职业责任；③在恰当地分析相关及可靠性资料之后，提供完整而清晰的报告及建议。

（二）保密

管理会计与财务管理从业者有如下义务：①除法律规定外，非经核准，不得将其工作中所获取的机密信息对外泄露；②告知下属要恰当地对待在工作中所获取有关资料的机密性，并监督其行为，以确保维护机密；③禁止将工作中所获取的机密资料，经由个人或第三者，用于非法或不道德的牟利行径。

（三）廉正

管理会计与财务管理从业者有如下义务：①避免介入实际或明显的利害冲突，并向任何可能的利害冲突方提出忠告；②不得从事道德上有害于其履行职责的活动；③拒绝接受影响或可能影响其行动的任何馈赠、好处或宴请；④不得主动或被动地破坏组织的传统及道德目标的实现；⑤对妨碍判断或成功执行任务的职业限制或其他约束，予以及时了解与沟通；⑥沟通不利与有利的信息以及职业判断或意见；⑦不得介入或支持任何有损于职业形象的活动。

（四）客观

管理会计与财务管理从业者有如下义务：①公平而客观地沟通信息；②充分披露可合理预见，并可能影响使用者理解的报告、评论和建议等相关信息。

📖 本章小结

本章立足于企业组织形式、企业组织管理过程及其行为，以企业组织的所有权与经营权相分离即"两权分离"为基础，讨论现代会计的"同源分流"。在这个基础上，立足管理会计，讨论管理会计信息的基本特征和管理会计在企业组织中的角色，总结管理会计基本框架。在本章的最后，讨论了西方国家管理会计职业化及其道德规范问题。

关键术语和概念

独资企业　合伙企业　公司　管理会计　财务会计　战略　价值链
受托责任　决策与计划会计　执行会计　管理会计职业化　注册管理会计师
职业道德规范

拓展阅读①

1. ［美］韦恩·J. 莫尔斯，詹姆斯·R. 戴维斯，阿尔·L. 哈特格雷夫斯. 管理会计——侧重于战略管理（第3版）. 张鸣译. 上海：上海财经大学出版社，2005.

---

① "拓展阅读"的书目也是本章的"主要参考文献"，下同。

2. ［美］罗纳德·W. 希尔顿．管理会计学：在动态商业环境中创造价值（原书第 5 版）．阎达五，李勇等译．北京：机械工业出版社，2007.

3. ［美］安东尼·A. 阿特金森，罗伯特·S. 卡普兰，埃拉·梅·玛苏姆拉，S. 马克·杨．管理会计（第 5 版）．王立彦，陆勇，樊铮译．北京：清华大学出版社，2009.

4. ［美］查尔斯·T. 亨格瑞，加里·L. 森登，威廉姆·Q. 斯特尔顿，戴维·伯格斯塔勒，杰夫·舒兹伯格．管理会计教程（第 15 版）．潘飞，沈红波译．北京：机械工业出版社，2012.

5. 宋献中，胡玉明．管理会计：战略与价值链分析．北京：北京大学出版社，2006.

6. 胡玉明．管理会计．北京：中国财政经济出版社，2009.

7. 胡玉明，丁友刚，卢馨．管理会计（第 2 版）．广州：暨南大学出版社，2010.

第二章　多维成本观念

在当今的信息社会中，任何经营管理决策都离不开信息，成本信息是企业组织经理人极为关注的信息。在企业组织经营管理决策过程中，决策者强调成本信息的相关性。因此，决策者奉行"不同目的，不同成本"的信条。成本信息必须满足存货计价与收益确定（总体上属于财务会计范畴的成本观念）、管理控制（基于控制目的的成本观念）和管理决策（基于决策目的的成本观念）三种目的，单一的成本信息难以满足上述三种目的。在管理会计学科中，根据管理决策需要，采用不同的成本观念，由此形成一个广义的、多维的成本观念。本章简要地阐述管理会计的多维成本观念，以便为后续章节更具体的讨论奠定基础。

通过本章学习，应该掌握如下内容：
1. 基于存货计价与收益确定的成本观念及其分类
2. 基于控制目的的成本观念及其分类
3. 基于决策目的的成本观念及其分类
4. 在实现企业组织的经营管理决策过程中运用多维成本观念

第一节　基于存货计价与收益确定的成本观念

基于存货计价与收益确定的成本观念主要满足企业组织存货计价与收益确定的信息需求，这类成本通常称为财务性成本。根据企业组织的需求，财务性成本可以按不同标志分类。

一、财务性成本按其管理职能分类

按其管理职能，企业组织的财务性成本可以分为制造成本（Manufacturing Cost）与非制造成本（Nonmanufacturing Cost）。

（一）制造成本

制造成本，又称生产成本，指企业组织在产品生产过程所发生的成本。制造成本包括直接材料（Direct Material）、直接人工（Direct Labor）和制造费用（Manufacturing Overhead）。

1. 直接材料

直接材料指企业组织在产品生产过程所耗用的构成产品主要成分，并易于追溯到特定产品的材料成本。有些材料成本虽然也构成产品的实体，但难以追溯到该特定产品或需要花较多的精力才能追溯到该特定产品。根据成本与效益原则，这种材料成本就不归集为直接材料，而称为间接材料（Indirect Material），归入制造费用项目。尽管从理论上说，这种材料成本也构成产品的实体。值得指出的是，直接材料与间接材料的区分主要根据成本效益原则和重要性原则。

2. 直接人工

直接人工指企业组织在产品生产过程直接参与产品的生产过程所耗用的，并能追溯到特定产品的人工成本。同样，对于那些难以或要花较多的精力才能追溯到该特定产品的人工成本，也不归集为直接人工，而称为间接人工（Indirect Labor），它与前述的间接材料一并归入制造费用项目。

3. 制造费用

制造费用，又称间接费用，指企业组织在产品生产过程所发生的不能归入直接材料、直接人工成本的所有其他费用。制造费用通常分为间接材料、间接人工和其他间接费用（Other Manufacturing Overhead）三部分。

（1）间接材料。间接材料指企业组织在产品生产过程所耗用，但无法归入特定产品的材料成本，如修理设备用的材料等项目。

（2）间接人工。间接人工指为企业组织产品生产过程服务但不直接参与产品生产制造的人工成本，如维修人员的工资等项目。

（3）其他间接费用。其他间接费用指不属于间接人工、间接材料的其他各种间接费用，如厂房机器设备的折旧费、修理费、保险费、税金等项目。

值得注意的是，那些发生于产品生产过程之外的费用都不属于制造费用。

上述制造成本中，直接材料和直接人工通常合称主要成本（Prime Cost），而直接人工和制造费用通常合称加工成本（Conversion Cost）。

（二）非制造成本

非制造成本，又称非生产成本，指不属于生产制造领域，但为企业组织的经营管理服务所发生的成本。非制造成本可进一步分为销售费用（Marketing or Selling Cost）与管理费用（Administrative Cost）两类[①]。

1. 销售费用

销售费用指企业组织在产品销售过程所发生的成本，如营销人员的工资、差旅费以及广告费等项目。

2. 管理费用

管理费用指为组织、指导和控制企业组织的各项经济业务所发生的经营管理费用，如管理人员工资、办公费、邮电费、非经营性固定资产的保险费和折旧费等项目。

---

① 在中国，非制造成本还包括财务费用。财务费用指企业组织短期融资所发生的费用，如融资手续费和利息费用。

二、财务性成本按其时间归属分类

企业组织在一定时期内发生的财务性成本，按其时间归属可以分为产品成本（Product Cost）与期间成本（Period Cost）。

（一）产品成本

产品成本，又称可盘存成本（Inventoriable Cost），指与产品的生产存在直接关系的成本。其承担成本的客体是产品，按产品来归集并计算成本。其成本随着产品流动而流动，如果特定产品销售出去了，那么，其成本为产品销售成本（Cost of Good Sold）而与产品销售收入相配比；如果特定产品尚未销售或未完全销售出去，那么，其成本将作为存货结转到下一个会计分期。可盘存成本的名称由此而来，前述的制造成本即属于可盘存成本。

（二）期间成本

期间成本，又称为不可盘存成本（Uninventoriable Cost），指随着时间的推移在某个特定期间内发生的成本，由当期的损益负担，不结转到下一个会计分期。这类成本与特定产品无关，而与该期间的时间长短存在密切的关系。不可盘存成本的名称由此而来，前述的非制造成本即属于期间成本。

三、财务性成本按其归属于产品的难易分类

企业组织的财务性成本，有些与某特定产品或部门存在直接的联系，很容易归属于特定成本计算对象；有些与某特定产品没有直接的联系，无法按照某种标志归属于特定产品或部门。企业组织的财务性成本按其归属于产品的难易程度可以分为直接成本（Direct Cost）与间接成本（Indirect Cost）。

（一）直接成本

直接成本，又称可追溯成本（Traceable Cost），指可以直接计入特定产品的成本如直接材料、直接人工。

（二）间接成本

间接成本，又称不可追溯成本（Untraceable Cost），指不能直接计入特定产品的成本如制造费用。由于间接成本不能直接归属于特定产品，而是由许多产品或部门共同负担。因此，应该通过合理的方法在各种产品或部门之间进行分配与再分配，使其恰当地归属于各相关的特定产品或部门。

四、财务性成本按其与企业组织经营活动的联系分类

现代企业组织的经营活动包括生产经营与资本经营。相应的，现代企业组织的财务性成本包括生产经营成本与资本经营成本（简称资本成本，Cost of Capital）。企业组织的生产经营成本发生于企业组织生产经营过程，包括产品成本与期间成本。它主要与生产要素市场相联系。企业组织的资本经营成本发生于企业组织的资本经营过程，包括债务资本成本（Cost of Debt）和权益资本成本（Cost of Equity），它主要与资本市场相联系。由此可

见，生产要素市场与资本市场共同影响企业组织的财务性成本。因此，企业组织在一定时期内发生的财务性成本，按其与企业组织经营活动的联系可以分为生产经营成本与资本经营成本。

第二节 基于控制目的的成本观念

基于控制目的的成本观念主要满足企业组织经营控制的信息需求，这类成本通常称为控制性成本。基于控制目的的成本观念，与前述基于存货计价与收益确定的成本观念有所不同。

一、控制性成本按其成本性态分类

成本性态（Cost Behavior），又称成本习性，指成本总额的变动与业务量之间的依存关系，也就是在一个特定的相关范围（Relevant Range）内，如果某项业务量发生变动，与之相对应的成本将如何变动。

按照成本性态，控制性成本可以分为变动成本（Variable Cost）与固定成本（Fixed Cost）。

（一）变动成本

变动成本指在相关范围内，成本总额与业务量成正比例变动关系的成本项目，如直接材料成本、直接人工成本等项目。这些成本项目的发生额都与业务量存在直接的联系，业务量增加，变动成本总额也增加；业务量减少，变动成本总额也减少。但是，如果从单位业务量分摊的变动成本来看，则正好相反。单位业务量分摊的变动成本即单位变动成本（Variable Cost Per Unit，VCPU）在相关范围内固定不变，即不随着业务量的变化而变化。

如果用 VC 代表变动成本总额，b 代表单位业务量分摊的变动成本，X 代表业务量，那么，变动成本的性态可用代数式表示如下：

$$VC = bX$$

变动成本的上述性态，如图 2 - 1 所示。

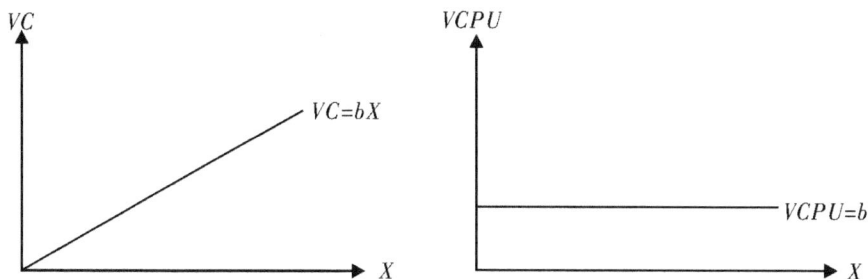

图 2 - 1　变动成本的性态

（二）固定成本

固定成本指在相关范围内，成本总额不受业务量变动的影响而保持固定不变的成本项目，如生产用厂房、设备按直线法计提的折旧费用①、保险费用、广告费用和管理人员工资等成本项目。但是，如果从单位业务量分摊的固定成本来看，则恰好相反，单位业务量负担的固定成本即单位固定成本（Fixed Cost Per Unit，FCPU）与业务量的增减成反比例关系，即业务量越大，单位业务量负担的固定成本越小；业务量越小，单位业务量负担的固定成本越高。

如果用 a 代表固定成本总额，固定成本（FC）的性态可用代数式表示如下：

$$FC = a$$

固定成本的上述性态，如图 2-2 所示。

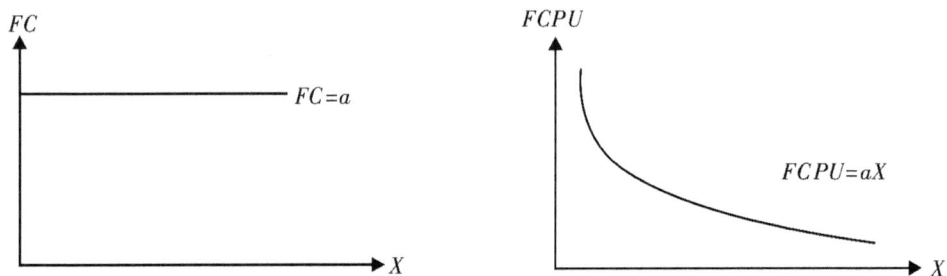

图 2-2　固定成本的性态

通常，固定成本还可以进一步细分为约束性固定成本（Committed Fixed Cost）与酌量性固定成本（Discretionary Fixed Cost）。约束性固定成本指不因企业组织经理人的经营管理决策而改变的固定成本项目。它是一种维持企业组织生产能力的成本，如前述的生产用厂房、设备按直线法计提的折旧费用，而酌量性固定成本则因企业组织经理人的经营管理决策而发生的成本，如前述的广告费用。不过，如果企业组织面临严峻的经营环境，经理人也可能会在短期内削减某些或部分约束性固定成本。

上述对固定成本与变动成本的论述中，多次提到"相关范围"一词。在这里，"相关范围"有两层含义：①特定的期间；②某一特定的业务量水平范围。上述成本性态只有在相关范围内才有效，因为企业组织的经营管理决策存在长短期之分。就长远观点而言，一切成本项目都是可变的。即使在短期内保持不变的成本项目，也只是就某个特定业务量范围而言，超出这个业务量水平，成本性态也会发生变化。对变动成本而言，也只有在相关范围内，成本总额与业务量呈线性关系的假设才有效。因此，成本性态研究的焦点在于"相关范围"。

---

①　直线法是固定资产计提折旧的方法之一。根据直线法，固定资产应计提折旧的价值在固定资产使用年限内平均分配，与业务量无关。如果企业组织采用工作量法或产量法计提折旧，折旧费用就是一种变动成本。

值得指出的是，在企业组织的经营管理实践中，并非所有的成本项目都可以分为变动成本与固定成本。有些成本项目可能同时包含变动成本与固定成本两个因素，这类成本项目，其成本发生总额虽然也受业务量变动的影响，但并不存在绝对或严格的比例关系。这类成本项目称为混合成本（Mixed Cost）或半变动成本（Semi – variable Cost），但是，企业组织的经理人可以运用一定的技术方法将其分解为变动成本与固定成本。从理论上说，一切成本项目按其成本性态都可以分解为变动成本与固定成本。正因为如此，混合成本没有必要单独列为一类成本项目。

（三）混合成本的分解

通常，混合成本分解的方法主要包括历史成本分析法、工程研究法、账户分类法和合同认定法。但是，较常用的是历史成本分析法。因此，下面着重讨论历史成本分析法。历史成本分析法包括高低点法（High – low Points Method）、散布图法（Scatter Diagram Method）和回归分析法（Regression Analysis Method）。

1. 高低点法

高低点法通过观察相关范围内成本总额与业务量的最高点和最低点之间的差异分解混合成本。

这种方法假设成本总额与业务量存在线性关系即其成本表达式为：

$$Y = a + bX$$

设 X_1、X_2 分别为最高点和最低点的业务量；Y_1、Y_2 分别为最高点和最低点的成本总额，那么：

$$Y_1 = a + bX_1 \qquad (1)$$
$$Y_2 = a + bX_2 \qquad (2)$$

由（1）–（2）得到：$Y_1 - Y_2 = b\ (X_1 - X_2)$

$$b = \frac{Y_1 - Y_2}{X_1 - X_2} \qquad (3)$$

将（3）代入（1）与（2）中，求出 a 与 b 的数值之后，成本表达式 $Y = a + bX$ 也就随之确定。这样既把混合成本分解成为固定成本与变动成本，又可用于预测在相关范围内基于某个业务量水平的混合成本总额。

【例 2 – 1】明湖公司 2012 年度 1～12 月份维修成本的历史数据，如表 2 – 1 所示。

表 2 - 1　明湖公司 2012 年度 1 ~ 12 月份维修成本的历史数据

项目 ＼ 月份	1	2	3	4	5	6	7	8	9	10	11	12
机器工作小时（X）	1 200	1 300	1 150	1 050	900	800	700	800	950	1 100	1 250	1 400
维修成本（Y）	900	910	840	850	820	730	720	780	750	890	920	930

如果明湖公司 2013 年 6 月份预计机器工作小时为 750 小时，则其维修成本将为多少？

根据表 2 - 1，首先确定在相关范围（700 ~ 1 400 小时）内的最高点与最低点：

	机器工作小时（X）	维修成本（Y）
最高点	1 400	930
最低点	700	720
最高点与最低点差异	700	210

其次，运用高低点法分解维修成本：

$b = （930 - 720） / （1 400 - 700） = 0.30$ 元/小时

$a = 930 - 0.30 \times 1 400 = 510$ 元或 $a = 720 - 0.30 \times 700 = 510$ 元

最后，写出维修成本的表达式：

$Y = 510 + 0.30X$

明湖公司 2013 年 6 月份预计机器工作小时为 750 小时，则其维修成本将为 735 元（510 + 0.30 × 750）。

值得指出的是，在企业组织的经营管理实践中，高低点的业务量与成本总额未必严格对应，也就是说业务量最高，但与之相对应的成本总额却未必最高；业务量最低，但与之相对应的成本总额却未必最低。这时，应该以业务量的最高点或最低点确定成本总额的最高点或最低点，因为业务量是成本总额发生的动因（Driver）。

高低点法计算简单，便于运用。但是，它只用最高点与最低点确定成本性态。如果最高点与最低点缺乏代表性，那么，其结果可能与实际相去甚远。

2. 散布图法

散布图法是将观察的历史成本数据，在直角坐标系上作图，描绘出各期成本点散布图，并根据目测，在各成本点之间画出一条反映成本变动趋势的直线，其与纵轴的交点就是固定成本（a），然后再据此计算单位变动成本（b）的一种方法。具体地说，散布图法的基本步骤包括：

①画一个平面直角坐标系，以横轴代表业务量（X），以纵轴代表成本总额（Y）；

②将业务量与成本总额坐标点逐一描绘在直角坐标上，形成若干坐标点即散布点；

③以目测的方法模拟一条能大致代表上述各点的直线，其表达式为：$Y = a + bX$；

④上述直线与纵轴的交点就是固定成本（a）；

⑤在直线上任意取一点（X_1，Y_1）即可确定单位变动成本（b）即：$b = (Y_1 - a) / X_1$。

由此确定了 a 与 b，成本表达式 $Y = a + bX$ 便随之确定。

【例2-2】承【例2-1】根据表2-1数据，绘制散布图，如图2-3所示。

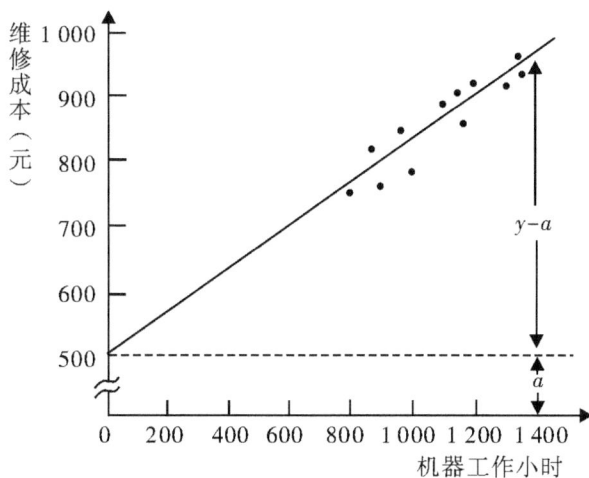

图2-3　明湖公司维修成本散布图

根据图2-3，目测画出的成本趋势直线与纵轴的交点为 500 即为固定成本总额 $a =$ 500 元，成本趋势直线的斜率即为单位变动成本 b。在成本趋势直线上任意取一点如（1 200，900），那么，$b = (900 - 500) / 1 200 = 0.33$。由此，维修成本表达式为：

$$Y = 500 + 0.33X$$

明湖公司 2013 年 6 月份预计机器工作小时为 750 小时，则其维修成本将为 747.5 元（$500 + 0.33 \times 750$）。

由此可见，散布图法综合考虑了各观察点的成本总额与业务量的依存关系，而不是只凭最高点与最低点确定成本表达式。因而，相对于高低点法，其结果要精确一些。但是，它只是目测的结果，可能对同一组数据资料，不同的目测者可以描绘出各自不同的直线。

3. 回归分析法

回归分析法，也称最小二乘法（Least - Squares Method）。如前所述，对于同一组数据资料，不同的目测者可以描绘出各自不同的直线，回归分析法就是要从这些众多的直线中寻找出一条最接近散布图各点的直线，这条直线的表达式为 $Y = a + bX$。根据微积分原理，这条直线就是使各个观察点引起的总误差最小的那条直线。这可以借助高等数学极值原理推导出 a 与 b 的数值即：

$$a = \frac{\sum X_i^2 Y_i - \sum X_i \sum X_i Y_i}{n \sum X_i^2 - (\sum X_i)^2}, \quad b = \frac{n \sum X_i Y_i - \sum X_i \sum Y_i}{n \sum X_i^2 - (\sum X_i)^2}$$

【例 2 - 3】承【例 2 - 1】以表 2 - 1 资料为例，说明回归分析法的运用。其具体计算如表 2 - 2 所示。

表 2 - 2　回归分析数据表

项目 月份	X_i	Y_i	$X_i Y_i$	X_i^2
1	1 200	900	1 080 000	1 440 000
2	1 300	910	1 183 000	1 690 000
3	1 150	840	966 000	1 322 500
4	1 050	850	892 500	1 102 500
5	900	820	738 000	810 000
6	800	730	584 000	640 000
7	700	720	504 000	490 000
8	800	780	624 000	640 000
9	950	750	712 500	902 500
10	1 100	890	979 000	1 210 000
11	1 250	920	1 150 000	1 562 500
12	1 400	930	1 302 000	1 960 000
Σ	12 600	10 040	10 715 000	13 770 000

根据表 2 - 2，计算出 a 与 b 数值如下：

$$a = \frac{13\ 770\ 000 \times 10\ 040 - 12\ 600 \times 10\ 715\ 000}{12 \times 13\ 770\ 000 - 12\ 600^2} = 500.28$$

$$b = \frac{12 \times 10\ 715\ 000 - 12\ 600 \times 10\ 040}{12 \times 13\ 770\ 000 - 12\ 600^2} = 0.32$$

于是，得到维修成本表达式为：$Y = 500.28 + 0.32X$

明湖公司 2013 年 6 月份预计机器工作小时为 750 小时，则其维修成本将为 740.28 元（$500.28 + 0.32 \times 750$）。

回归分析法克服了高低点法和散布图法的局限性，运用高等数学方法求解成本表达式，具有严密性和科学性。如果手工计算，其计算过程比较复杂。当然，借助于电子计算机，其计算过程还是相当简单的。

综合上述，各种混合成本分解的基本思路都是求出 a 与 b，从而，列出成本表达式 $Y = a + bX$。

二、控制性成本按其管理权限分类

根据某个部门对成本发生的控制程度或其职权范围，控制性成本可以分为可控成本（Controllable Cost）与不可控成本（Noncontrollable Cost）。

可控成本是指某一部门能够计量、控制和调节其发生数额的成本，其可控性仅仅针对某一特定部门而言；而不可控成本则指某一部门无法计量、控制和调节的成本。

值得指出的是，可控成本与不可控成本的区分是相对的。从企业组织这个大系统而言，所有成本都是可以控制的成本。但就某一部门而言，则存在可控成本与不可控成本之分。有些成本项目在这个部门是可控的，对另一个部门而言则变成不可控的。如在企业组织的加工车间，加工产品所需要耗用的材料是可控成本，但是，由于材料质量存在问题而造成超定额消耗，则是无法控制的成本项目，属于不可控制成本。然而，对于供应部门来说，这又是可控制的成本项目，属于可控成本。

可控成本与不可控成本的区分，还有一个时间问题。一切成本项目，从长期的角度看都是可控的，而从短期的角度看却是不可控的。如广告费用，一旦合同签订之后，其数额便无法控制或改变，而如果合同期满，重新签订合同，其数额则是可控的。

通常，可控成本都是直接成本，但直接成本并不都是可控成本。例如，构成产品实体的某种主要材料，对加工车间而言是可控成本，也是直接成本；而加工用的某种零配件，如果从其他厂家外购而来，虽然是直接成本，却不是可控成本。至于间接成本，属于由若干部门或产品共同负担的成本，因此，对某个特定部门而言，多数是不可控成本。

此外，基于控制目的，控制性成本根据其数据来源还可以分为实际成本（Actual Cost）与标准成本（Standard Cost）。

第三节 基于决策目的的成本观念

基于决策目的的成本观念主要满足企业组织经营管理决策的信息需求，这类成本通常称为决策性成本。决策性成本同样可以根据不同的标志分类。

一、决策性成本按其差异性分类

决策性成本按其差异性可以分为差别成本（Differential Cost）与边际成本（Marginal Cost）。

（一）差别成本

差别成本，也称为差量成本，存在广义与狭义之分。广义的差别成本指在进行方案的决策分析时，两个或两个以上备选方案之间预期成本的差异；狭义的差别成本指两个或两个以上备选方案之间由于业务量增减变化而形成的预期成本差异。差量成本可分为增量成本（Incremental Cost）和减量成本（Decremental Cost）。例如，假设有 A、B 两个方案，其预期成本分别为 300 000 元与 200 000 元，那么，A 方案与 B 方案对比，A 方案所增加的成本 100 000 元就是增量成本；反之，B 方案与 A 方案对比，B 方案所减少的成本 100 000 元就是减量成本。增量成本和减量成本是差别成本的两个侧面。经理人在决策分析时，只要根据其偏好选择其中之一即可。

在企业组织的经营管理决策中，差别成本是一个广泛运用的重要成本观念，诸如零部件外购或自制决策，是否应该接受特殊订货决策等，都可以运用差别成本观念进行决策。

与差别成本相对应的是差别收入或差量收入，两者之间的差异就是差别利润或差量利润。

（二）边际成本

从本质上说，边际成本是一个数学概念。在数学上，边际成本就是成本函数的一阶导数。根据经济学一般理论，边际成本指成本对业务量无限小变化的变动部分。在企业组织的经营管理实践中，业务量无限小变化，最小只能小到一个单位，业务量的变化小到一个单位以下如十分之一单位、百分之一单位，就没有什么实际意义了。因此，在企业组织的经营管理实践中，边际成本的计量，就是业务量增加或减少一个单位所引起的成本变动额。因而，可以将边际成本视为差别成本的一个特殊形式，但差别成本是一个更具有广泛意义的成本观念。然而，在相关范围内，边际成本与变动成本取得一致。

二、决策性成本按其排他性分类

决策性成本按其排他性可以分为机会成本（Opportunity Cost）与应负成本（Imputed Cost）。

（一）机会成本

通常，每项资源都存在多种用途，但是，由于资源的稀缺性，资源用于某个用途就不能同时用于另一个用途。这就是说，资源在某个用途之所得，正是由于放弃另一个用途机会之所失。在决策过程中，如果存在若干个备选方案，选取最满意方案而放弃另一个次满意方案所丧失的潜在利益，就构成实施最满意方案的机会成本。就会计事项而言，机会成本就是由于放弃某一个方案实现的机会而失去的收益。这部分收益应当由被选方案的收益来补偿，如果被选方案的收益不能补偿机会成本，便不能认为被选方案是最满意的方案。机会成本虽然不是实际支出，也不记入会计账簿，有时甚至难以计量，但是，在决策时，要把它作为一个现实的重要因素加以考虑。否则，就可能作出错误的选择，不能取得应有的效果。

【例 2 - 4】假设华南电子公司拥有一块土地的使用权，该土地存在两种用途：①建商品房，从事房地产经营；②直接将土地的使用权转让给其他房地产开发商。如果华南电子公司将土地用于自己的房地产开发和经营活动预计可得利润 10 000 万元，如果华南电子公司将土地的使用权转让则可得利润 9 500 万元。那么，华南电子公司如果选择了自己从事经营房地产开发的方案，则土地使用权转让的潜在收益 9 500 万元就构成了其机会成本。相反，如果华南电子公司选择了土地使用权转让的方案，则华南电子公司从事房地产开发和经营活动的潜在收益 10 000 万元，就构成了其机会成本。由此可见，考虑了机会成本之后，华南电子公司应该选择自己从事房地产开发和经营活动的方案。

值得注意的是，对于该土地的使用权，不管当时华南电子公司是以9 750万元还是以9 200万元购买，都应该以现行市场价格9 500万元作为其机会成本。

当然，如果某项资源只有一个用途，别无选择，那么，其机会成本就等于零。例如，某工人失业在家待业，某公司招聘了该工人，该工人对是否应聘的选择就不存在机会成本问题。

经理人在决策过程中考虑机会成本的意义在于，它有助于经理人全面考虑可能采取的各种行动方案，以便为有限的资源寻求最为有利的使用途径。

（二）应负成本

应负成本，也称为假计成本，它是机会成本的一种表现形式。它既不是企业组织的实际支出，也不必记账，只是运用某种经济资源的代价。经理人在选择方案时必须考虑这种代价。例如，企业组织的生产性资产投资项目，可以选择不同的方案，各种方案所需要的资金数量、资金来源和投入时点可能不同。为了保证各种方案评价的口径一致，企业组织为此所需要的资金不论其来源如何都必须以机会成本的形式计算利息，前述的权益资本成本就是应负成本的一种形式。在这里，应负成本实际上是机会成本和货币时间价值观念在决策中的具体体现和运用。

三、决策性成本按其影响的时效性分类

从决策的角度看，不同时期发生的成本对决策可能产生不同的影响。根据这种影响的时效性，决策性成本可以分为沉落成本（Sunk Cost）、重置成本（Replacement Cost）与付现成本（Out–of–pocket Cost）。

（一）沉落成本

沉落成本是过去的成本支出。广义地说，凡是过去已经发生，不是目前或将来决策所能改变的成本，都是沉落成本。狭义地说，沉落成本指过去发生的在一定情况下无法补偿的成本，因而，也可称之为"一经花费就一去不复返的成本"。例如，某公司过去购置了一台设备，原始价值为800 000元，累计折旧为260 000元。由于技术的进步，现在这台设备已经完全过时了。在这种情况下，这台设备的账面价值540 000元，就属于沉落成本。

沉落成本的特征决定了它不是差别成本，与决策不存在相关性，因而，当前的决策可以不必考虑这个因素。虽然企业组织的决策不必考虑沉落成本，但是要注意区分和判别沉落成本，否则，可能导致决策的失误。

（二）重置成本

重置成本，也称为现行成本（Current Cost），它指按照现行市场价格购买功能与目前拥有的某项资产相同或相似的资产所需要支付的成本。目前，财务会计在总体上依然以历史成本作为计量基础（公允价值一旦入账，也就转化为历史成本），历史成本是资产入账的基础，但是，在通货膨胀的环境下，对于企业组织的经营管理决策而言，历史成本信息失去了相关性。与财务会计不同，管理会计立足现在、面向未来，强调信息的相关性。因

此，在有关的决策中，如企业组织的定价决策，侧重考虑的是重置成本信息，而不是历史成本信息。例如，某公司三个月前购进了 A 产品，当时的单位购进价格为 210 元，假设当前 A 产品的市场价格由于通货膨胀因素，发生了较大变化，其单位购进价格变为 220 元。这时，A 产品的现行市场价格 220 元就是其重置成本。该公司在定价时要认真地考虑重置成本这个因素，如果从历史成本信息出发，该公司以成本为基础定价，将价格定为 215 元，那么，每出售一件 A 产品就可以获得 5 元的利润。然而，仔细分析，可以看到这实际上只是一种假象。因为只要该公司希望持续经营，将 A 产品出售之后，就必须重新购进 A 产品。这时，每一件要花 220 元。这样，按 215 元定价，该公司不仅不能盈利，反而亏了 5 元。这种错误的定价决策，将导致该公司现金流量不足，长此以往，该公司必将走向破产①。因此，重置成本对于企业组织的定价决策具有重要的现实意义。

（三）付现成本

付现成本指那些由于未来某项决策所引起的需要现在动用现金支付的成本。例如，某公司拥有一台旧设备，某租赁公司愿意以"以旧换新"（Trade - in）的方式收购该旧设备。其条件是新设备的价格为 150 000 元，旧设备按现行市场价格折价 120 000 元，余款以现金支付。这时，虽然新设备的价款是 150 000 元，但是，该公司只需要支付 30 000 元（150 000 - 120 000）。因此，该公司的付现成本就是需要动用该公司现金支付的数额即 30 000元。

在企业组织的经营管理实践中，尤其遇到企业组织本身的现金流量严重不足，近期又难以收回应收账款，而要向金融市场融资又有困难或资本成本太高的困境，企业组织的经理人在决策过程中，对付现成本的考虑重于对成本总额的考虑。这样，经理人通常会选择付现成本较低而成本总额相对较高的方案，即在付现成本最低方案与成本总额最低方案之间选择付现成本最低方案取代成本总额最低方案。

【例 2 - 5】假设华文贸易公司因为生产需要急需购进 A 原材料 100 吨，如果不能及时购进该原材料，将影响该公司的正常生产经营活动，缺货成本较高。但是，该公司目前现金流量严重不足，又恰逢金融市场的银根紧缩，资本成本较高。正当该公司处于进退两难、无计可施之时，某供应商为了维持良好的顾客关系，同意为该公司提供所需要的 100 吨 A 原材料，但提出两个付款方案供该公司选择。

第一方案：每吨报价 9 000 元，但货款总额 900 000 元必须一次性支付。

第二方案：每吨报价 9 500 元，但货款总额 950 000 元可以分 10 个月支付，每月支付 95 000 元。

根据上述情境，该公司经理人为了避免停工待料，产生缺货成本，选择了第二方案。尽管第二方案所需支付的成本总额 950 000 元，比第一方案所需要支付的成本总额 900 000

---

① 实际上，基于通货膨胀的情境，以历史成本为基础定价只是实现了"财务资本保持"（Financial Capital Maintenance），而没有实现"实物资本保持"（Physical Capital Maintenance）。企业组织要可持续发展就必须注重"实物资本保持"，以重置成本为基础定价有助于实现"实物资本保持"。"财务资本保持"与"实物资本保持"是会计学的两个重要概念。对这个问题的深入讨论显然超出本书的范围，有兴趣的读者可进一步参阅财务会计理论方面的论著。

元高出 50 000 元。但是，现在的付现成本只有 95 000 元，远比第一方案的付现成本 900 000 元低得多。这样，第二方案多支付的成本 50 000 元可以从该公司及时投入生产，保持生产经营活动的连续性，消除缺货成本所取得的收益得到补偿。

因此，付现成本对于企业组织在特殊情境下，究竟是采用一次性付款方式还是采用分期付款方式的决策具有一定的指导意义。

综合上述，企业组织不同时期发生的成本对决策可能产生不同的影响。沉落成本、重置成本和付现成本正是分别从过去、现在和未来三个不同的时间维度说明了企业组织成本发生的时期对决策的影响。

四、决策性成本按其可避免性分类

决策性成本按其可避免性可以分为可避免成本（Avoidable Cost）与不可避免成本（Unavoidable Cost）。

（一）可避免成本

可避免成本指企业组织经理人的某项决策可以改变其发生数额的成本项目。也就是说，如果企业组织的经理人采用了某个特定的方案，与其相联系的某项成本必然发生，不可避免；反之，如果企业组织的经理人拒绝接受该项方案，则与此相联系的某项成本就不会发生。成本的发生及其数额与企业组织经营管理决策行为密切相关。这样的成本就属于可避免成本。前述的变动成本与酌量性固定成本就属于可避免成本。例如，某公司尚有剩余的生产能力，为了充分利用现有生产能力，计划接受某项特殊订货。这时，与该订货相关的变动成本就是可避免成本。如果该公司接受了该特殊订货，与此相关的变动成本必然发生；反之，如果该公司不接受该特殊订货，则变动成本就可以不发生。进一步假设该特殊订货，顾客有一项特殊要求。为了满足这个特殊要求，该公司需要购进一项专用设备，那么，该专用设备的价款也是可避免成本，因为该专用设备价款的支出最终是否发生，完全取决于该公司是否接受该特殊订货。如果该公司不接受该特殊订货，专用设备价款的支出自然不会发生。

（二）不可避免成本

与上述可避免成本相对应，不可避免成本指企业组织经理人的某项决策不能改变其发生数额的成本。也就是说，该项成本的发生与特定的决策方案无关，其发生与否并不取决于有关决策方案的取舍。前述的约束性固定成本就属于不可避免成本。在相关范围内，约束性固定成本主要为企业组织提供一定的生产经营条件而发生。这些生产经营条件一旦形成，不管其实际利用程度如何，相关费用照样发生。因此，企业组织经理人的决策行为不能改变其发生数额。例如，在企业组织生产能力尚有剩余的情境下，如果特殊订货没有特殊要求，企业组织是否接受该特殊订货都不会改变其所发生的固定成本数额。

根据前述的差别成本概念，可以看到某个决策方案的取舍，主要考虑可避免成本。因为只有可避免成本才构成差别成本，不可避免成本并不是差别成本的组成部分。不可避免成本是企业组织当前客观存在的成本项目，无论企业组织的决策方案如何取舍，它都照样发生。因此，对于决策方案的取舍而言，不可避免成本并没有差别。

决策性成本按其可避免性分为可避免成本与不可避免成本，对于企业组织的亏损产品决策、特殊订货决策以及零部件是自制还是外购决策都具有重要的现实意义。

五、决策性成本按其可延缓性分类

在企业组织的经营管理实践中，有些选定方案的成本可以递延到以后期间发生。决策性成本按其可延缓性可以分为可延缓成本（Deferrable Cost）与不可延缓成本（Undeferrable Cost）。

（一）可延缓成本

在企业组织受到资源稀缺的约束条件下，对已经选定的某个方案如果推迟实施，不至于对企业组织的全局产生重要影响，那么，与该方案相关的成本，就称为可延缓成本。例如，某公司的办公条件较差，原来打算 2012 年度在办公室安装空调，以改善办公条件。2012 年度该公司受宏观因素影响，资金比较紧张，经过讨论决定将安装空调，改善办公条件的方案推迟到 2013 年度执行。那么，与安装空调相关的成本就属于可延缓成本。因为安装空调与否，对该公司的全局不会产生重要的影响。

（二）不可延缓成本

与上述可延缓成本相对应，即使企业组织受到资源稀缺的约束，对于已经选定的某个方案也必须立即实施，不得推迟，否则，将对企业组织的全局产生重要影响。那么，与该方案相关的成本，就称为不可延缓成本。例如，企业组织的某项关键设备出现严重故障，需要立即进行大修理，否则，将影响企业组织的正常生产经营活动，致使企业组织遭受重大损失，乃至失去竞争优势。这时，即使企业组织资金再紧张，也必须想方设法，立即修复该项关键设备，尽快投入运行。因此，与关键设备大修理相关的成本就属于不可延缓成本。

在企业组织的经营管理实践过程中，如果企业组织受到资源稀缺的约束，对于已经选定的方案不能同时付诸实施，应该区分轻重缓急，确定哪些方案可延缓实施，哪些方案不可延缓实施，然后依次排队，逐步付诸实施，量力而行。只有这样，才能有效地运用企业组织现有的资源，提高资源配置效益与资源运用效益。因此，决策性成本按其可延缓性分为可延缓成本与不可延缓成本，对于企业组织基于资源稀缺的约束条件下方案实施的时间安排具有一定的指导意义。

六、决策性成本按其与决策的相关性分类

企业组织所发生的成本有些与决策有关，有些与决策无关。决策性成本根据其与决策的相关性可以分为相关成本（Relevant Cost）与非相关成本（Irrelevant Cost）。

（一）相关成本

相关成本指与特定决策方案相关联的成本。其基本特征是：

1. 相关成本是一种未来成本

企业组织的决策总是面向未来，与之相关联的成本也只能是未来将发生的成本，而不

是也不可能是已经发生的历史成本。因此，前述的沉落成本不是相关成本。

2. 相关成本是一种有差别的未来成本

即使是未来成本，只有可供选择的不同方案之间预期成本额存在差别的成本，才是与决策有关的相关成本。换言之，没有差别的未来成本也不是相关成本。例如，某公司需要更新一台关键设备，A、B 两种类型的设备都能够满足该公司的要求。如果 A、B 两种类型的设备价格都是 150 000 元，那么，尽管它们都是未来成本，但是，该公司无论选定 A 型设备还是选定 B 型设备，其预期成本都没有差别。因此，从成本这个层面看，150 000 元的未来成本不是相关成本。如果进一步假设，A 型设备是国产设备，其价格为 150 000 元，而 B 型设备是进口设备其价格为 180 000 元，则相关成本为 30 000 元（即 180 000 减 150 000）。因为不管该公司选定哪一种方案，其无差别成本 150 000 元都要发生。就 A 型设备与 B 型设备的决策而言，相关成本就是这 30 000 元值不值得发生的问题。

相关成本是企业组织决策关注的焦点，前述的差别成本、边际成本、机会成本、应负成本、重置成本、付现成本、可避免成本和可延缓成本等就属于相关成本。

（二）非相关成本

与上述相关成本相反，非相关成本指与特定决策方案无关的成本。上述有关相关成本的阐述其实已经充分说明了非相关成本概念，前述的沉落成本、不可避免成本和不可延缓成本等就属于非相关成本。

决策性成本根据其与决策的相关性分为相关成本与非相关成本，有助于掌握成本的相关性，提高成本信息决策的有用性。因此，这种分类对于企业组织的经营管理决策具有重要的指导意义。

现将本章讨论的多维成本观念进行总结，如图 2 - 4 所示。

图 2-4 多维成本观念

📖 本章小结

企业组织经营管理决策强调成本信息的相关性，因此，经理人奉行"不同目的，不同成本"的信条。成本信息必须满足存货计价与收益确定（财务会计范畴的成本观念）、管理控制（基于控制目的的成本观念）和管理决策（基于决策目的的成本观念）三种目的。

本章基于"不同目的，不同成本"，讨论了按照不同标志分类的多维成本观念和混合成本的分解方法。

关键术语和概念

不同目的，不同成本 制造成本 直接材料 直接人工 制造费用
主要成本 加工成本 非制造成本 销售费用 管理费用 产品成本
期间成本 直接成本 间接成本 成本性态 变动成本 固定成本
混合成本 相关范围 高低点法 散布图法 回归分析法 可控成本
不可控成本 实际成本 标准成本 差别成本 边际成本 机会成本
应负成本 沉落成本 重置成本 付现成本 可避免成本 不可避免成本
可延缓成本 不可延缓成本 相关成本 非相关成本

拓展阅读

1. ［美］罗纳德·W. 希尔顿. 管理会计学：在动态商业环境中创造价值（原书第 5 版）. 阎达五，李勇等译. 北京：机械工业出版社，2007.

2. ［美］查尔斯·T. 亨格瑞，加里·L. 森登，威廉姆·O. 斯特尔顿，戴维·伯格斯塔勒，杰夫·舒兹伯格. 管理会计教程（原书第 15 版）. 潘飞，沈红波译. 北京：机械工业出版社，2012.

3. 宋献中，胡玉明. 管理会计：战略与价值链分析. 北京：北京大学出版社，2006.

4. 胡玉明. 管理会计. 北京：中国财政经济出版社，2009.

5. 胡玉明，丁友刚，卢馨. 管理会计（第 2 版）. 广州：暨南大学出版社，2010.

6. 胡玉明. 会计学：经理人视角. 北京：中国人民大学出版社，2011.

第二编　从成本会计到管理会计

成本会计（Cost Accounting）既是管理会计的前身，也是连接财务会计与管理会计的桥梁。以成本性态为起点，从标准成本法（Standard Costing）到变动成本法（Variable Costing）体现了从成本会计到管理会计的发展历程。

第三章　标准成本法

从管理会计的视角来看，成本的有效控制比单纯的成本核算更有意义。在企业组织的日常经营过程中，如何控制成本历来都是企业组织管理层非常重视的问题。标准成本法（Standard Costing）就是一种行之有效的成本控制方法。

通过本章学习，应该掌握如下内容：
1. 标准成本的性质与作用
2. 标准成本的制定
3. 标准成本的差异分析

第一节　标准成本法概述

标准成本法源于 1911 年泰罗的"科学管理学说"，它被广泛证明是一种有效的成本控制工具。本节讨论标准成本法的性质与作用，以便为后续的讨论奠定基础。

一、标准成本法的性质

标准成本是指企业组织在正常情况下生产某种产品或提供某种服务应该发生的支出预算，其本质是单位产品或服务的生产预算。标准成本法是以标准成本为基础的成本计算与成本控制体系，包括标准成本的制定、差异分析以及差异账务处理三个有机组成部分。

标准成本法要求事前详细制定材料消耗、工时耗用、费用支出标准，实现对成本的事前控制。在生产过程中，所制定的成本标准能起到一种事中控制的作用。事后，将实际发生的成本与事前制定的标准成本进行差异分析，起到对成本的事后控制作用与反馈作用。最初的标准成本只是一种备忘性记录，随时与账簿记录的实际成本进行比较。将标准成本正式纳入复式簿记体系之后，就形成标准成本法。标准成本法具有两个方面的性质：

（一）标准成本法是以标准成本为基础的产品成本核算方法

标准成本法首先是一种成本核算方法。根据标准成本法，产品成本按照标准成本结转，实际成本与标准成本之间的差异直接计入当期损益或按比例由各成本对象分摊。这样，就可以大大简化成本核算工作。

（二）标准成本法是集事前、事中与事后控制为一体的成本控制方法

标准成本法通过事前标准成本的制定、事中标准成本的控制、事后成本差异的分析，对成本起到事前、事中和事后全过程的控制作用。

作为成本核算方法，标准成本法关注的是标准成本差异的确认、计量、记录工作。作为成本控制方法，标准成本法关心标准成本的制定、实际成本与标准成本的差异分析工作，以便从差异分析中找出提高企业组织经营管理效率的机会与问题。

二、标准成本法的作用

标准成本法具有以下主要作用：

（一）有利于加强成本控制

标准成本法通过标准成本的制定，提供了一个具体衡量成本水平的适当尺度。企业组织可据以控制实际发生的生产消耗，预防成本超支。同时，通过计算成本差异，有利于在管理上贯彻"例外管理"原则，使企业组织管理层能够把精力集中在更重要的方面，提高管理工作的效率，以便发现有利差异的机会与不利差异的问题。

"例外管理"原则考虑到了人的精力与时间是有限的，尤其是高层管理人员，其本身事务繁忙，并不是每件事情都能及时有效处理，也并不是每件事情都要关注。从标准成本的控制上看，标准成本法通过计算成本差异以及成本差异率，使得高层管理人员不用关注所有的成本差异，而只是关注发生重大差异的成本事项，及时进行成本控制，提高管理效率。

（二）简化了成本核算工作

根据标准成本法，材料、在产品、产成品等存货和销售成本都直接按标准成本计价，将成本差异单独列示。因而，可以大大节约成本核算工作量，简化日常的成本账务处理和期末报表编制工作。

（三）有助于企业的规划和决策

实行标准成本法之后，其标准成本是事先经过仔细研究和科学计算制定出来的。因此，它不仅可以用来控制支出、消除浪费，还可以用于预算编制过程中产品成本的预测。同时，也为有效的经营管理决策提供有用的数据。例如，在制定产品价格和销售政策时，有了标准成本就能迅速及时地为这些决策提供有关数据。

（四）便于进行分析、考核

通过事后对成本差异进行分析、研究，可以总结经验，发现问题，从而分清经济责任，正确评定企业组织各有关部门的工作成绩，也使广大员工产生一种成本意识，积极主动地采取有效措施，最大限度地挖掘降低成本的潜力。

第二节　标准成本的制定

标准成本的制定是实施标准成本法的起点，直接关系到日后成本控制的成效。为了确保标准成本的质量，相关部门和个人，如行政管理部门、采购部门、技术部门、劳动工资部门、生产部门等都应共同参与标准成本的制定。

一、标准成本的制定依据

合理地制定标准成本必须综合考虑多方面的因素，主要包括：

（一）历史数据

历史数据是企业组织经营多年的经验数据，它对未来的成本有一定的预测功能。企业组织通过仔细分析制造产品的历史数据，制定标准成本。然而，根据历史数据制定的标准，只是反映企业组织内部的成本状况，不能反映外部竞争者的状况，因而缺乏紧迫性。因此，在依据历史数据的同时，也需要采取类似改进成本法的方法对标准进行持续的改进，以适当增加员工的执行压力。但是，这种压力强调的是更加努力工作，而不是建立在合理作业取舍分析上，那样往往会导致对员工的持续压力，引起员工的抵触情绪。

（二）作业分析

作业（Activity）是一项有特定目的的工作和任务[①]，企业组织的产品生产过程是由一系列作业组成的，成本是在作业活动过程中发生的。作业分析的目的就是要分析每一项作业的本质、原因与潜力，据以确定这一系列作业活动应该发生的成本，并以此为依据制定标准成本，因为作业的设计与完成涉及产品的设计、工艺的设计、产品的生产等过程，因此，作业分析需要管理会计师同工业设计人员、产品技术人员以及生产工人共同进行。

（三）标杆基准

以本行业最好的企业组织的成本作为自己的标准。在内部研究与初步竞争分析的基础上，通过公开披露的数据、数据库以及合作方获得同行业先进企业组织的实际数据作为自己的标准，或者以不同行业类似经营活动的实际数据作为自己的标准。利用标杆基准的好处在于，企业组织以各地先进企业组织最好绩效为标准，有助于企业组织保持强有力的竞争能力。

（四）战略目标

标准的制定是一种管理的艺术。在实践中，企业组织应该根据自己的战略目标与所处的竞争环境，选择适合自己的标准。实施低成本战略的企业组织，标准成本的制定要尽量与行业的最佳成本标准看齐，甚至使得自己成为行业的成本领头人，以保证企业组织战略的有效实施。实施差异化战略的企业组织，为了在竞争中保持自己的优势，标准成本的制定必须围绕产品差异化展开。

无论采用哪种标准，都要定期检查或修正标准。一方面是由于技术条件的变化，使得标准也在不断变化；另一方面是由于激烈的竞争环境，要求企业组织在标准上必须做到持续的改进，才能获得竞争优势。

二、标准成本的类型

在实践中，标准成本一般分为理想标准成本和正常标准成本两类。

---

① 有关"作业分析"的详细讨论见第 11 章"作业成本法与作业管理"。

（一）理想标准成本

理想标准成本是以现有生产技术和生产管理处于最佳状态为基础所确定的标准成本。采用这种标准成本，意味着企业组织生产技术达到最高水平，生产经营实现最佳运转，整个产品的生产过程自始至终都处在最先进、最完善的状态中。即生产过程必须在最高效率下进行，材料没有额外的损耗或损耗甚微，人工没有浪费或浪费极少，生产工具、机器设备等也都不会发生任何损坏现象。可见，所谓理想标准成本，实际上只是一种从理论上可能达到的最低限度的成本，在实践中很难达到。采用理想标准成本的好处在于激励员工的超常努力，但是长期的超常努力会导致不当压力，增加员工抵触情绪，影响企业组织长期生产能力。因此，一般只有当企业组织面临激烈竞争环境或经营危机时，才主张采用理想标准成本。即便是上述这种类型的企业组织，在确定其绩效评价与薪酬结构时，也不能完全采用理想标准成本，因为这样会使员工因为没有达到理想标准成本而使工作热情受挫。

（二）正常标准成本

正常标准成本是根据企业组织已经达到的生产技术水平，以有效经营条件为基础所制定的标准成本，它是在通常情况下生产单位产品所应当发生的成本。采用这种标准，意味着企业组织的生产技术达到较高水平，生产经营实现有效运转，整个产品的生产过程始终处在正常的条件之下，即允许考虑正常的损耗、机器故障时间、人工所必需的停歇时间等因素。可见，所谓正常标准成本实际上是一种根据企业组织已经达到，或经过努力可以达到的生产技术和经营水平下，生产单位产品所应当发生的成本。它的实现既非轻而易举，但又不是高不可攀，而是经过努力可以达到。但是，正常标准成本包含对某些低效率因素的默认。在激烈竞争的经营环境中，任何低效率因素的存在都会导致企业的成本上升，竞争优势下降。

三、标准成本的制定程序

企业组织在制定标准成本过程中，存在两种制定程序模式：权威制定模式和参与制定模式。

（一）权威制定模式

权威制定程序是指标准成本全部或主要由企业组织管理层权威人士制定和下达。这种制定模式的优点在于：①管理权威对企业组织生产、技术、管理、人力资源等各方面因素考虑比较全面，因而制定的标准综合性强；②权威制定的标准能够反映企业组织管理层的战略意图；③权威制定过程的效率比较高。这种制定模式的缺点是权威制定的标准成本只是表达了管理权威的意愿，不一定能够得到员工的认同，从而导致标准成本不一定能够得到有效的实施。

（二）参与制定模式

参与制定模式是指标准成本由与成本有关的所有员工共同参与制定，包括管理层、研究设计人员、工业工程师、管理会计师、生产监督人员、供应部门、人力资源部门等。这些部门与成本有关的员工在他们有关的成本因素方面参与标准成本的制定，参与制定模式会使各个相关岗位的员工更加乐意接受标准成本，提高员工对标准成本的认同感。但是，参与制定模式要正确处理好标准成本制定过程的效率与综合平衡问题。

四、标准成本计算单

标准成本计算单是企业组织列示和计算单位产品标准成本计算与形成过程的一种列表。产品成本由直接材料、直接人工和制造费用组成。标准成本计算单要分别列示直接材料标准成本、直接人工标准成本和变动性制造费用标准成本的构成情况，各成本项目的标准成本通用计算公式为：

$$标准成本 = 标准用量 \times 标准价格$$

（一）直接材料标准成本

在直接材料标准成本计算中，用量标准是指单位产品必须耗用各种原料及主要材料的数量；价格标准是指各种原料及主要材料的单价，包括买价和运杂费。其计算公式为：

$$单位产品直接材料标准 = 单位产品直接材料的标准用量 \times 单位产品直接材料的标准价格$$

（二）直接人工标准成本

在直接人工标准成本计算中，用量标准是指单位产品必须消耗的生产工人工作时间。价格标准即工资率标准，是指单位工时应分配的工资标准。其计算公式为：

$$单位产品直接人工标准成本 = 单位产品的标准工时 \times 单位工时的标准工资率$$

（三）变动性制造费用标准成本

在变动性制造费用标准成本计算中，用量标准是指工时标准，单位产品必须消耗的生产工人工作时间（或机器工作时间）。价格标准即变动性制造费用分配率标准，是指每一标准工时应分配的变动制造费用。其计算公式为：

$$单位产品变动性制造费用标准成本 = 单位产品标准机器工时 \times 变动性制造费用的标准分配率$$

（四）固定性制造费用标准成本

企业组织的固定性制造费用通过预算控制，在计算单位产品标准成本时，要根据固定性制造费用预算总额与预计的总工时计算制造费用预计分配率。然后，根据单位产品标准工时与预计的固定性制造费用分配率计算单位产品应该分摊的固定性制造费用。预计的固定性制造费用分配率是基于事前预算所制定的单位机器小时所承担的固定性制造费用预算标准。其计算公式为：

单位产品标准固定性制造费用＝单位产品标准机器工时×预计固定性制造费用分配率

（五）单位产品标准成本

在企业组织的产品成本核算过程中，需要计算单位产品标准的完全成本，以便在财务报表反映存货的完全成本价值。单位产品标准的完全成本计算公式为：

单位产品标准的完全成本＝直接材料标准成本＋直接人工标准成本＋变动性制造费用标准成本＋固定性制造费用标准成本

【例3－1】粤海家具公司生产一种简易家具，粤海公司预计的生产能力为30 000件机器工时，与该生产能力对应的每年固定性制造费用预算为300 000元。对于该公司目前生产的这种简易家具，每件家具的标准机器工时为2小时。该家具标准成本计算单，如表3－1所示。

表3－1 标准成本计算单

项目	标准用量	标准价格	
直接材料：	单位产品材料标准用量	材料标准价格	单位产品直接材料标准成本
材料A	100 平方英寸/件	0.10 元/平方英寸	10.00 元/件
零件B	6 个/件	2.00 元/件	12.00 元/件
直接材料标准成本合计			22.00 元/件
直接人工：	人工工时标准	工资率标准	单位产品直接人工标准成本
材料A加工	0.80 小时/件	10.00 元/小时	8.00 元/件
零件B安装	0.50 小时/件	9.00 元/小时	4.50 元/件
调试与包装	0.10 小时/件	6.00 元/小时	0.60 元/件
直接人工标准成本合计			13.10 元/件
变动性制造费用：	单位产品机器工时标准	变动性制造费用分配率	单位产品变动性制造费用标准成本
动力、整理、检测等	2.00 机器工时/件	15.00 元/机器工时	30.00 元/件

（续上表）

项目	标准用量	标准价格	
固定性制造费用：	单位产品机器工时	固定性制造 费用分配率	单位产品固定性制造 费用标准成本
折旧、管理 人员工资等	2.00 机器工时/件	10.00 元/机器工时*	20 元/件
单位产品成本			85.10 元/件

*预计的固定性制造费用分配率 = 固定性制造费用预算/预计的机器工时 = 300 000/30 000 = 10 元/机器工时，单位产品固定性制造费用标准 = 2 × 10 = 20 元/件。

第三节　差异分析

制定各成本项目的标准成本之后，标准成本法的第二个步骤就是差异分析（Variance Analysis）。标准成本是企业组织管理层制定的预期成本水平。在生产经营过程中，由于各种原因，实际成本发生额会高于或低于标准成本，其间的差额即为成本差异（Cost Variance）。如果实际成本低于标准成本，说明实际成本低于预期水平，形成有利差异（Favorable Variance），通常用 F 表示；反之，则说明实际成本高于预期水平，形成不利差异（Unfavorable Variance），通常用 U 表示。成本差异的出现，可能是由于成本的标准过高或过低造成的，在这种情况下，企业组织管理层应该考虑调整或重新制定标准成本。如果成本的标准合理可行，企业组织管理层就应进行差异分析，针对其性质找出差异发生的原因，尤其是不利差异，应该明确差异是否可以控制、由谁负责控制、如何控制，尽可能消除或减少不利差异，同时提高有利差异，以便有效地控制成本。

一、差异分析通用公式

所谓成本差异是指产品生产过程中实际成本与标准成本之间的差额。差异分析的目的是对成本差异进行分解，从中找出差异形成的原因，以便引导企业组织的成本管理工作。

如前所述，产品成本由直接材料、直接人工和制造费用组成。其成本差异通用计算公式为：

$$成本差异 = 实际成本 - 标准成本$$
$$= 实际用量 × 实际价格 - 标准用量 × 标准价格$$

上述公式表明，影响成本差异的因素是价格和用量。为了区分价格和用量对成本差异形成的具体影响，在上述公式中分别加减"实际用量×标准价格"，再进行合并分析得到：

成本差异 = 实际用量 × 实际价格 − 实际用量 × 标准价格
+ 实际用量 × 标准价格 − 标准用量 × 标准价格
= 实际用量 × （实际价格 − 标准价格） + （实际用量 − 标准用量） × 标准价格
= 价格差异 + 用量差异

其中：

价格差异 = 实际用量 × （实际价格 − 标准价格）
用量差异 = （实际用量 − 标准用量） × 标准价格

通过上述分解，可以将实际成本脱离标准成本所形成的差异分解成价格差异和用量差异。分解的目的在于从价格和用量两个因素寻找差异形成的原因。

需要注意的是，在成本差异计算公式中，价格差异的共同因子为实际用量，而用量差异的共同因子为标准价格。上述原理可用图 3 − 1 加以说明。

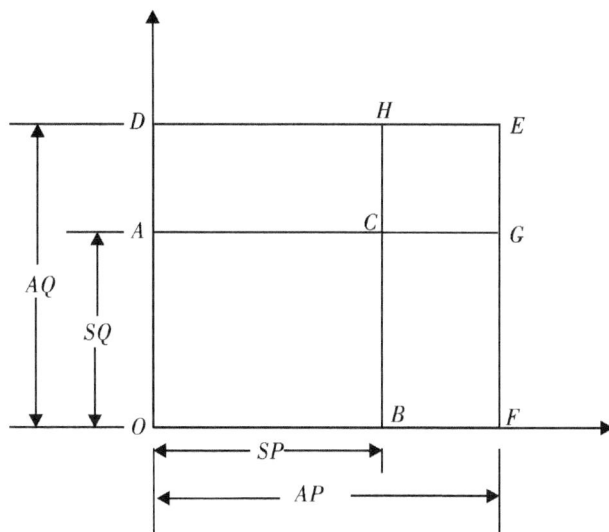

图 3 − 1 成本差异分析图示

在图 3 − 1 中，AQ、AP 分别表示实际用量与实际价格，SQ、SP 分别表示标准用量与标准价格。矩形 $OACB$ 的面积代表标准成本，矩形 $ODEF$ 的面积代表产品的实际成本。两者面积之差代表成本差异。如果价格差异和用量差异的共同因子都采用实际用量和实际价格，势必会造成矩形 $HEGC$ 部分面积在成本差异中的重复计算。价格差异是一种外部差异，因此，在计算价格差异时，应该采用实际用量，反映企业在实际数量水平下发生的全部价格差异。用量差异是内部差异，采用标准价格，反映在排除价格因素干扰的情况下，企业组织在标准价格水平下所发生的用量差异。

不利差异与有利差异的管理方针取决于企业组织的经营战略和企业组织的制约因素：

①处于激烈竞争行业的企业组织，强调质量的零缺陷和持续改进。对于这些企业组织来说，并不意味着一定要降低不利差异，提高有利差异。②约束理论认为企业组织生产效率往往受到某些瓶颈因素的限制。因此，对于瓶颈因素方面，不利差异，企业组织应该给予高度的重视。相反，在那些非瓶颈因素方面，不利差异可能没有那么重要。

二、直接材料成本差异分析

直接材料成本差异是指直接材料实际成本偏离直接材料标准成本所形成的差异。直接材料成本差异可以分解为直接材料用量差异与直接材料价格差异。有关计算公式为：

直接材料用量差异＝直接材料标准价格×（直接材料实际用量－直接材料标准用量）

直接材料价格差异＝直接材料实际用量×（直接材料实际价格－直接材料标准价格）

直接材料用量差异指在产品生产过程中，直接材料实际使用数量偏离标准用量所造成的差异。

直接材料价格差异指在产品生产过程中，直接材料实际采购价格偏离标准价格所造成的差异。价格差异是采购过程造成的，因此，采用标准成本法的企业组织往往在采购时点就计算直接材料的价格差异。期末，将该差异结转至当期损益账户。这样，材料价格差异在采购当期就出现在当期损益中，以便引起管理人员对采购过程已形成的价格差异给予及时关注。

采购时点计算的材料价格差异计算公式为：

直接材料采购价格差异＝直接材料实际采购数量×（直接材料实际价格－直接材料标准价格）

当然，对于实行"零库存"和"适时生产"的企业组织来说，购入的材料直接投入使用。因此，也就没有必要区分材料采购时点和使用时点的价格差异了。

【例3-2】粤华公司为了生产某种产品，购入材料120万平方英寸，该材料标准单价为0.10元，实际购入单价为0.08元/平方英寸。当期生产领用102万平方英寸，生产产品1万件，该产品标准用量为100平方英寸/每件。

根据上述资料，计算和分析直接材料成本差异。

采购时点计算的直接材料价格差异：

直接材料采购价格差异＝1 200 000×（0.08-0.10）＝24 000元（F）

制造过程计算的直接材料用量差异：

直接材料用量差异＝直接材料标准价格×（直接材料实际用量－直接材料标准用量）
＝0.10×（1 020 000-10 000×100）＝2 000元（U）

上述计算过程见图3-2所示。

```
              实际成本                                            标准成本
实际价格×实际采购量      标准价格×实际采购量
    0.08×1 200 000          0.10×1 200 000
           └────────采购价格差异────────┘
           (0.08 - 0.10)×1 200 000
           =24 000（F）

                    标准价格×实际用量      标准价格×标准用量
                      0.10×1 020 000        0.10×100×10 000
                             └────────数量差异────────┘
                             0.10×（1 020 000 - 100×10 000）
                             =2 000（U）
```

图 3 - 2　直接材料成本差异计算图示

根据图 3 - 2，粤华公司编制了如下会计分录：

①采购材料时：

借：原材料（0.10 × 1 200 000）　　　　　　　　120 000（标准采购成本）

　　贷：应付账款（0.08 × 1 200 000）　　　　　　96 000（实际采购成本）

　　　　材料采购价格差异　　　　　　　　　　　24 000（有利差异）

②材料领用时：

借：生产成本（0.10 × 100 × 10 000）　　　　　100 000（标准成本）

　　材料数量差异　　　　　　　　　　　　　　 2 000（不利差异）

　　贷：原材料（0.10 × 1 020 000）　　　　　　102 000（标准采购成本）

差异出现在借方表示实际成本大于标准成本，为不利差异；出现在贷方表示实际成本小于标准成本，则为有利差异。对于上述差异账户所反映的差异额，财务会计与管理会计处理的角度不同。

财务会计将上述的差异单独反映在差异账户，以便引起管理人员的关注，有效地进行例外管理。管理会计对差异进行分析，目的在于寻找差异原因，帮助企业组织管理人员发现改进效率的机会与问题。期末，财务会计根据差异额的重要性，对差异额进行处理。具体处理方式有以下两种：

（1）将差异账户结转至"主营业务成本"账户。如果差异金额不大，对企业组织的期间损益影响并不大，可以将上述差异直接结转至"主营业务成本"账户，进入当期损益。即编制如下会计分录：

借：材料采购价格差异　　　　　　　　　　　24 000（有利差异）

　　贷：材料数量差异　　　　　　　　　　　　 2 000（不利差异）

　　　　主营业务成本　　　　　　　　　　　　22 000

（2）将差异额按比例在"原材料"、"生产成本"、"库存商品"和"主营业务成本"

账户之间分配。如果差异额比较大，全部计入当期损益，可能对当期损益产生重大影响。因此，差异额需要按照"原材料"、"生产成本"、"库存商品"和"主营业务成本"各自应承担的比例进行分配。

直接材料用量差异反映生产过程中，直接材料耗用量的差异，它与生产工人是否节约用料及生产技术水平的高低有关，一般应该由生产部门负责。但如果是采购部门购入材料质量低劣，不符合原定生产计划的要求所致，则该差异应该由采购部门负责。这就需要企业组织在制定直接材料标准成本时，根据产品的市场定位明确直接材料的质量。在质量明确的前提下，选择高质高价或低质低价材料，确定直接材料标准成本。

材料价格差异反映材料采购价格与标准价格之间的差异，一般应该由采购部门负责。但是影响采购价格的原因很多，如发票价格、运输费、途中损耗费、装卸费等。如果由于生产小批量紧急订货，致使采购部门不能享受发票价格折扣或采用加急的运输方式，由此而引起材料成本的不利差异，就应该由生产部门负责。

三、直接人工成本差异分析

直接人工成本差异是指直接人工实际成本偏离直接人工标准成本所形成的差异。直接人工差异可以分解为直接人工工时差异与直接人工工资率差异。直接人工工时数量差异，又称为直接人工效率差异。有关计算公式为：

$$\begin{aligned}
直接人工成本差异 &= 直接人工实际成本 - 直接人工标准成本 \\
&= 直接人工实际工时 \times 直接人工实际工资率 \\
&\quad - 直接人工标准工时 \times 直接人工标准工资率 \\
&= 直接人工实际工时 \times （直接人工实际工资率 - 直接人工标准工资率） \\
&\quad + 直接人工标准工资率 \times （直接人工实际工时 - 直接人工标准工时） \\
&= 工资率差异 + 效率差异
\end{aligned}$$

其中：

$$直接人工工资率差异 = 直接人工实际工时 \times （直接人工实际工资率 - 直接人工标准工资率）$$

$$直接人工效率差异 = 直接人工标准工资率 \times （直接人工实际工时 - 直接人工标准工时）$$

直接人工工资率差异属于直接人工"价格差异"，指直接人工实际工资率偏离标准工资率所造成的差异。直接人工效率差异属于直接人工"数量差异"，指直接人工的实际工时偏离直接人工的标准工时所造成的差异。

【例 3 - 3】粤华公司 2013 年 6 月份生产产品 1 000 件，实际投入直接人工为 800 人工小时，实际支付的工资为 8 800 元。标准成本计算单上，该产品的单位产品标准工时为 0.9 人工小时，标准工资率为 10 元/小时。

根据上述资料，计算和分析直接人工成本差异。

直接人工成本差异＝实际成本－标准成本＝8 800－1 000×0.9×10＝200 元（F）

其中：

（1）效率差异＝标准工资率×（实际工时－标准工时）

＝10×（800－1 000×0.9）＝1 000 元（F）

（2）工资率差异＝实际工时×（实际工资率－标准工资率）

＝800×（8 800/800－10）＝800 元（U）

上述计算过程见图3－3所示。

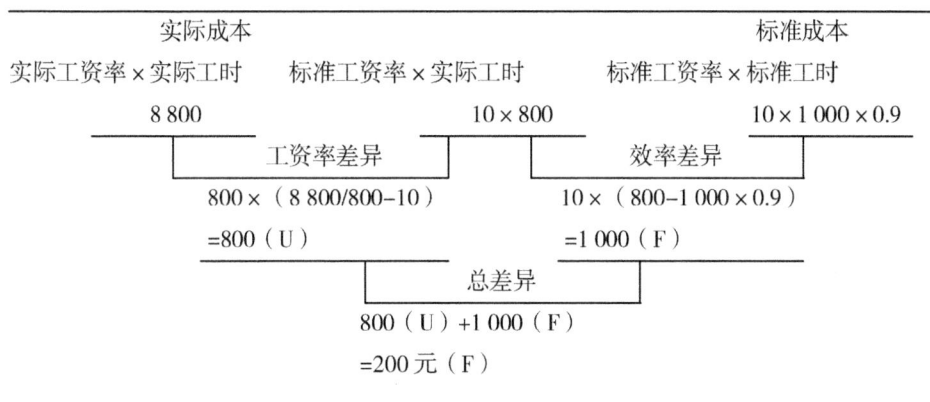

图3－3 直接人工成本差异计算图示

根据图3－3，粤华公司编制了如下会计分录：

借：生产成本（10×1 000×0.9）　　　　　　9 000（标准成本）

　　直接人工工资率差异　　　　　　　　　　800（不利差异）

　贷：应付工资　　　　　　　　　　　　　8 800（实际成本）

　　　直接人工效率差异　　　　　　　　　1 000（有利差异）

期末，如果上述差异对当期损益影响不大，则全部计入"主营业务成本"账户：

借：直接人工效率差异　　　　　　　　　　1 000（有利差异）

　贷：直接人工工资率差异　　　　　　　　800（不利差异）

　　　主营业务成本　　　　　　　　　　　200

　　直接人工效率差异的主要原因表现为生产工人的工作效率偏离预期的标准效率水平。导致生产工人效率差异的原因可能是多方面的，例如，新来的工人或工人对新产品的加工过程训练不够；生产监督不力，生产工人出现怠工现象等。上述原因主要发生在生产车间，也有可能是材料供应部门、设备供应部门、产品设计部门、人力资源部门等部门的责任。如材料供应部门选择低质量材料导致生产不能连续进行；设备采购部门购置的设备性能差出现非正常运转；设计部门设计的产品过于复杂，超出事先的预期；人力资源部门对新来员工培训不够。

引起直接人工工资率差异的主要原因是生产工人的工资率水平偏离标准工资率。如果人力资源部门决定生产过程中员工的等级类型与技能水平的配置以及他们的工资率标准，由此造成的工资率差异则应由人力资源部门负责。如果这种差异是由生产车间选用的生产工人工资水平过高或过低造成的，则主要由生产部门负责。

当然，对于自动化程度很高的企业组织来说，出现了很多无人车间。这样的企业组织，直接人工变得越来越不重要，直接人工成本差异的分析也越来越不重要。

四、变动性制造费用差异分析

按照成本性态不同，制造费用分为变动性制造费用与固定性制造费用。变动性制造费用差异指变动性制造费用实际成本偏离标准成本所形成的差异，变动性制造费用在成本性态上与直接材料、直接人工等变动成本相同。变动性制造费用的大小主要由工时（"数量"）与分配率（"价格"）决定。因此，变动性制造费用差异可以分解为变动性制造费用效率差异（"数量差异"）与变动性制造费用分配率差异（"价格差异"）。效率差异反映由于实际工时偏离标准工时所带来的差异。变动性制造费用分配率反映单位机器工时或人工工时变动性制造费用的耗费水平，所以又称耗费差异。耗费差异反映了变动性制造费实际分配率偏离标准分配率所带来的差异，有关计算公式为：

$$
\begin{aligned}
变动性制造费用差异 &= 变动性制造费用实际发生额 - 变动性制造费用标准成本 \\
&= 实际工时 \times 实际分配率 - 标准工时 \times 标准分配率 \\
&= 实际工时 \times （实际分配率 - 标准分配率） \\
&\quad + （实际工时 - 标准工时） \times 标准分配率 \\
&= 耗费差异 + 效率差异
\end{aligned}
$$

其中：

$$
\begin{aligned}
耗费差异 &= 实际工时 \times （实际分配率 - 标准分配率） \\
效率差异 &= 标准分配率 \times （实际工时 - 标准工时） \\
实际分配率 &= 变动性制造费用实际发生额 / 实际工时
\end{aligned}
$$

【例3-4】南方电子公司2013年6月份预计生产10 000件视听电子产品，实际生产9 000件。其所耗用的变动性制造费用包括动力费、整理费和检测费。

每件视听电子产品花费的动力工时、整理工时和检测方面的工时标准分别为0.2工时、0.5工时和0.9工时。9 000件视听电子产品应该花费的标准工时分别为：

动力工时：$9\,000 \times 0.2 = 1\,800$ 工时

整理工时：$9\,000 \times 0.5 = 4\,500$ 工时

检测工时：$9\,000 \times 0.9 = 8\,100$ 工时

根据成本性态分析，动力工时、整理工时和检测方面的单位变动性制造费用预算（即变动性制造费用标准分配率）分别为1.2元/动力工时、9.0元/整理工时和3.0元/检测工时。

"变动性制造费用"账户借方登记本期变动性制造费用实际发生额。本期变动性制造费用明细账上按照实际成本原则记录的三项费用分别为：

动力费用：2 730 元

整理费用：43 610 元

检测费用：26 390 元

合计 72 730 元

"变动性制造费用"账户贷方登记本期按照实际产量标准工时与标准分配率已分配至生产成本的变动性制造费用。本期记录已分配变动性制造费用为：

动力费用标准成本 = 1 800 × 1.2 = 2 160 元

整理费用标准成本 = 4 500 × 9 = 40 500 元

检测费用标准成本 = 8 100 × 3 = 24 300 元

合计 66 960 元

"变动性制造费用"账户借方发生额和贷方发生额之间出现 5 770 元余额。该余额反映变动性制造费用总额与已分配变动性制造费用之间的差额。同样，差异出现在借方为不利差异；出现在贷方为有利差异。

为了对上述差异进行分析，管理会计师收集到如下生产车间的工时记录：

动力工时：2 100 工时

整理工时：4 900 工时

检测工时：9 100 工时

根据上述记录可以计算各项变动性制造费用的实际分配率：

动力费用实际分配率 = 2 730/2 100 = 1.3 元/工时

整理费用实际分配率 = 43 610/4 900 = 8.9 元/工时

检测费用实际分配率 = 26 390/9 100 = 2.9 元/工时

根据上述资料，整理相关数据，如表 3 - 2 所示。

表 3 - 2 变动性制造费用相关数据

变动性制造费用项目	标准			实际		
	标准工时（工时）	标准分配率（元/工时）	标准成本（元）	实际成本（元）	实际工时（工时）	实际分配率（元/工时）
动力	1 800	1.2	2 160	2 730	2 100	1.3
整理	4 500	9.0	40 500	43 610	4 900	8.9
检测	8 100	3.0	24 300	26 390	9 100	2.9
合计	——	——	66 960	72 730	——	——

根据表 3 - 2，变动性制造费用差异的计算与分析，如表 3 - 3 所示。

表 3 - 3 变动性制造费用差异计算与分析表

项目	总差异			差异分析		
	实际成本（元）	标准成本（元）	差异额	差异分解	差异计算	差异额
动力	2 730	2 160	570（U）	耗费差异	2 100 ×（1.3 - 1.2）=210 元（U）	210 元（U）
				效率差异	（2 100 - 1 800）×1.2 = 360 元（U）	360 元（U）
整理	43 610	40 500	3 110（U）	耗费差异	4 900 ×（8.9 - 9.0）=490 元（F）	490 元（F）
				效率差异	（4 900 - 4 500）×9.0 = 3 600 元（U）	3 600 元（U）
检测	26 390	24 300	2 090（U）	耗费差异	9 100 ×（2.9 - 3.0）=910 元（F）	910 元（F）
				效率差异	（9 100 - 8 100）×3.0 = 3 000 元（U）	3 000 元（U）
合计	72 730	66 960	5 770（U）	耗费差异	2 100 ×（1.3 - 1.2）+ 4 900 ×（8.9 - 9.0）+9 100 ×（2.9 - 3.0）= 1 190 元（F）	1 190 元（F）
				效率差异	（2 100 - 1 800）×1.2 +（4 900 - 4 500）×9.0 +（9 100 - 8 100）×3.0 = 6 960 元（F）	6 960 元（U）

上述计算过程见图 3 - 4 所示。

	实际成本		标准成本
	实际分配率×实际工时	标准工资率×实际工时	标准分配率×标准工时
动力费用	1.3 × 2 100=2 730	1.2 × 2 100=2 520	1.2 × 1 800=2 160
整理费用	8.9 × 4 900=43 610	9.0 × 4 900=44 100	9.0 × 4 500=40 500
检测费用	2.9 × 9 100=26 390	3.0 × 9 100=27 300	3.0 × 8 100=24 300
合计：	72 730	73 920	66 960

耗费差异　　　　　　　　效率差异

动力费用	（1.3-1.2）× 2 100=210（U）	1.2 ×（2 100-1 800）=360（U）
整理费用	（8.9-9.0）× 4 900=490（F）	9.0 ×（4 900-4 500）=3 600（U）
检测费用	（2.9-3.0）× 9 100=910（F）	3.0 ×（9 100-8 100）=3 000（U）
合计：	72 730-73 920=1 190（F）	73 920-66 960=6 960（U）

总差异

1 190（F）+6 960（U）=5 770（U）

图 3 - 4 变动性制造费用差异计算图示

上述差异分析表明，本期变动性制造费用总差异为 5 770 元（不利差异），其中包括耗费差异 1 190 元（有利差异）和效率差异 6 960 元（不利差异）。耗费差异包括动力费

210 元（不利差异）、整理费 490 元（有利差异）和检测费 910 元（有利差异）；效率差异包括动力费 360 元（不利差异）、整理费 3 600 元（不利差异）和检测费 3 000 元（不利差异）。在总体上，说明了该公司生产效率低下，但耗费水平较低，具体原因有待进一步具体分析。

根据图 3-4，南方电子公司编制如下会计分录：

借：生产成本　　　　　　　　　　　　　66 960（标准成本）

　　变动性制造费用效率差异　　　　　　　6 960（不利差异）

　　贷：变动性制造费用　　　　　　　　72 730（实际成本）

　　　　变动性制造费用耗费差异　　　　　1 190（有利差异）

期末，如果上述差异对当期损益影响不大，则全部计入"主营业务成本"账户：

借：主营业务成本　　　　　5 770（不利差异）

　　变动性制造费用耗费差异　　1 190（有利差异）

　　贷：变动性制造费用效率差异　　6 960（不利差异）

变动性制造费用效率差异反映企业组织由于实际工时（成本动因数）偏离标准工时（成本动因数）所造成的差异，其主要原因在于机器或人工的工作效率。

变动性制造费用耗费差异反映单位工时所消耗的间接材料、间接人工对标准的偏离所造成的差异。导致这种差异的原因很多，可能是车间对间接材料、间接人工单耗水平方面的原因，也可能是间接材料的价格、间接人工的工资率水平方面的原因，这可能会牵涉到多个部门的责任。

五、固定性制造费用差异分析

固定性制造费用包括诸如生产管理人员工资、折旧费和保险费等，其通常是与员工规模、设备规模等生产能力相联系的成本。与前述的直接材料、直接人工和变动性制造费用控制不同，固定性制造费用在相关范围内，不随业务量的变化而变化。对固定性制造费用的控制采用总额预算控制，即主要考察实际发生的固定性制造费用与事先预计的固定性制造费用之间是否相同，以评价企业组织的固定性制造费用支出是否超过了预算水平，企业组织的设备规模是否适当，设备和生产能力是否得到有效利用。因此，固定性制造费用差异分析，不再从价格和数量方面着手，而是以固定性制造费用预算为参照，将其分解为支出差异和产量差异。有关计算公式为：

固定性制造费用差异 = 固定性制造费用实际发生额 - 已分配的固定性制造费用

　　　　　　　　　 = （固定性制造费用实际发生额 - 固定性制造费用预算）

　　　　　　　　　　　 + （固定性制造费用预算 - 已分配的固定性制造费用）

　　　　　　　　　 = 支出差异 + 产量差异

其中：

支出差异 = 固定性制造费用实际发生额 - 固定性制造费用预算

产量差异 = 固定性制造费用预算 - 已分配的固定性制造费用

已分配的固定性制造费用 = 实际产量 × 单位产量标准工时 × 标准分配率

标准分配率 = 固定性制造费用预算/（预计的产量 × 单位产量标准工时）

【例 3 – 5】东方电子公司 2013 年 6 月份预计生产 10 000 件电子产品，标准机器工时为 360 000 小时，每件视听电子产品的标准机器工时为 3.6 小时，其所耗用的固定性制造费用包括厂房折旧费、设备折旧费、财产保险费和车间管理人员工资。固定性制造费用的项目与金额，如表 3 –4 所示。

表 3 – 4   固定性制造费用情况表

费用项目	固定性制造费用预算			实际固定性制造费用
	费用预算	标准机器工时	标准分配率	
厂房折旧费	100 000 元			110 000 元
设备折旧费	200 000 元			205 000 元
财产保险费	20 000 元			20 000 元
车间管理人员工资	40 000 元			46 000 元
合计	360 000 元	360 000 小时	1 元/小时	381 000 元

标准机器工时 = 100 000 × 3.6 = 360 000 小时

固定性制造费用标准分配率 = 360 000/360 000 = 1 元/小时

东方电子公司 2013 年 6 月份实际生产了 90 000 件电子产品。

"固定性制造费用"账户借方登记本期固定性制造费用实际发生额。本期"固定性制造费用"账户借方记录包括：厂房折旧费 110 000 元、设备折旧费 205 000 元、财产保险费 20 000 元、车间管理人员工资 46 000 元，合计 381 000 元。

"固定性制造费用"账户贷方登记本期按照实际产量标准工时与标准分配率已分配至生产成本的固定性制造费用。本期"固定性制造费用"贷方记录已分配固定性制造费用金额计算如下：

已分配固定性制造费用 = 实际产量 × 单位产品标准工时 × 标准分配率
= 90 000 × 3.6 × 1 = 324 000 元

"固定性制造费用"账户借方与贷方之间出现 57 000 元的差额。这个差额反映固定性制造费用总额与已分配固定性制造费用之间的差额，它是固定性制造费用总差异。差额出现在借方表示实际发生的固定性制造费用大于按照标准应该发生的固定性制造费用，为不利差异；差额出现在贷方表示实际发生的固定性制造费用小于按照标准应该发生的固定性制造费用，为有利差异。

固定性制造费用差异 = 固定性制造费用实际发生额 - 已分配的固定性制造费用
= 381 000 – 324 000 = 57 000 元

管理会计师需要做的工作是对其进行分解，分析产生上述差异的原因，以便管理人员对其进行有效管理。管理会计师以固定性制造费用预算为标准，对上述固定性制造费用差异分析如下：

支出差异 = 固定性制造费用实际发生额 − 固定性制造费用预算
= 381 000 − 360 000 = 21 000 元（U）

产量差异 = 固定性制造费用预算 − 已分配的固定性制造费用
= 360 000 − 90 000 × 3.6 × 1 = 360 000 − 324 000 = 36 000 元（U）

上述计算过程可用图 3 − 5 表示。

	实际成本	制造费用预算	标准成本 标准分配率 × 标准工时
固定性制造费用：			
厂房折旧	110 000	100 000	
设备折旧	205 000	200 000	
车间保险	20 000	20 000	
管理人员工资	46 000	40 000	90 000 × 3.6 × 1
合计：	381 000	360 000	=324 000

支出差异　　　　　　　产量差异
381 000−360 000=21 000（U）　360 000−324 000=36 000（U）

总差异
21 000（U）+36 000（U）=57 000（U）

图 3 − 5　固定性制造费用差异计算图示

上述计算表明，东方电子公司 2013 年 6 月份固定性制造费用出现了 57 000 元的不利差异。其中，由于预算不准确或非正常项目的出现，导致固定性制造费用支出比预算多花费了 21 000 元。此外，由于实际产量水平低于预计的产量水平导致生产能力利用不足方面的差异为 36 000 元。

根据图 3 − 5，东方电子公司编制了如下会计分录：

借：生产成本　　　　　　　　　　　　324 000（标准成本）
　　固定性制造费用支出差异　　　　　　21 000（不利差异）
　　固定性制造费用产量差异　　　　　　36 000（不利差异）
　贷：固定性制造费用　　　　　　　　381 000（实际成本）

期末，如果上述差异对当期损益影响不大，则全部计入"主营业务成本"账户：

借：主营业务成本　　　　　　　　　　57 000（不利差异）
　贷：固定性制造费用支出差异　　　　　21 000（不利差异）
　　　固定性制造费用产量差异　　　　　36 000（不利差异）

支出差异是指本期固定性制造费用的实际支出与预算支出水平上存在的偏差。造成支出差异的原因包括：①固定性制造费用预算错误。如企业组织在编制固定性制造费用预算时，错误地将变动性制造费用计入固定性制造费用预算，或者忽视了本期增加的固定性制造费用项目。②缺乏有效控制，导致固定性制造费用增加。如无准备的设备更新、计划外工作要求新增加管理者等，导致当期固定性制造费用增加。降低不利支出差异的主要措施是提高对固定性制造费用的预算水平和加强对固定性制造费用的有效控制。

企业组织生产过程中，由于实际产量与预计产量之间可能存在偏差，导致生产能力的利用程度低于或超过正常的生产能力利用程度。无论是生产能力利用不足，还是生产能力超过正常水平，都应该要加以分析。当实际产量小于预计产量时，生产能力利用不足，预算的固定性制造费用大于平常按标准分配率结转至生产成本的固定性制造费用；当实际产量超过预计产量时，生产能力超额使用，已分配的固定性制造费用超过预算中的固定性制造费用。固定性制造费用预算与已分配的固定性制造费用之间的差额，反映了生产能力利用程度的差异，解决产量差异的主要措施是充分合理地安排好对现有生产能力的利用水平。

📖 本章小结

本章讨论立足标准成本法，讨论标准成本的制定、差异分析和差异账务处理等三个方面的内容。企业组织应该对生产经营过程的直接材料、直接人工和制造费用等成本项目分别制定标准成本，以便确定单位产品的标准成本。其基本的模式为"标准成本 = 标准用量 × 标准价格"。不过，不同成本项目的"用量标准"和"价格标准"，其含义有所不同。经过平时的账务处理，各个成本差异账户根据其所记录的成本差异性质，出现了借方或贷方余额。期末，这些成本差异账户的余额需要结转到相应的账户，以便使相关账户的记录从标准成本转化为实际成本，从而根据会计准则对外编制财务报表。

关键术语和概念

标准成本　标准用量　标准价格　差异分析　成本差异　价格差异　用量差异
直接材料价格差异　直接材料用量差异　直接人工效率差异　直接人工工资率差异
变动性制造费用耗费差异　变动性制造费用效率差异　固定性制造费用支出差异
固定性制造费用产量差异

拓展阅读

1. ［美］韦恩·J. 莫尔斯，詹姆斯·R. 戴维斯，阿尔·L. 哈特格雷夫斯. 管理会计——侧重于战略管理（第 3 版）. 张鸣主译. 上海：上海财经大学出版社，2005.

2. ［美］罗纳德·W. 希尔顿. 管理会计学：在动态商业环境中创造价值（原书第 5版）. 阎达五，李勇等译. 北京：机械工业出版社，2007.

3. ［美］安东尼·A. 阿特金森，罗伯特·S. 卡普兰，埃拉·梅·玛苏姆拉，S. 马克·杨．管理会计（第5版）．王立彦，陆勇，樊铮译．北京：清华大学出版社，2009.

4. ［美］查尔斯·T. 亨格瑞，加里·L. 森登，威廉姆·O. 斯特尔顿，戴维·伯格斯塔勒，杰夫·舒兹伯格．管理会计教程（原书第15版）．潘飞，沈红波译．北京：机械工业出版社，2012.

5. 胡玉明．管理会计．北京：中国财政经济出版社，2009.

6. 胡玉明，丁友刚，卢馨．管理会计（第2版）．广州：暨南大学出版社，2010.

7. 胡玉明．会计学：经理人视角．北京：中国人民大学出版社，2011.

第四章 变动成本法

如前所述，按成本性态，成本可以分为变动成本与固定成本。在企业组织经营管理过程中，这种分类具有十分广泛而重要的意义，变动成本法就是其中之一。

通过本章学习，应该掌握如下内容：
1. 完全成本法及其存在的问题
2. 变动成本法及其与完全成本法的区别
3. 变动成本法的评价与运用

第一节 完全成本法及其存在的问题

完全成本法（Full Costing），也称"吸收成本法"（Absorption Costing），通常所说的成本计算方法就是完全成本法。要充分理解变动成本法（Variable Costing），首先必须了解完全成本法。

一、完全成本法的性质

根据完全成本法，产品成本项目包括直接材料、直接人工和全部制造费用。

【例4-1】胜辉模具公司生产一种模具产品，该公司总经理想了解最近四个月产品的生产和销售业绩情况以及这种模具产品的盈利能力，希望公司财务经理提供一份有关产品成本、销售利润方面的报告。

财务经理收集和整理了以下有关资料：

（1）该公司近四个月的生产和销售资料如表4-1所示。

表4-1 生产和销售资料

月份	生产数量（件）	销售数量（件）
8	100	100
9	200	100
10	100	80
11	100	100

该公司存货流转计价方法采用先进先出法，单位产品售价为 500 元。

（2）该公司产品单位变动成本资料如表 4－2 所示。

表 4－2　单位变动成本资料

成本项目	单位成本（元）
直接材料	100
直接人工	100
变动性制造费用	100
单位变动成本合计	300

该公司生产车间每月固定性制造费用 10 000 元。这些成本在每个月产量为 1～200 件。正常情况下，公司每月生产量为 100 件。

根据上述资料，财务经理编制了这四个月的单位产品生产成本与产品销售利润管理会计报告，如表 4－3 和表 4－4 所示。

表 4－3　单位产品生产成本报告

成本项目	8 月份	9 月份	10 月份	11 月份
直接材料	100 元	100 元	100 元	100 元
直接人工	100 元	100 元	100 元	100 元
变动性制造费用	100 元/件	100 元/件	100 元/件	100 元/件
单位固定性制造费用	100 元/件	50 元/件	100 元/件	100 元/件
单位完全成本合计	400 元/件	350 元/件	400 元/件	400 元/件

单位固定性制造费用 = 本月固定性制造费用/生产数量

8 月份单位固定性制造费用 = 10 000/100 = 100 元/件

9 月份单位固定性制造费用 = 10 000/200 = 50 元/件

10 月份单位固定性制造费用 = 10 000/100 = 100 元/件

11 月份单位固定性制造费用 = 10 000/100 = 100 元/件

表 4－4　销售利润报告

项目	8 月份	9 月份	10 月份	11 月份
销售数量	100 件	100 件	80 件	100 件
单价	500 元/件	500 元/件	500 元/件	500 元/件
销售额	50 000 元	50 000 元	40 000 元	50 000 元
销售成本	40 000 元	35 000 元	28 000 元	39 000 元
销售利润	10 000 元	15 000 元	12 000 元	11 000 元

当财务经理向公司总经理提交上述报告之后，公司总经理对上述两份报告（表4-3和表4-4）所表现出来的数据感到非常困惑，并向财务经理提出了以下两个问题：

（1）8月、10月、11月三个月份的单位产品成本都是400元/件，而9月份的单位产品成本为350元/件。为什么同一种产品的生产成本如此不稳定，且存在这么大的差异？

（2）除了上述成本问题，在利润计算上也存在一系列难以理解的问题。这些问题包括：8月份与9月份销售数量相同，但是9月份的利润要比8月份高；10月份的销量比8月份少，利润反而比8月份高；11月份的销量比10月份有所上升，但是利润反而比10月份低。

二、销量效应与生产效应

财务经理非常明白，上述问题的根本原因在于产品成本计算方法，因为在编制上述绩效报告时，财务经理采用的成本计算方法是完全成本法。如前所述，在产品成本计算过程中，完全成本法将企业组织所发生全部生产成本，包括直接材料、直接人工和全部制造费用（包括变动性制造费用和固定性制造费用）全部计入产品成本。其成本结构可用图4-1表示。

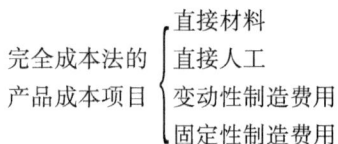

$$\left.\text{完全成本法的}\atop\text{产品成本项目}\right\{\begin{array}{l}\text{直接材料}\\\text{直接人工}\\\text{变动性制造费用}\\\text{固定性制造费用}\end{array}$$

图4-1 完全成本法的成本结构

财务经理从完全成本法的角度对上述问题作了如下解释：

（1）基于完全成本法，产品成本不仅要受到自身消耗水平的影响，而且还受到产品生产数量的影响。基于完全成本法，产品成本不仅包括直接材料、直接人工和变动性制造费用，而且还包含固定性制造费用。根据成本性态，直接材料、直接人工和变动性制造费用属于变动成本，固定性制造费用属于固定成本。固定成本在相关范围内，总额保持不变，但是，单位产品分摊的固定性制造费用却随着产量的增加而下降。产量越高，单位产品分摊的固定性制造费用就越低。8月、10月、11月三个月份的单位产品成本都是400元/件，而9月份的单位产品成本之所以为350元/件，是因为8月、10月、11月三个月份的产量为100件，单位产品分摊的固定性制造费用为100元，9月份的产量为200件，单位产品分摊的固定性制造费用为50元。

（2）基于完全成本法，企业组织的销售利润不仅要受到销售数量的影响，而且还受到生产数量的影响。销售利润取决于销售收入与销售成本，销售收入取决于销售数量与销售价格，销售成本取决于销售数量与产品成本。基于完全成本法，产品成本包括变动成本（直接材料、直接人工和变动性制造费用）和固定性制造费用，而固定性制造费用又取决于生产数量。因此，如果产品价格、产品单位变动成本既定，企业组织的销售利润就取决于销售数量和生产数量双重因素的影响。销售数量对利润的影响称之为销量效应（Sale

Effect，SE），生产数量对利润的影响称之为生产效应（Product Effect，PE）。

假定某公司第 1 期和第 2 期的相关资料如表 4 – 5 所示。

表 4 – 5　某公司相关资料

项目	第 1 期	第 2 期
销量	Q_1	Q_2
单价	p	p
单位变动成本	b	b
固定成本	a	a
产量	U_1	U_2
销售利润	P_1	P_2

根据表 4 – 5，按照完全成本法：

$$P_1 = Q_1 \times \left(p - b - \frac{a}{U_1} \right)$$

$$P_2 = Q_2 \times \left(p - b - \frac{a}{U_2} \right)$$

$$\begin{aligned}
\Delta P &= P_2 - P_1 \\
&= Q_2 \times \left(p - b - \frac{a}{U_2} \right) - Q_1 \times \left(p - b - \frac{a}{U_1} \right) \\
&= (Q_2 - Q_1) \times \left(p - b - \frac{a}{U_2} \right) - \left(\frac{1}{U_2} - \frac{1}{U_1} \right) \times a \times Q_1
\end{aligned}$$

其中：

销量效应为：

$$SE = (Q_2 - Q_1) \times \left(p - b - \frac{a}{U_2} \right)$$

生产效应为：

$$PE = - \left(\frac{1}{U_2} - \frac{1}{U_1} \right) \times a \times Q_1$$

在【例 4 – 1】中，该公司 8 月份与 9 月份销售数量相同，9 月份的利润要比 8 月份高。其原因在于：

$$SE = (100 - 100) \times \left(500 - 300 - \frac{10\,000}{200} \right) = 0 \ 元$$

$$PE = - \left(\frac{1}{200} - \frac{1}{100} \right) \times 10\,000 \times 100 = 5\,000 \ 元$$

因此，该公司 9 月份的利润要比 8 月份高 5 000 元，全部是因生产效应而导致的结果。该公司 10 月份的销量比 8 月份少，利润反而比 8 月份高。这是因为按照先进先出法，

10 月份所销售的 80 件产品是 9 月份生产的，因此有：

$$SE = （80-100） \times （500-300-\frac{10\ 000}{200}） = -3\ 000\ 元$$

$$PE = -（\frac{1}{200}-\frac{1}{100}） \times 10\ 000 \times 100 = 5\ 000\ （元）$$

这意味着，由于销量效应导致利润下降为 3 000 元，但生产效应导致利润上升为 5 000 元。因此，两者综合影响的结果是 10 月份的利润要比 8 月份高 2 000 元。

三、对完全成本法的评价

财务经理进一步解释：按照财务会计准则的要求，成本按照其管理职能（生产、管理、销售、财务）分类，可以分为制造成本（直接材料、直接人工和制造费用）和非制造成本（管理费用、销售费用和财务费用）。所有制造成本，包括原材料、直接人工和制造费用都应该全部计入产品成本。所有非制造成本，包括管理费用、财务费用、销售费用作为期间费用，直接列入当期损益。以管理职能为基础，并将全部的制造成本计入产品成本，与产品销售收入配比计算销售职能的盈利；将全部的非制造成本与销售盈利配比，计算营业活动的盈利。这种处理方法满足了外部报表使用者对企业组织的主营业务（销售）职能和营业职能盈利能力的评价。

总经理认为财务经理所作的解释是合理的。但是，总经理认为，他并不关心外部报表使用者的需求以及会计如何计算，重要的是这些财务数据首先要具有易理解性。只有容易理解，才能正确地引导经营管理决策。完全成本法并不能很好地满足经营管理的信息需求，甚至还可能产生一些不良的影响：

（一）完全成本法所计算出来的产品成本在管理上存在缺陷，不利于成本预测、计划与控制

完全成本法所计算出来的产品成本包括直接材料、直接人工和制造费用。从成本性态的角度看，直接材料和直接人工属于变动成本，制造费用既包括变动成本，也包括固定成本，属于混合成本。这种混合成本与业务量之间的关系既不成正比例变化，也不是固定不变的，所计算出来的产品成本不便于本量利分析，成本、销量、利润之间的关系变得非常复杂、难于理解，因而，也就不便于预测和计划。【例 4-1】所显示出来的各种反常现象充分说明了这个问题。

企业组织的短期生产经营决策通常基于现有的生产能力条件，根据产品盈利能力作出决策。完全成本法所计算出来的产品成本既包含自身的变动成本，又包含生产能力成本。而生产能力成本随着产量的变化而变化，不能有效地反映产品自身所具有的盈利能力，因而不便于产品的评价和决策。企业组织的利润变化不仅取决于销售部门所创造的销售量，还取决于生产部门的生产量。这也不利于成本控制与绩效评价工作。

（二）容易诱导企业组织盲目生产

基于完全成本法，销售利润一方面受到销售量的影响，另一方面又受到生产量的影响。完全成本法的这个特点可以鼓励企业组织尽可能增加产量，以获得规模经济。但规模经济的取得必须建立在销售量的基础上。企业组织在销售规模没有扩大的情况下，盲目扩大生产量，就会导致产品的积压和贬值，企业组织的最终利润因此受到损害。企业组织可能会利用完全成本法的这个特点，通过提高生产量来"创造"利润，追求短期绩效。

为了解决完全成本法的上述问题，管理会计主张采用变动成本法。

第二节　变动成本法及其与完全成本法的区别

变动成本法是与完全成本法相对应的一个概念。

一、变动成本法的性质

所谓变动成本法，是指以成本性态为基础，将成本分为变动成本和固定成本，将变动性生产成本作为产品或服务成本的构成内容，将固定性生产成本与固定性非生产成本一起作为期间费用的一种成本计算方法。

所谓变动性生产成本，是指按照成本性态分析，与业务量成正比例变化的成本，通常包括直接材料、直接人工和变动性制造费用（如水电费等项目）。

所谓固定性生产成本，是指按照成本性态分析，其总额不随业务量变化而变化的成本项目，通常指固定性制造费用（如厂房按直线法计提的折旧费）。变动成本法的产品成本构成与完全成本法的区别，如图4-2所示。

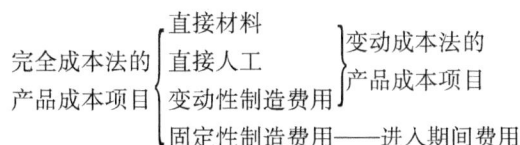

图4-2　变动成本法与完全成本法的成本结构

【例4-2】承【例4-1】胜辉模具公司总经理对财务经理的解释并不满意，于是财务经理采用变动成本法重新编制了产品单位生产成本报告和利润报告，如表4-6和表4-7所示。

表4-6　单位生产成本报告

成本项目	8月份	9月份	10月份	11月份
直接材料（元）	100	100	100	100
直接人工（元）	100	100	100	100
变动性制造费用（元）	100	100	100	100
单位产品变动成本合计（元）	300	300	300	300

表4-7 利润报告

项目	8月份	9月份	10月份	11月份
销售数量（件）	100	100	80	100
单价（元/件）	500	500	500	500
销售额（元）	50 000	50 000	40 000	50 000
减：变动成本（元）	30 000	30 000	24 000	30 000
贡献毛益（元）	20 000	20 000	16 000	20 000
减：固定成本（元）	10 000	10 000	10 000	10 000
销售利润（元）	10 000	10 000	6 000	10 000

当财务经理向总经理提交这份报告之后，总经理认为这份报告正是他想要的。从这份报告可以清楚地看到，8、9、10、11月份的销量分别为100件、100件、80件、100件，其变动成本分别为30 000元、30 000元、24 000元、30 000元，贡献毛益分别为20 000元、20 000元、16 000元、20 000元，销售产品的成本、销售产品所创造的贡献毛益与产品的销量成正比。这不仅清晰地反映了产品的盈利能力，而且也清晰地反映了销售部门的绩效。至于公司净利润，虽然并不与销量成正比关系，但是也没有出现诸如"销售量增加，利润下降"这样的反常现象。采用变动成本法，产品成本与销售利润只受销售量的影响，产品的成本—业务量—利润关系变得更加容易理解，也更有利于产品成本与盈利的预测、决策、计划、控制和评价工作。

二、产品成本构成、成本流动过程与存货计价方面的差异

基于变动成本法，企业组织的生产成本按成本性态分类，分为变动性生产成本（包括直接材料、直接人工、变动性制造费用）和固定性生产成本（即固定性制造费用）。按照变动成本法计算的产品成本，只包括与产量成正比关系的变动性生产成本，不包括固定性生产成本。完全成本法将所有的生产成本（包括直接材料、直接人工、变动性制造费用和固定性制造费用）全部计入产品成本。

由此可见，两者的区别在于在计算产品成本过程中，对固定性制造费用的处理方式不同。完全成本法将当期发生的固定制造费用，归集分配到产品成本。在当期生产的这些产品中，另有一部分产品会在当期销售，有一部分产品在当期并未销售。当期销售的产品成本作为当期销售成本进入当期的利润表，未销售的产品成本作为期末存货进入当期资产负债表。这样一来，当期发生的固定性制造费用，有一部分固定性制造费用作为产品成本的一部分，随当期产品销售成本进入当期的利润表，另一部分固定性制造费用作为产品成本的一部分，变作为当期期末存货成本进入资产负债表，并随存货递延到下一个会计期间。基于变动成本法，产品成本不包括固定性制造费用，固定性制造费用只作为期间费用，从当期损益中直接扣除。

【例4-3】以【例4-1】胜辉模具公司9月份生产的模具产品成本为例。该公司9月

份无期初存货，本期投产 200 件模具全部完工，销售 100 件。该公司 9 月份发生的管理费用 1 500 元，销售费用 2 000 元，财务费用 500 元。比较完全成本法与变动成本法两者的成本结构与成本流动过程。

（1）完全成本法的成本流程如图 4 - 3 所示。

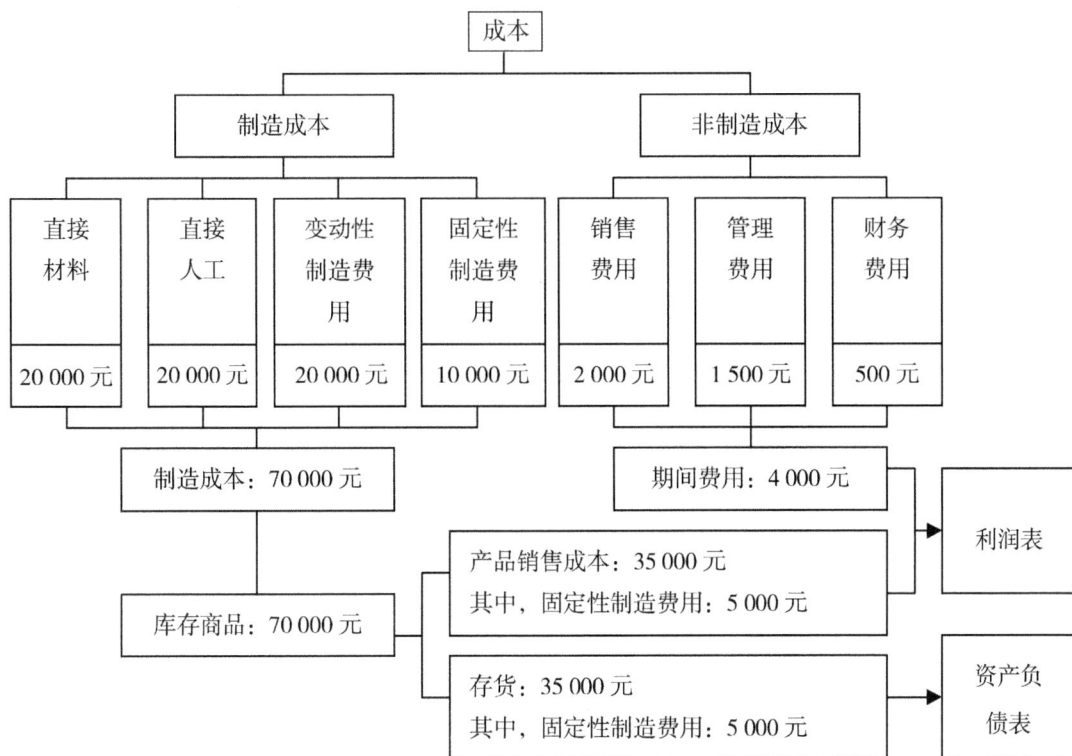

图 4 - 3　完全成本法的成本流程图

（2）变动成本法的成本流程如图 4 - 4 所示。

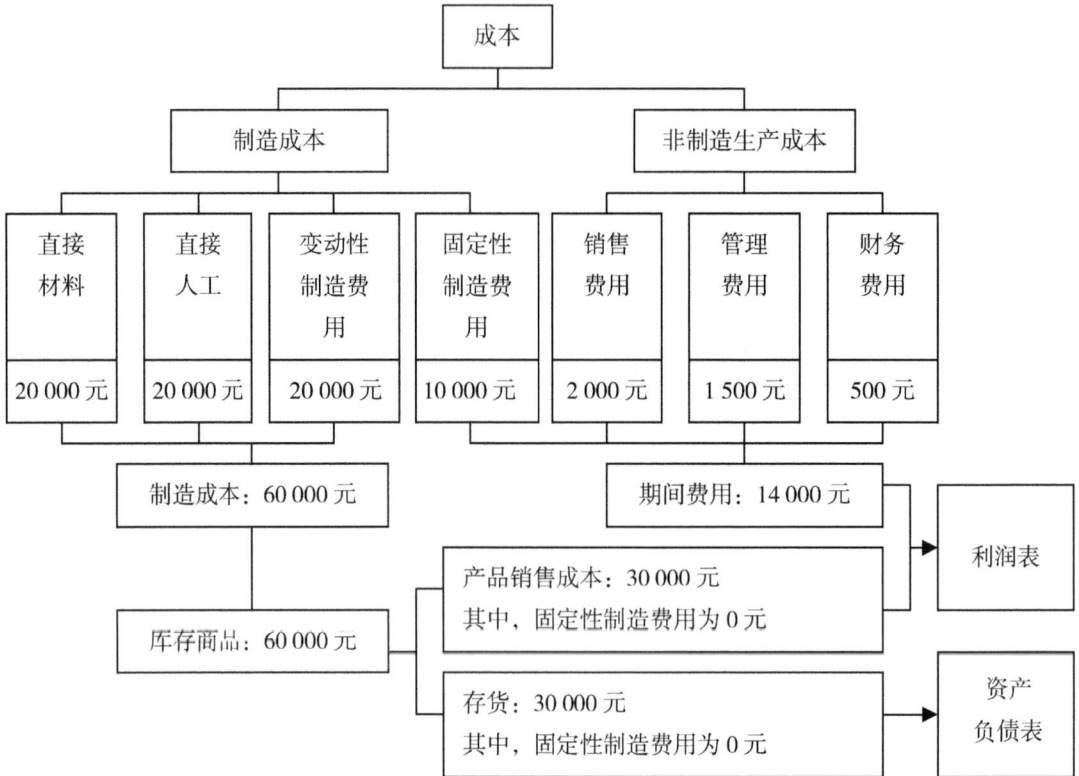

图 4 - 4　变动成本法的成本流程图

通过上述比较可以看到，在两种成本计算方法下，由于其产品成本组成内容不同，所计算出来的在产品和产成品存货成本也不同。基于完全成本法，期末在产品和产成品存货成本都包含了固定性制造费用。在【例 4 - 3】中，产品总数为 200 件，库存商品总成本为 70 000 元，其中包含固定性制造费用 10 000 元，单位产品成本为 350 元，其中包括固定性制造费用 50 元。本期销售产品 100 件，销售成本 35 000 元，其中固定性制造费用 5 000 元。期末存货 100 件，总成本为 35 000 元，其中固定性制造费用 5 000 元。基于变动成本法，固定性制造费用作为期间费用全部进入当期利润表，期末在产品和产成品存货成本都不包含固定性制造费用。从【例 4 - 3】可以看到，产品总数为 200 件，库存商品总成本为 60 000 元，单位产品成本为 300 元，不包括固定性制造费用。本期销售产品 100 件，销售成本 30 000 元，期末存货 100 件，总成本为 30 000 元，都不包括固定性制造费用。

三、利润计算程序、中间性利润指标以及利润表格式的差异

（一）利润计算程序不同

完全成本法的利润计算程序是：用产品销售收入（或称之为主营业务收入）减去产品销售成本（或称之为主营业务成本），其差额称为产品销售利润（或称之为主营业务利润）；再用产品销售利润减去当期的非制造成本（包括销售费用、管理费用和财务费用），

得到税前利润。

变动成本法的利润计算程序是：用产品销售收入减去变动成本（包括变动性制造成本和变动性非制造成本），其差额称为贡献毛益；然后再用贡献毛益减去固定成本（包括固定性制造费用和固定性非制造成本），得到税前利润。

（二）中间性利润利润指标不同

对于投资者和债权人等外部报表使用者来说，不仅关心企业组织的最终利润，而且还要关心企业组织的主营业务职能活动所创造的利润，据此评价企业组织未来的盈利持续性。从上述利润计算程序可以看到，完全成本法对企业组织的成本按照管理职能分类，分为制造成本和非制造成本，再用销售收入减去销售成本获得销售毛利这个中间性利润指标，以反映企业组织生产销售职能或主营业务职能活动的盈利能力。然后，再用主营业务职能所创造的销售毛利减去其他职能活动的成本（管理费用、销售费用和财务费用），得到企业组织的税前利润。完全成本法的利润计算程序，产生了主营业务利润这个中间性利润指标，正是为了满足外部报表使用者对企业组织未来盈利持续性分析的需要。

对于企业组织的内部经营者来说，短期内关心的是企业组织在既定的生产规模下，产品生产和销售活动的盈利能力，以便于进行短期的预测、决策、计划、控制、评价工作。基于这样的考虑，变动成本法按照成本性态分类，首先用产品销售收入减去产品变动成本和变动性管理费用、销售费用、财务费用等，得出"贡献毛益"这个中间性利润指标，以反映企业组织的产品盈利能力以及企业组织经营管理活动的短期盈利能力，并将固定成本（包括固定性制造费用、固定性管理费用、固定性销售费用、固定性财务费用）作为期间费用，计算最终的税前利润。这种利润计算程序，恰恰满足了内部经营者经营决策、计划控制、绩效评价等方面的信息需求。

（三）利润表格式的不同

上述利润计算程序的不同反映到利润表具体表现为利润表的格式不同。完全成本法的利润表将所有成本按制造、非制造成本等职能进行排列，这是一种以管理职能为基础的利润表格式。变动成本法的利润表将所有成本以成本性态为基础排列，这是一种以成本性态为基础的利润表格式。按两种成本计算法编制利润表的比较如表4-8所示。

表4-8　完全成本法与变动成本法的利润表格式比较

以管理职能为基础的利润表（完全成本法）		以成本性态为基础的利润表（变动成本法）	
销售收入		销售收入	
减：销货成本		减：变动成本	
期初存货成本		变动性生产成本	
本期生产成本		变动性销售费用	
可供销售产品生产成本		变动性管理费用	
减：期末存货成本		变动性财务费用	
销货成本		变动成本合计	

（续上表）

以管理职能为基础的利润表（完全成本法）		以成本性态为基础的利润表（变动成本法）	
销售毛利		贡献毛益	
减：期间费用		减：固定成本	
销售费用		固定性制造费用	
管理费用		固定性销售费用	
财务费用		固定性管理费用	
期间费用合计		固定性财务费用	
税前利润		固定成本合计	
		税前利润	

四、利润计算结果不尽相同

两种成本计算方法的利润计算程序、中间性利润指标、利润表格式不同，其利润计算结果也不尽相同。导致利润计算结果不同的主要原因不在于管理费用、销售费用和财务费用等期间费用，因为基于完全成本法，本期发生的销售费用、管理费用、财务费用全部列在利润表的期间费用项下，从销售毛利中扣除；基于变动成本法，销售费用、管理费用、财务费用则按成本性态分别处理。其中变动部分，在计算贡献毛益时从销售收入中扣除，固定部分则在计算损益时从贡献毛益中扣除。尽管它们在利润表的位置不同，但最终都作为期间费用全额计入当期损益。

导致两者利润计算结果不尽相同的原因主要在于固定性制造费用。基于完全成本法，固定性制造费用"盘存"进入存货成本，进而分别进入期末存货成本和本期销售成本，而本期期末存货成本则是以后期间的销售成本。由于各期产销量不平衡，可能会使各期末存货发生增减变化，进而各期销售成本所包含的固定性制造费用也不相同。而基于变动成本法，固定性制造费用全部作为期间费用从当期损益中扣除。这样一来，基于两种成本计算方法，各期损益承担的固定性制造费用可能不相同，税前利润也就会出现差异。基于完全成本法的税前利润与基于变动成本法的税前利润之间的差额计算公式为：

差异额＝期末存货包含的固定性制造费用－期初存货包含的固定性制造费用

【例4-4】承【例4-1】12月份结束时，公司财务经理为了进一步向公司总经理解释清楚两种成本计算方法，收集整理了该公司8~12月份的财务资料，分别按照完全成本法和变动成本法计算产品成本，并分别编制了以管理职能为基础的利润表和以贡献毛益为基础的利润表。

有关该公司8月、9月、10月、11月、12月五个月份的产量、销量、成本、费用、售价等资料如表4-9所示。

表4-9　五个月的生产量和销售量情况表

月份	期初存货	本期生产	本期销售	期末存货
8	0	100	100	0
9	0	200	100	100
10	100	100	80	120
11	120	100	100	120
12	120	0	120	0

该公司存货流转采用先进先出法，有关生产成本资料如表4-10所示。

表4-10　五个月的生产成本情况表

成本项目	单位成本（元）
直接材料	100
直接人工	100
变动性制造费用	100
单位变动成本合计	300

该公司生产车间每月固定性制造费用10 000元，这些成本在每个月产量为1~200件，有关非制造成本的资料如表4-11所示。

表4-11　五个月的非制造成本情况表

费用项目	固定费用（元）	单位变动费用（元/件）
销售费用	2 000	20
管理费用	2 000	10
财务费用	1 000	0

单位变动费用是每销售一件产品的费用，单位产品售价为500元。

根据上述资料，财务经理分别编制了以管理职能为基础的利润表和以贡献毛益为基础的利润表，分别如表4-12和表4-13所示。

表4-12　以管理职能为基础的利润表（完全成本法）　　　　单位：元

项目	8月份	9月份	10月份	11月份	12月份	合计
销售收入	50 000	50 000	40 000	50 000	60 000	250 000
减：销货成本						
期初存货成本	0	0	35 000	47 000	48 000	0

（续上表）

项目	8月份	9月份	10月份	11月份	12月份	合计
本期生产成本	40 000	70 000	40 000	40 000	0	190 000
可供销售产品生产成本	40 000	70 000	75 000	87 000	48 000	190 000
减：期末存货成本	0	35 000	47 000	48 000	0	0
销货成本	40 000	35 000	28 000	39 000	48 000	190 000
销售毛利	10 000	15 000	12 000	11 000	12 000	60 000
减：期间费用						
销售费用	4 000	4 000	3 600	4 000	4 400	20 000
管理费用	3 000	3 000	2 800	3 000	13 200	25 000
财务费用	1 000	1 000	1 000	1 000	1 000	5 000
期间费用合计	8 000	8 000	7 400	8 000	18 600	50 000
税前利润	2 000	7 000	4 600	3 000	− 6 600	10 000

表 4 - 13　以贡献毛益为基础的利润表（变动成本法）

项目	8月份	9月份	10月份	11月份	12月份	合计
销售收入	50 000	50 000	40 000	50 000	60 000	250 000
减：变动成本						
变动性生产成本	30 000	30 000	24 000	30 000	36 000	150 000
变动性销售费用	2 000	2 000	1 600	2 000	2 400	10 000
变动性管理费用	1 000	1 000	800	1 000	1 200	5 000
变动性财务费用	0	0	0	0	0	0
变动成本合计	33 000	33 000	26 400	33 000	39 600	165 000
贡献毛益	17 000	17 000	13 600	17 000	20 400	85 000
减：固定成本						
固定性制造费用	10 000	10 000	10 000	10 000	10 000	50 000
固定性销售费用	2 000	2 000	2 000	2 000	2 000	10 000
固定性管理费用	2 000	2 000	2 000	2 000	2 000	10 000
固定性财务费用	1 000	1 000	1 000	1 000	1 000	5 000
固定成本合计	15 000	15 000	15 000	15 000	15 000	75 000
税前利润	2 000	2 000	（1 400）	2 000	5 400	10 000

从【例 4 - 4】可以得出基于两种成本计算方法的税前利润变化规律，即：

（1）基于完全成本法，如果期末存货吸收的固定性制造费用等于期初释放的固定性制造费用，两种成本计算方法计算出来的税前利润相等。如【例 4 - 4】8 月份的生产量等于销售量，没有期初、期末存货。这意味着，基于完全成本法，本期既没有承担上期期末存货盘存下来的固定性制造费用，也没有将本期所发生的固定性制造费用盘存到下一个会计期间，本期发生的固定性制造费用全部计入当期销售成本在当期扣除。基于变动成本法，本期发生的固定性制造费用全部作为期间费用，计入当期损益。虽然基于两种成本计算方法，固定性制造费用计入当期损益的方式不同，但是全部在当期扣除，因此，最终的税前利润相等。

（2）基于完全成本法，如果期末存货吸收的固定性制造费用大于期初存货释放的固定性制造费用，基于完全成本法的税前利润要高于基于变动成本法的税前利润。如【例4－4】9月份的情况，基于完全成本法，本期发生的固定性制造费用，一部分随着期末存货而盘存到下一个会计期间，本期损益只承担本期销售存货所承担的固定性制造费用。基于变动成本法，本期发生的固定性制造费用全部作为期间费用，计入当期损益。因此，在这种情况下，基于变动成本法的税前利润必然低于基于完全成本法的税前利润。再如11月份，虽然期末存货与期初存货数量相同，都是120件，但期初的120件是9月份生产留存的20件和10月份生产留存的100件，而期末的120件是10月份生产留存的20件和11月份生产留存的100件，因9月份生产量比10月和11月的生产量都大，基于完全成本法，11月份的期末存货所含的固定性制造费用大于期初存货。因此，基于完全成本法的利润大于基于变动成本法的利润。

（3）基于完全成本法，如果期末存货吸收的固定性制造费用小于期初存货释放的固定性制造费用，基于完全成本法的税前利润会低于基于变动成本法的税前利润。如【例4－4】的12月份的情况，期末没有存货，而期初有存货。基于完全成本法，本期销售成本不仅包含本期发生的全部固定性制造费用，还包含上期期末存货盘存下来的以前发生的部分固定性制造费用。基于变动成本法，只有当期发生的固定性制造费用计入当期损益，不包括前期发生的固定性制造费用。因此，基于完全成本法的税前利润必然低于基于变动成本法的税前利润。

（4）从短期来看，如果产销量不平衡，基于两种成本计算方法的税前利润存在差异，如【例4－4】9月份和10月份的情况。从长期看，产销趋于平衡，基于两种成本计算方法的税前利润趋于相等，如【例4－4】8月到12月五个月的生产量和销售量都为500件，这五个月基于完全成本法和基于变动成本法的税前利润之和都是10 000元。

第三节　变动成本法的评价与运用

从理论上说，完全成本法与变动成本法都可以为企业组织的管理层提供有用信息。但是，基于特定的环境，它们又各有其适应性。

一、对变动成本法的评价

变动成本法根据成本性态，将固定性制造费用置于产品成本之外，它是预测、决策、预算、控制的基础，也是管理会计的基础。具体表现在以下几个方面：

（一）变动成本法提供有利于企业组织管理层预测、决策、规划、控制和评价方面的信息

变动成本法以成本性态为基础，将企业组织的成本分为变动成本和固定成本，将与产品产量成正比的变动性生产成本作为产品成本，将固定性制造费用作为期间费用。这样便于经营者从成本性态上掌握成本与业务量之间的关系，便于成本预测、规划与控制。

同时，用产品销售收入减去变动成本计算产品的贡献毛益，反映了既定生产能力的产品盈利能力，便于经营者分析企业组织的产品盈利能力和短期经营决策，如接受追加订货、亏损产品应否停产、产品最优售价、最优生产批量等决策分析。

变动成本法的利润计算过程及其所反映的"成本—业务量—利润"关系也以成本性态为基础，这也有利于企业组织的利润规划和编制弹性预算。

（二）变动成本法可以避免企业组织通过盲目生产，操纵利润

基于变动成本法，将固定性制造费用全部作为期间费用，排除了产量高低对单位产品成本的影响。企业组织的盈利只受销售量影响，不受生产量影响，这有助于防止企业组织通过盲目生产，操纵经营利润。

变动成本法虽然能为企业组织加强内部管理提供重要信息，但基于变动成本法的产品成本既不符合财务会计的公认会计原则，也不符合税法对产品成本计算的要求。因此，企业组织必须考虑其会计信息系统如何将这两种成本计算方法有机地结合起来，扬长避短，既能够按照完全成本的要求为财务会计和纳税申报提供完全成本信息，又能够为管理会计师提供变动成本信息。

二、变动成本法的运用

以对外报告为目的的财务会计需要采用完全成本法，以对内报告为目的的管理会计需要采用变动成本法，这就需要簿记系统能够同时满足财务会计与管理会计对产品成本信息的不同需求。解决这个问题的办法包括以下几个方面的措施：

（1）将"制造费用"分设为"变动性制造费用"和"固定性制造费用"两个账户。同时，设立"存货中的固定性制造费用"账户。

（2）日常的产品成本核算采用变动成本法，将产品生产过程中发生的直接材料、直接人工和变动性制造费用计入"生产成本"账户；将本期发生的固定性制造费用汇集至"固定性制造费用"账户。

（3）期末，将完工产品成本从"生产成本"账户结转至"库存商品"账户，将本期发生的固定性制造费用从"固定性制造费用"账户结转至"存货中的固定性制造费用"账户。

（4）期末，将"存货中的固定性制造费用"账户中属于本期已销售产品负担的部分转入"产品销售成本"账户，最终列入当期利润表。"存货中的固定性制造费用"账户的期末余额应该由本期在产品与产成品承担，在编制"资产负债表"时，将其列入存货项目。

通过上述措施，使得利润表的"产品销售成本"或"主营业务成本"，以及资产负债表的在产品、产成品存货成本都是按完全成本列示，符合公认会计原则的要求。同时，在

企业组织的"生产成本"和"库存商品"账户中，产品成本又是按照变动成本列示，管理会计师可以直接从中获得变动成本信息。

这样，企业组织的会计信息系统就既能够提供企业组织内部管理需要的成本数据，又能够做到按照公认会计原则对外提供财务报表，财务会计与管理会计的需求得到了有机的统一。

【例4-5】以【例4-1】的9月份生产情况为例，该公司9月份的产量、销量和成本资料如表4-14所示。

表4-14　9月份的产销量情况表

月份	期初存货	本期生产	本期销售	期末存货
9	0	200件	100件	100件

本期投产的200件全部在本期完工。有关9月份的生产成本情况如表4-15所示。

表4-15　9月份的生产成本情况表

成本项目	单位成本（元）
直接材料	100
直接人工	100
变动性制造费用	100
单位变动成本合计	300

该公司生产车间每月固定性制造费用10 000元，这些成本在每个月产量为1～200件。有关9月份的非制造成本情况如表4-16所示。

表4-16　9月份的非制造成本情况表

项目	固定费用（元）	单位变动费用（元/件）
销售费用	2 000	20
管理费用	2 000	10
财务费用	1 000	0

单位变动费用是每销售一件产品的费用。单位产品售价为500元。

根据上述资料，本期产品生产和销售过程所发生的经济业务可以概括如下：

①本期生产产品200件，领用材料20 000元；

②本期生产工人工资20 000元；

③本期发生变动性制造费用20 000元；

④本期发生固定性制造费用10 000元；

⑤本期生产的产品全部完工，结转本期完工产品成本；

⑥结转本期已售产品100件的生产成本；

⑦结转本期已售产品应负担的固定性制造费用；

固定性制造费用分配率＝（期初存货中的固定性制造费用＋本期发生的固定性制造费用）／（本期已售产品数量＋期末产成品存货数量＋期末在产品约当产量）

$$= （0+10\ 000）／（100+100+0）$$
$$=50\ 元/件$$

本期已售产品应分摊的固定性制造费用＝100×50＝5 000元

⑧将本期产品销售成本结转至"本年利润"账户。

上述基本流程可用图4-5表示。

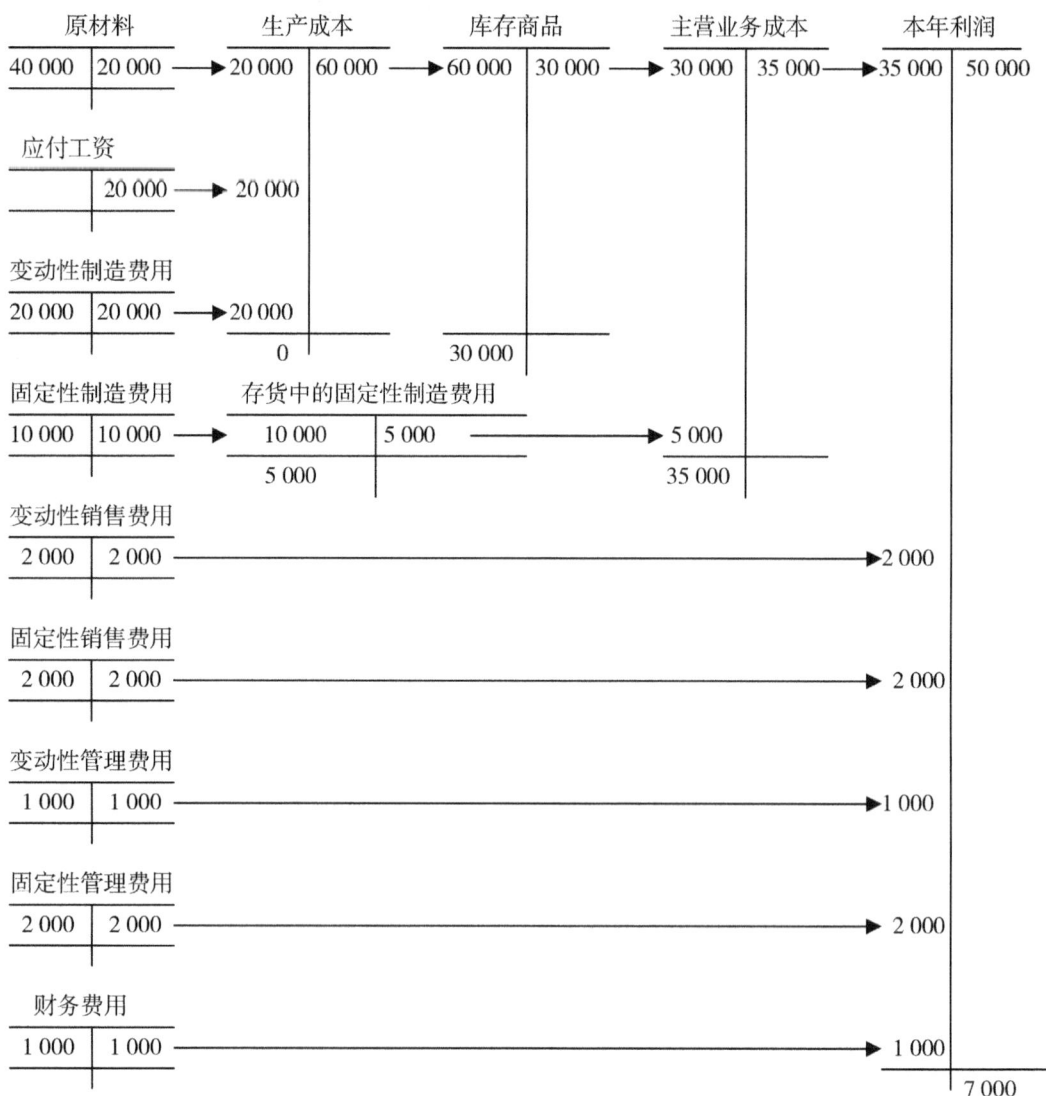

图4-5 成本分配流程图

📖 本章小结

本章以完全成本法及其存在的问题为基础，讨论变动成本法基本原理及其与完全成本法的区别。在此基础上，进一步讨论了变动成本法与完全成本法各自的适应性、变动成本法与完全成本法如何结合运用，从而既满足财务会计与管理会计的信息需求，又体现财务会计与管理会计的"同源分流"和"不同目的，不同成本"的多维成本观念。

关键术语和概念

变动成本法　完全成本法　直接材料　直接人工　变动性制造费用　固定性制造费用
期间费用　贡献毛益

拓展阅读

1. ［美］罗纳德·W. 希尔顿. 管理会计学：在动态商业环境中创造价值（原书第 5 版）. 阎达五，李勇等译. 北京：机械工业出版社，2007.

2. ［美］查尔斯·T. 亨格瑞，加里·L. 森登，威廉姆·O. 斯特尔顿，戴维·伯格斯塔勒，杰夫·舒兹伯格. 管理会计教程（原书第 15 版）. 潘飞，沈红波译. 北京：机械工业出版社，2012.

3. 胡玉明. 管理会计. 北京：中国财政经济出版社，2009.

4. 胡玉明，丁友刚，卢馨. 管理会计（第 2 版）. 广州：暨南大学出版社，2010.

5. 胡玉明，潘敏虹. 成本会计（第 3 版）. 厦门：厦门大学出版社，2010.

6. 胡玉明. 会计学：经理人视角. 北京：中国人民大学出版社，2011.

第三编　经营管理决策

　　以企业组织的相关成本为基础的经营管理决策是管理会计的重要内容之一。本编从短期与长期的时间维度阐述企业组织的经营管理决策。

第五章   本量利分析

本量利分析（Cost - Volume - Profit Analysis，CVP Analysis），顾名思义，就是指在成本性态的基础上，分析成本—业务量—利润之间的依存关系。其原理在企业组织的决策、计划和控制中具有广泛用途。促使人们研究本量利之间数量关系的动因是传统成本分类不能满足企业组织决策、计划和控制的要求。

通过本章学习，应该掌握如下内容：

1. 本量利分析的性质与基本假设
2. 基本损益方程式
3. 贡献毛益、盈亏临界点与盈亏临界图
4. 安全边际与保利点
5. 经营杠杆与成本结构
6. 多品种盈亏临界点

第一节   本量利分析的基础

在把成本分解为固定成本和变动成本两部分之后，再把收入和利润加进来，成本、业务量和利润之间的关系就可以统一于一个数学模型之中。

一、本量利分析的性质

成本按其成本性态分析，有助于管理会计师理解成本与业务量之间的依存关系。但是，企业组织的经营管理最终要获得利润。因此，管理会计师不仅要了解成本与业务量之间的关系，还要进一步了解成本（Cost）、业务量（Volume）和利润（Profit）三者之间的依存关系。借助本量利关系，管理会计师可以了解企业经营管理决策和营销决策对企业利润将产生哪些影响，也就是开展所谓的"What - If 分析"。比如：

（1）企业组织的销售量、价格、成本一定的情况下，利润会是多少？

（2）企业组织要想保本，销售量必须达到多少？

（3）企业组织要想获得一定的盈利，销售量必须达到多少？

（4）市场价格下降了，企业组织要想维持现有利润水平，销售量必须要增长多少？

（5）企业组织降低价格可以促进销售，价格究竟应该为多少，才能保证企业组织的利润最大？

（6）各种不同成本结构的经营风险水平如何？

（7）企业组织扩张带来了固定成本的增加，销售量必须增加多少才能弥补固定成本的增加？

诸如此类涉及价格、数量、成本和利润的预测、决策和计划问题，都需要借助本量利分析。因此，本量利分析是管理会计师应该掌握的基本工具之一，也是企业组织开展"What – If 分析"的基本工具。

二、本量利分析基本假设

在企业组织的经营管理实践中，成本、价格、业务量、利润之间的关系非常复杂。有些成本与业务量之间呈线性关系，有些成本与业务量之间呈非线性关系。价格与业务量之间的关系也并不是固定不变，因而收入与业务量之间也不一定就是线性关系。为了简化起见，在这里必须对本量利关系作出一些基本假设，以便于在一定的前提下研究本量利之间的关系。

为了便于下面的分析，首先假设：

（1）企业组织只生产一种产品。后面将放宽这个假设，分析多品种的本量利关系。

（2）在业务量相关范围内，产品或服务的价格保持不变，这意味着收入与业务量之间呈线性关系。根据这个假设，收入与业务量之间的关系可以表示为：

$$R = p \times Q$$

其中：R 为收入；p 为单位销售价格；Q 为业务量。

（3）在业务量相关范围内，总成本与业务量之间呈线性关系，这个假设隐含的意思是总成本可以分解为固定成本与变动成本。企业组织总成本与业务量之间的关系可以表示为：

$$TC = a + b \times Q$$

其中：TC 为成本；a 为固定成本；b 为单位变动成本；Q 为业务量。

尽管实际的收入和成本性态并非呈线性关系，但是，在限定的业务量相关范围内，收入和成本大致是呈线性关系。

三、基本损益方程式

基本损益方程式是关于成本、价格、业务量、利润各因素之间相互关系的基本表达式。根据上述基本假设，基本损益方程式可以写成：

利润 = 单位销售价格 × 销售量 – 单位变动成本 × 销售量 – 固定成本

或者可以写成：

$$P = p \times Q - b \times Q - a$$

其中：P 为利润；p 为单位销售价格；Q 为业务量；b 为单位变动成本；a 为固定成本。

需要说明的是，由于所得税既不是变动成本，也不是固定成本（除非那些实行定额征税的企业组织），因此，这里的利润是税前利润。

基本损益方程式是本量利分析的基本出发点，也是企业组织的经营者开展各种各样的预测、决策和计划工作的基本出发点。

第二节　贡献毛益与盈亏临界点

贡献毛益（Contribution Margin，CM）与盈亏临界点（Breakeven Point，BEP）是本量利分析的基本概念。

一、贡献毛益

贡献毛益，又称创利额，指产品销售收入超过其变动成本的数额。贡献毛益是衡量产品或服务盈利能力的一项重要指标，贡献毛益指标通常有三种表现形式：贡献毛益总额、单位贡献毛益和贡献毛益率。

1. 贡献毛益总额

贡献毛益总额（Total Contribution Margin，TCM）指产品销售收入总额与变动成本总额之间的差额。其计算公式为：

$$贡献毛益总额 = 销售收入总额 - 变动成本总额$$

或：
$$TCM = p \times Q - b \times Q$$

贡献毛益总额反映企业组织全部销售收入为企业组织利润所贡献的全部毛益。

贡献毛益总额扣除固定成本总额以后就是企业组织的利润。其计算公式为：

$$利润 = 贡献毛益总额 - 固定成本$$

或：
$$P = TCM - a$$

或者可以写成：

$$贡献毛益总额 = 固定成本 + 利润$$

或：
$$TCM = a + P$$

2. 单位贡献毛益

单位贡献毛益（Unit Contribution Margin，UCM）指产品单价与单位变动成本之间的差额。其计算公式为：

$$单位贡献毛益 = 单价 - 单位变动成本$$

或：
$$UCM = p - b$$

单位贡献毛益反映销售一件产品所创造的贡献毛益。

3. 贡献毛益率

贡献毛益率（Contribution Margin Rate，CMR）指贡献毛益总额占销售收入总额的百分比，或单位贡献毛益占单价的百分比。其计算公式为：

$$贡献毛益率 = 贡献毛益总额 / 销售收入总额 \times 100\%$$
$$= 单位贡献毛益 / 单价 \times 100\%$$

或：
$$CMR = TCM/pQ$$
$$= UCM/p$$
$$= (p - b)/p$$

贡献毛益率反映每百元销售收入所创造的贡献毛益，或每一元销售收入所创造的贡献毛益。

与贡献毛益率密切相关的另一个指标是变动成本率（Variable Cost Rate，VCR）。变动成本率指变动成本总额（Total Variable Cost，TVC）占销售收入的百分比，或单位变动成本占单价的百分比，即：

$$变动成本率 = 变动成本 / 销售收入 \times 100\%$$
$$= 单位变动成本 / 单价 \times 100\%$$

或：
$$VCR = (TVC/pQ) \times 100\% = (b/p) \times 100\%$$

变动成本率，又称补偿率，反映每百元销售收入需要弥补的变动成本。例如，企业组织的变动成本率为40%，表示企业组织每销售100元，需要补偿的变动成本为40元，或者说企业组织每销售1元，其需要补偿的变动成本为0.4元。贡献毛益率，又称创利率，反映每百元销售收入在弥补自身变动成本之后所创造的毛益。贡献毛益率与变动成本率之间的关系为：

$$贡献毛益率 + 变动成本率 = 100\%$$

产品的变动成本率越高，贡献毛益率就越低，盈利能力就越小；反之，盈利能力越大。如果企业组织的变动成本率（补偿率）为40%，则其贡献毛益率（创利率）就为

60%。相反，如果企业组织的变动成本率为60%，则其贡献毛益率就为40%。显然，前者的盈利能力比后者强。

【例5-1】华南城市商业银行在一新建小区开设了一家储蓄机构，吸纳该小区居民储蓄存款。4月份总共吸收居民存款1 000万元，平均年存款利率为3%。该部分资金上缴总行，对外贷款。贷款的年平均利率为7%。则：

单位贡献毛益 = 单价 - 单位变动成本 = 0.07 - 0.03 = 0.04元

贡献毛益总额 = 销售收入总额 - 变动成本总额

= 10 000 000 × 0.07 - 10 000 000 × 0.03 = 400 000元

贡献毛益率 = 贡献毛益总额/销售收入总额 × 100%

= ［400 000/ (10 000 000 × 0.07)］× 100% = 57%

变动成本率 = 变动成本总额/销售收入总额 × 100%

= ［(10 000 000 × 0.03) / (10 000 000 × 0.07)］× 100% = 43%

上述计算表明，该储蓄机构每吸纳1元储蓄存款获得的贡献毛益为0.04元；4月份创造的贡献毛益总额为400 000元；该储蓄机构每1元利息收入包含0.57元的贡献毛益和0.43元的变动成本。

二、盈亏临界点

盈亏临界点，又称保本点，指企业组织的销售收入恰好抵补其全部成本（固定成本和变动成本），企业组织的利润等于零的销售量（额）。

1. 盈亏临界点销售量

假设基本损益方程式的利润等于零，即：

单位销售价格 × 销售量 - 单位变动成本 × 销售量 - 固定成本 = 0

或：

$$pQ - bQ - a = 0$$

便可得：

盈亏临界点销售量 = 固定成本/单位贡献毛益

或：

$$Q = a/ (p - b)$$

某一产品销售量达到盈亏临界点销售量，意味着该产品处于不亏不盈状态。

2. 盈亏临界点销售额

盈亏临界点销售额的计算公式为：

盈亏临界点销售额 = 盈亏临界点销售量 × 单位销售价格

= 固定成本/贡献毛益率

或：

$$p \times Q = a/CMR$$

当某一产品的销售额达到盈亏临界点销售额时，意味着该产品处于不亏不盈状态。

3. 盈亏临界点作业率

盈亏临界点作业率，又称保本作业率，指保本点业务量占现有或预计销售业务量的百分比。其计算公式为：

盈亏临界点作业率 = 盈亏临界点销售量（额）/现有或预计销售量（额）×100%

这个指标反映企业组织需要用来保本的销售量（额）占现有或预计的销售量（额）的比例。这个指标越低，表明用于保本的销售量（额）越低，则用于盈利的销售量（额）就越大。

【例 5 - 2】华南大学的一位会计学教授准备在该大学出版社出版一本专著。出版社编辑给出的稿费为该书定价的 5%。会计学教授认为稿酬太低，并要求编辑对这个稿酬作出解释。编辑提供了如下出版预算：每本专著定价为 30 元，对外发行按 7 折销售，纸张和印刷成本每本约 10 元。出版一本书需要一个书号，每个书号需要向出版社交纳使用费 15 000 元，这个使用费据说是新闻出版部门必须交的。该出版社属于自收自支单位，没有财政拨款。出版社根据过去的费用情况，要求每个书号要承担出版社的工资、水电、保险等管理费用 10 000 元。另外，每个书号承担盈利任务为 10 000 元。据此，该编辑认为如果稿费按照专著定价的 5% 计算，其保本点为：

保本点销售量 =（15 000 + 10 000 + 10 000）/（30×70% - 10 - 30×5%）= 3 684 本

编辑据此认为，该专著销量必须达到 3 684 本，才能保本。而根据以往的经验，专著预期销量为 3 000 本，一次印刷量通常也是 3 000 本。因而，编辑声称 5% 的稿酬已经很高了。

然而，会计学教授指出了该编辑计算过程存在的两个问题：

第一，保本点的任务主要是弥补出版社的固定成本与变动成本，因此，保本点计算不应该包括书号承担的盈利任务。正确的保本点销售量计算为：

保本点销售量 =（15 000 + 10 000）/（30×70% - 10 - 30×5%）= 2 632 本

按照预计的 3 000 本销售量，该出版社保本点作业率为：

保本点作业率 = 2 632 / 3 000 ×100% = 88%

第二，该会计学教授有信心保证，该书的销售量可以达到 5 000 本，并承诺按照该专著价格的 7 折，包销 2 000 本，希望出版社将稿酬提高到 10%，请编辑重新考虑。

编辑则认为：

第一，会计学教授所说的保本点计算方法没有问题。

第二，如果作者自己包销 2 000 本，可能会冲击出版社原有预计的 3 000 本销量，因此，将出版社预计销量调整为 2 500 本，加上作者包销的 2 000 本，预计总体出版4 500本。

按照该会计学教授要求的 10% 的稿酬，该编辑重新计算了该专著的保本点：

保本点销售量 =（15 000 + 10 000）/（30×70% - 10 - 30×10%）= 3 125 本

按照预计的 4 500 本销售量，该出版社保本点作业率为：

保本点作业率 = 3 125/4 500 × 100% = 69%

该出版社的保本点作业率已经大大下降，该编辑表示可以考虑作者的要求。

三、盈亏临界图

将成本、业务量、利润之间的关系以及盈亏临界点反映在直角坐标图就形成盈亏分界图。盈亏分界图有本量利式（CVP Graph）和利量式（Profit - Volume Graph）等多种形式。

1. 本量利式

本量利式，又称传统式或基本式，是以基本损益方程式为基础绘制的盈亏临界图。其绘制方法如下：

（1）在直角坐标系中，以横轴代表销售量 Q，纵轴代表销售收入 R 或成本 C；

（2）从原点开始，以单位销售价格 p 为斜率，画一条销售收入线，对应的函数为 $R(Q) = pQ$；

（3）从纵轴上取固定成本值 a 为起点，以单位变动成本 b 为斜率，画一条斜线，此斜线即为总成本线，对应的函数为 $C(Q) = a + bQ$。

销售收入线与总成本线的相交点，即为盈亏临界点。该点所对应的销售量就是盈亏临界点销售量。

承【例 5 - 2】华南大学出版社编辑针对上述会计学教授提出的方案，绘制其盈亏临界图：

以横轴代表销售量 Q，纵轴代表销售收入 $R(Q)$ 或成本 $C(Q)$：

其中：

收入函数：$R(Q) = 30 × 70\% × Q = 21Q$

成本函数：$C(Q) = (10\ 000 + 15\ 000) + (10 + 30 × 10\%) × Q = 25\ 000 + 13Q$

根据上述数据，可绘制盈亏临界图，如图 5 - 1 所示。

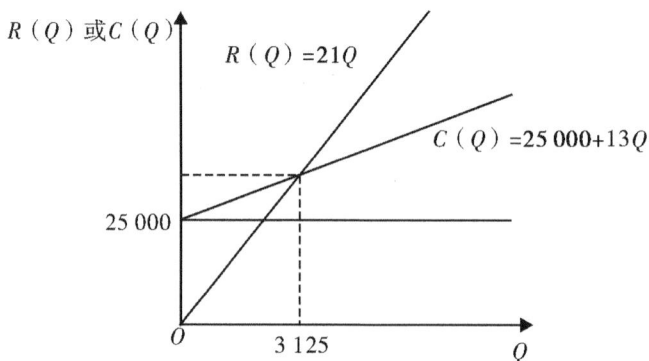

图 5 - 1 本量利式盈亏临界图

从图 5 - 1 可以看出，如果该专著的发行量达到 3 125 册，出版社的发行总收入等于总成本，该书达到盈亏临界点。

2. 利量式

基本损益方程式可以写成利量式的形式，即：

$$Y（Q）=（p-b）Q-a$$

根据上述方程式，以业务量为自变量，利润为因变量，绘制的盈亏临界图，就是利量式盈亏临界图。其绘制方法如下：

①以纵轴代表利润和亏损 Y，横轴代表业务量 Q；

②从纵轴上原点起向下取固定成本值 a 为起点，以单位贡献毛益（$p-b$）为斜率，画一条直线即为利润线，利润线与横轴的相交点，即为盈亏临界点。

承【例5-2】华南大学出版社编辑针对上述会计学教授提出的方案，绘制其盈亏临界图。

以横轴代表销售量 Q，纵轴代表利润 $Y（Q）$：

$$Y（Q）=（30×70\%-10-30×10\%）Q-（10\ 000+15\ 000）=8Q-25\ 000$$

根据上述数据，绘制盈亏临界图如图5-2所示。

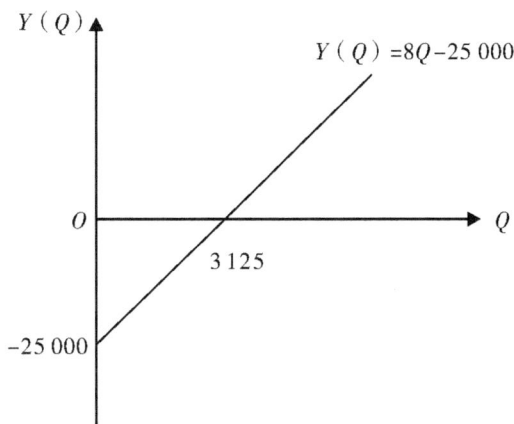

图5-2　利量式盈亏临界图

从图5-2可以看出，如果该专著印刷和发行数为3 125册，那么，其创利总额为25 000元（3 125×8），恰好抵补固定成本总额，盈亏临界点刚好是利润线与横轴相交之处。

3. 盈亏临界图的作用

盈亏临界图直观地描述了企业组织的成本、业务量与利润的关系，具有如下作用：

（1）利用盈亏临界图，可以直接观察任何一个业务量水平的盈亏数额，简化计算工作。盈亏临界点以下的区域是亏损区，盈亏临界点以上的区域是盈利区。根据本量利式盈亏临界图，基于某一业务量水平的亏损或盈利的大小就是该业务量点所对应的收入与成本线之间的距离。根据利量式盈亏临界图，基于某一业务量水平的亏损或盈利的大小就是该业务量点所对应的纵轴坐标。通过盈亏临界图，经营者就可以随时了解基于不同业务量水平的盈亏数额，而不必逐一分别计算。

（2）利用盈亏临界图，可以动态分析盈亏临界点。利用盈亏临界图，可以直观地分析，如果某一因素发生变化，盈亏临界点的相应变化情况。以本量利式盈亏临界图为例：第一，如果单位销售价格上升，收入线由于斜率增加向左旋，盈亏临界点下降。如果单位销售价格下降，收入线由于斜率降低向右旋，盈亏临界点就上升。第二，如果单位变动成本上升，成本线由于斜率增加向左旋，盈亏临界点上升。如果单位变动成本下降，成本线由于斜率降低向右旋，盈亏临界点下降。第三，如果固定成本上升，成本线上移，盈亏临界点上升。如果固定成本下降，总成本线下移，盈亏临界点就随之下降。

（3）如果销售水平不变，盈亏临界点上升，就意味着利润下降。通过坐标轴，可以直观地了解单位销售价格、单位变动成本、固定成本等因素变化对企业组织利润影响的大小。

第三节　安全边际与保利点

安全边际与保利点也是本量利分析的重要概念。

一、安全边际

安全边际（Margin of Safety，MS）指现有或预计销售量（额）超过盈亏临界点销售量（额）的部分。

（一）安全边际的衡量指标

衡量企业安全边际大小的指标包括安全边际量、安全边际额和安全边际率。

1. 安全边际量（额）

安全边际量（额）是指现有或预计销售量（额）超过盈亏临界点销售量（额）的部分。其计算公式为：

$$安全边际量（额）＝现有或预计销售量（额）－盈亏临界点销售量（额）$$

2. 安全边际率

安全边际率指安全边际量（额）占现有或预计的销售量（额）的百分比。其计算公式为：

$$安全边际率＝安全边际量/现有或预计销售量×100\%$$
$$＝安全边际额/现有或预计销售额×100\%$$

安全边际率与盈亏临界点作业率之间的关系为：

安全边际率 + 盈亏临界点作业率 = 100%

盈亏临界点作业率越高说明现有或预计销售量（额）需要用来保本的销售量（额）所占的比例就越高，安全边际率就越低。盈亏临界点作业率越低说明现有或预计销售量（额）需要用来保本的销售量（额）所占的比例就越低，安全边际率就越高。

承【例5-2】按照该会计学教授所提出的方案，出版社编辑预计出版4 500本，已经计算出保本点销售量为3 125本。为了了解出版该专著的经营风险状况，该编辑计算了安全边际相关的指标。

安全边际量 = 现有或预计销售量 - 盈亏临界点销售量

　　　　 = 4 500 - 3 125 = 1 375本

在盈亏临界图上，安全边际量如图5-3所示。

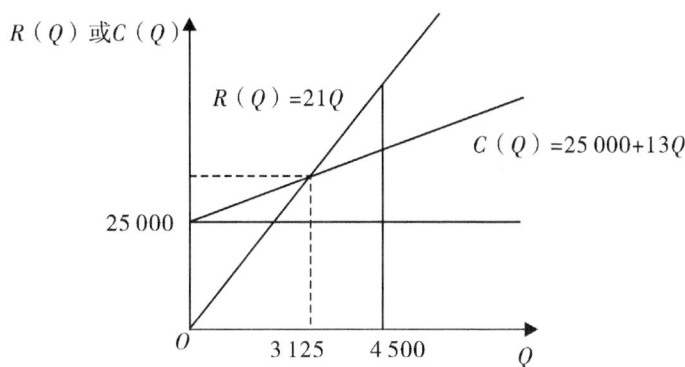

图5-3　安全边际量

安全边际额 = 现有或预计销售额 - 盈亏临界点销售额

　　　　 = 4 500 × 30 × 70% - 3 125 × 30 × 70% = 28 875元

安全边际率 = 安全边际量/现有或预计销售量 × 100%

　　　　 = 1 375/4 500 × 100% = 31%

因为该出版社保本点作业率为69%，因此：

盈亏临界点作业率 + 安全边际率 = 69% + 31% = 100%

（二）安全边际指标的作用

安全边际指标的作用主要包括：

1. 安全边际反映企业组织经营的安全程度

安全边际量（额）是超过盈亏临界点的销售量（额）。安全边际愈大，说明企业组织现有或预计的销售量越远离保本点，企业组织发生亏损的可能性就越小，发生盈利的可能性就越大，企业组织的经营就越安全。安全边际的经验数据如表5-1所示。

表 5 - 1　　安全边际的经验数据

安全边际率	经营安全状态
10% 以下	危险
10% ~20%	关注
20% ~30%	安全
30% ~40%	比较安全
40% 以上	很安全

2. 安全边际反映企业的获利水平

盈亏临界点销售量所创造的销售额，在弥补自身的变动成本之后，形成企业组织的贡献毛益正好能够弥补固定成本。超过盈亏临界点的销售量所创造的贡献毛益在弥补自身变动成本之后，不需要弥补固定成本，直接形成企业组织的税前盈利。因此，安全边际愈大，企业组织获利愈多。其计算公式为：

$$销售利润 = 销售量 \times 单位销售价格 - 销售量 \times 单位变动成本 - 固定成本$$
$$= （安全边际量 + 盈亏临界点销售量）\times 单位贡献毛益 - 固定成本$$
$$= 安全边际量 \times 单位贡献毛益$$

或：
$$= 安全边际额 \times 贡献毛益率$$

在上述等式两边同除以销售额，可得：

$$销售利润率 = （安全边际额 \times 贡献毛益率）/销售额$$
$$= 安全边际率 \times 贡献毛益率$$

承【例 5 - 2】该出版社编辑进一步计算了出版该专著的销售利润和销售利润率。

单位贡献毛益 $= 30 \times 70\% - 10 - 30 \times 10\% = 8$ 元/本

贡献毛益率 $= 8/（30 \times 70\%）\times 100\% = 38\%$

销售利润 = 安全边际量 × 单位贡献毛益 $= 1\ 375 \times 8 = 11\ 000$ 元

销售利润率 = 安全边际率 × 贡献毛益率 $= 31\% \times 38\% = 11.78\%$

二、保利点

保利点指企业组织为确保目标利润的实现而应达到的销售量或销售额。与盈亏临界点一样，保利点可以按实物量计算（称保利量），也可按金额计算（称保利额）。

（一）保利量

根据上述定义和基本损益方程式：

$$目标利润 = 单价 \times 保利量 - 单位变动成本 \times 保利量 - 固定成本$$

可得：

$$保利量 = （固定成本 + 目标利润）/单位贡献毛益$$

企业组织的所得税费用没有包括在上述变动成本和固定成本当中，因此，上述公式的目标利润指税前利润。如果企业组织所制定的目标利润是税后利润，则必须要将其转化成税前利润，才可以利用上述计算公式。因为：

$$税前目标利润 = 税后目标利润/（1 - 所得税率）$$

相应的保利量计算公式就是：

$$保利量 = ［固定成本 + 税后目标利润/（1 - 所得税率）］/单位贡献毛益$$

（二）保利额

$$保利额 = 保利量 \times 单位销售价格$$
$$= （固定成本 + 目标利润）/贡献毛益率$$

如果企业组织所制定的目标利润是税后利润，则保利额的计算公式为：

$$保利额 = ［固定成本 + 税后目标利润/（1 - 所得税率）］/贡献毛益率$$

承【例5 - 2】该编辑现在明白了他最初采用的保本点，实际上是保利点。虽然该编辑已经知道出版该专著可能获得税前销售利润为11 000元，但是，他还想进一步了解，完成出版社分配给每个书号的10 000元税前目标利润，需要销售多少本专著？

保利量 = （固定成本 + 目标利润）/单位贡献毛益
= （15 000 + 10 000 + 10 000）/8 = 4 375 本

保利额 = （固定成本 + 目标利润）/贡献毛益率
= （15 000 + 10 000 + 10 000）/38% = 92 105 元

至此，该出版社编辑采用本量利分析的方法，计算整理有关出版这本会计学专著的销售、成本、贡献毛益、保本点、保利点、安全边际、经营相关的指标（如表5 - 2所示）与预计利润表（如表5 - 3所示）。

表 5 - 2　销售、成本、贡献毛益、保本点、保利点、安全边际、经营相关的指标

销售	预计销售量	4 500 本，其中作者包销 2 000 本
	专著预计单价	30 × 70% = 21 元/本
	销售收入	94 500 元
成本	单位变动成本	10 + 30 × 10% = 13 元/本
	变动成本率	62%
	固定成本	25 000 元
贡献毛益	贡献毛益总额	36 000 元
	单位贡献毛益	21 - 13 = 8 元
	贡献毛益率	38%
保本点	保本点销售量	25 000/8 = 3 125 本
	保本点销售额	25 000/38% = 65 789 元
	保本点作业率	3 125/4 500 × 100% = 69%
安全边际	安全边际量	4 500 - 3 125 = 1 375 本
	安全边际额	4 500 × 30 × 70% - 3 125 × 30 × 70% = 28 875 元
	安全边际率	1 375/4 500 × 100% = 31%
保利点	目标利润（税前）	10 000 元
	保利点销售量	(15 000 + 10 000 + 10 000) /8 = 4 375 本
	保利点销售额	(15 000 + 10 000 + 10 000) /38% = 92 105 元
销售利润	预计销售利润	1 375 × 8 = 11 000 元
	销售利润率	31% × 38% = 11.78%

表 5 - 3　预计利润表

项目	金额（元）
销售收入（30 × 70% × 4 500）	94 500
减：变动成本	
材料与印刷成本	45 000
版税	13 500
贡献毛益	36 000
减：固定成本	
分摊的水电、工资等管理费用	10 000
书号使用费	15 000
销售利润	11 000

　　通过上述指标的测算和利润分析，编辑认为出版该专著的经营风险不大，盈利目标基

本可以实现，因此，他决定接受会计学教授提出的出版方案。

为了进一步说明这些指标之间的关系，再看下面一个例题：

【例5-3】某企业只生产一种产品，单位变动成本为20元，固定成本总额4 000元，产品单位销售价格为40元，要使销售利润率达到40%（假如不考虑所得税），该企业的销售量应为多少？

利用保利点计算公式：

假设该企业销售利润率达到40%的销售量为Q，则根据保利点计算公式可以得到：

$Q = （4 000 + 40 \times Q \times 40\%）/ （40 - 20）$

$Q = 1 000$件

因此，要使销售利润率达到40%，则该企业销售量应为1 000件。

第四节　经营杠杆与成本结构

如前所述，安全边际量（额）或安全边际率可以衡量企业组织的经营风险。与安全边际量（额）或安全边际率相联系的经营杠杆同样可以衡量企业组织的经营风险。

一、经营杠杆

企业组织在经营过程中存在经营杠杆（Operating Leverage）现象。

（一）经营杠杆现象

通过一个例子说明企业组织的经营杠杆现象。

【例5-4】某航空公司5月份的乘客数量为8 000人次，乘坐率为80%，票价收入为8 000 000元，变动成本为2 400 000元。然而，6月份进入旅游淡季之后，乘客数量锐减至6 000人次，乘坐率为60%，票价收入为6 000 000元，变动成本为1 800 000元。这两个月的固定成本都是4 000 000元。按照公司总经理的要求，财务经理向公司报告了这两个月的盈利情况，如表5-4所示。

表5-4　某航空公司盈利情况表

项目	5月份	6月份	增长率
营业收入（元）	8 000 000	6 000 000	-25%
变动成本（元）	2 400 000	1 800 000	-25%
贡献毛益（元）	5 600 000	4 200 000	-25%
固定成本（元）	4 000 000	4 000 000	0
经营利润（元）	1 600 000	200 000	-87.5%

根据表 5 – 4，该航空公司 6 月份的营业收入虽然只下降了 25%，但是经营利润却下降了 87.5%，经营利润下降幅度是营业收入下降幅度的 3.5 倍。公司总经理据此向财务经理提出了两个问题：①为什么会出现这种情况？②如何避免这种不利现象的发生？

财务经理知道，导致该航空公司这种由于业务量较小幅度的变动所引起的利润较大幅度变动的现象，称为经营杠杆现象。为了进一步回答总经理的问题，财务经理必须对这种现象进行一些定量和定性的描述，包括经营杠杆系数的衡量、经营杠杆影响因素分析以及经营杠杆的作用。

（二）经营杠杆系数

衡量经营杠杆程度大小的指标为经营杠杆系数（DOL）。根据定义：

$$经营杠杆系数 = 经营利润变化率/业务量变化率$$

经营杠杆系数实际上也是利润对业务量的敏感系数。它反映了经营利润对业务量变化的敏感程度。上述定义式可以演变为：

$$
\begin{aligned}
DOL &= \frac{\dfrac{(p \times Q_1 - b \times Q_1 - a) - (p \times Q_0 - b \times Q_0 - a)}{(p \times Q_0 - b \times Q_0 - a)}}{\dfrac{Q_1 - Q_0}{Q_0}} \\
&= \frac{(p - b) \times (Q_1 - Q_0)}{(p \times Q_0 - b \times Q_0 - a)} \times \frac{Q_0}{Q_1 - Q_0} \\
&= \frac{(p - b) \times Q_0}{(p \times Q_0 - b \times Q_0 - a)} \\
&= \frac{Tcm_0}{P_0}
\end{aligned}
$$

上述公式中：DOL 为经营杠杆系数；p 为单位销售价格；b 为单位变动成本；a 为固定成本；Q_0 为基期销售量；Q_1 为计划期销售量；Tcm_0 为基期贡献毛益总额；P_0 为基期经营利润（税前利润）。

从上述经营杠杆系数计算公式可以看到，经营杠杆系数大小取决于基期贡献毛益和基期利润的大小。

以表 5 – 4 的有关资料为例，计算该公司的经营杠杆系数。

$$DOL = Tcm_0/P_0 = 5\ 600\ 000/1\ 600\ 000 = 3.5$$

该公司经营杠杆系数为 3.5，说明该公司利润变动率相当于产销量变动率的 3.5 倍。如果该公司产销量增加 10%，则：

$$利润增长率 = 产销量变动率 \times 经营杠杆系数 = 10\% \times 3.5 = 35\%$$

（三）经营杠杆的影响因素

从经营杠杆系数的计算公式可以看出，如果企业组织的固定成本为零，则分子的贡献毛益总额等于分母的利润，经营杠杆系数为1。换句话说，如果企业组织没有固定成本，则利润与业务量同步增减，不存在经营杠杆现象。但是，由于存在固定成本，贡献毛益大于利润，经营杠杆系数就会大于1，经营杠杆就会存在。因此，固定成本是经营杠杆产生的根本原因。

从内在机理的角度看，因为在相关范围内，固定成本总额不变，但是随着产销量增加，单位产品分摊的固定成本则减少，从而单位产品所提供的利润就会上升，每销售1件产品所带来的利润增长率大于产品数量的增长率。换句话说，正是由于固定成本的这种性态使得产品的利润增长率大于业务量的增长率，由此导致经营杠杆的产生。

固定成本固然是经营杠杆产生的根源，但是，影响经营杠杆系数大小的因素并不局限于固定成本的大小。将经营杠杆系数公式进一步演变，可以得到：

$$DOL = \frac{(p-b) \times Q_0}{(p-b) \times Q_0 - a}$$
$$= \frac{1}{1 - \dfrac{a}{(p-b) \times Q_0}}$$

该公式表明，经营杠杆系数的大小还取决于企业组织的贡献毛益总额，贡献毛益总额的影响因素又包括单位销售价格、变动成本和销售量。因此，除了固定成本因素之外，经营杠杆系数的影响因素还有单位销售价格、变动成本和销售量等其他因素。具体地说，它们之间的关系为：

①如果其他因素相同，固定成本越大，经营杠杆系数越大；
②如果其他因素相同，单位销售价格越高，经营杠杆系数越小；
③如果其他因素相同，单位变动成本越大，经营杠杆系数越大；
④如果其他因素相同，销售量越大，经营杠杆系数越小。

从上述影响因素可以看到，不同企业组织或同一个企业组织的不同期间，其经营杠杆程度不同。

（四）经营杠杆与经营风险

业务量的波动最终会导致企业组织经营利润的波动，对企业组织来说，业务量的波动是一种经营风险。但是，经营杠杆的存在加剧了经营利润的波动，这无疑也加剧了企业组织的经营风险，企业组织的经营风险主要来源于市场与生产的不确定性。经营杠杆本身并非企业组织经营风险的根源，但是，经营杠杆加剧了由于市场或生产原因所导致的经营风险。经营杠杆现象客观存在，企业组织只要存在固定成本，经营杠杆系数必然大于1。经营杠杆系数越大，业务量波动所带来的利润波动就越大，企业组织的经营风险就越大。企业组织不需要也不可能回避经营杠杆现象，而是要正确认识经营杠杆现象，并对其加以正确的利用。

1. 发挥经营杠杆的正向作用，执行趋利避害决策

经营杠杆是一把"双刃剑"。如果业务量下降，由于经营杠杆的存在，会导致经营利

润大幅下降。因此，在未来业务量趋于下降的情况下，企业组织应该设法降低经营杠杆系数。比如，从经营杠杆系数影响因素的角度考虑，尽可能降低固定成本，减少投资，降低变动成本，提高单位销售价格水平等措施，尽可能避免利润大幅度下降。

相反，如果业务量上升，由于经营杠杆的存在会促使利润更大地上升。这意味着，在固定成本与经营杠杆系数一定的情况下，企业组织应该尽可能提高业务量，发挥经营杠杆的正向作用，取得规模经济效应。

2. 利用经营杠杆系数进行利润预测

经营杠杆系数可以衡量企业组织业务量变化与利润变化之间的数量关系。利用经营杠杆系数，经营者只需要知道产销量的变动情况，不必编制详细的利润表，便可以推算其利润的变化情况，并可以据此预测计划期的利润。其计算公式为：

$$预计计划期利润 = 基期利润 \times （1 + 产销量变动率 \times 经营杠杆率）$$

承【例 5 - 4】利用上述原理，财务经理已经向公司总经理解释了他所提出的两个问题。

（1）导致 6 月份经营利润大幅下降的原因是存在经营杠杆的作用。由于该公司固定成本较高，经营杠杆系数较大。

$$DOL = \frac{Tcm_0}{P_0} = \frac{5\ 600\ 000}{1\ 600\ 000} = 3.5$$

因此，如果 6 月份营业收入下降 25%，该公司的经营利润下降幅度为：$25\% \times 3.5 = 87.5\%$。

（2）经营杠杆现象是客观存在的，只要企业组织存在固定成本，经营杠杆必然存在。由于该公司固定成本规模已经形成，今后所能做的是尽可能提高营业规模，发挥经营杠杆的正向作用。该公司财务经理进一步补充了一个问题，因为据营业部门的预测，7 月份是新一轮的旅游旺季，同时，该公司将采取一些新的促销措施，预计 7 月份的乘客数量将达到 9 500 人次，乘坐率将达到 95%。财务经理向总经理作了如下报告：

7 月份的经营杠杆系数 = 4 200 000/200 000 = 21

7 月份业务量增长率 = （9 500 - 6 000）/6 000 × 100% = 58.33%

7 月份利润增长率 = 58.33% × 21 = 1 225%

7 月份预期利润 = 200 000 × （1 + 1 225%）= 2 650 000 元

总经理对这个预期结果表示满意，利润的增长率是业务量增长率的 21 倍。总经理终于明白，经营杠杆系数其实也不是什么坏事情。

二、成本结构

从前述经营杠杆系数的影响因素可以看到，产品的销售价格、销售量、变动成本和固定成本都会影响到经营杠杆系数的大小。从企业组织内部经营管理决策的角度看，成本结构的选择是一个比较重要的影响因素。所谓成本结构指固定成本与变动成本的相对比例，一般来说，固定成本与变动成本相比，其比例愈大，意味着固定成本相对较高，变动成本相对较低，企业组织的经营杠杆相对就比较高。比如，高度自动化、资本密集型的制造业，其固定成本比重较高，变动成本比重较低。反之，如果固定成本与变动成本相比，其比例愈小，企业组织的经营杠杆相对就愈低。生产同样产品的企业组织，如果采用劳动密集型的生产方式，其固定成本的比重较低，变动成本的比重较高。

成本结构不同，经营杠杆系数、盈亏临界点、安全边际都不相同，因而经营风险也不相同。固定成本比重高的企业组织，如大量高科技设备投入的先进制造业，由于直接人工成本低，其变动成本相对较低，经营杠杆系数较大。企业组织从较少的销售增长中，获得较高的利润增长。但是，较小的销售下跌同样会导致利润大幅下跌。同时，由于固定成本比较高，企业组织的盈亏临界点比较高，安全边际相对比较低。因此，企业组织的经营风险比较大。固定成本比重低的企业组织，如以手工为主的劳动密集型制造业，由于直接人工成本较高，其变动成本相对较高，经营杠杆系数较小，企业组织不能从较少的销售增长中，获得较高的利润增长。但是，较小的销售下跌也不会导致利润的大幅下跌。同时，由于固定成本比较低，企业组织的盈亏临界点比较低，安全边际相对比较高。因此，企业组织的经营风险比较小。

【例 5 - 5】南华公司计划生产一种产品，预计投产当年的市场销量为 20 000 件，未来市场销量不是很明确。在生产方式上，可以选用 A、B 两种生产方式，A 生产方式需要投资高科技设备，每年的固定成本比较高，但需要人工比较少，单位变动成本比较低；B 生产方式需要传统的设备，每年的固定成本比较低，但是人工成本比较高，单位变动成本比较高。具体资料如表 5 - 5 所示。

表 5 - 5　两种生产方式的数据

项目	A 生产方式	B 生产方式
固定成本（元）	200 000	100 000
单价（元）	25	25
单位变动成本（元）	10	15
单位贡献毛益（元）	15	10

根据表 5 - 5，两种生产方式的经营风险分析如表 5 - 6 所示。

表 5 - 6　两种生产方式的经营风险分析

项目	A 生产方式	B 生产方式
盈亏临界点销售量	200 000/15 = 13 333（件）	100 000/10 = 10 000（件）
安全边际	20 000 - 13 333 = 6 667（件）	20 000 - 10 000 = 10 000（件）
经营杠杆系数	$\dfrac{20\ 000 \times 15}{20\ 000 \times 15 - 200\ 000} = 3$	$\dfrac{20\ 000 \times 10}{20\ 000 \times 10 - 100\ 000} = 2$

表 5-6 表明，A 生产方式的盈亏临界点比较高，安全边际低、经营杠杆系数大，经营风险大；A 生产方式的成本结构是激进型的，它更多地依赖于固定成本。B 生产方式的盈亏临界点比较低，安全边际高、经营杠杆系数小，经营风险小；B 生产方式的成本结构是保守型的，它更多地依赖于变动成本。

具体地说，对于 A 生产方式，盈亏临界点之后，每增加销售 1 件产品，可以产生 15 元的利润，B 生产方式盈亏临界点之后，每增加销售 1 件，只能产生 10 元的利润。不过，A 生产方式潜在损失也较大，在盈亏临界点之前，少销售 1 件，利润会减少 15 元。在 B 生产方式下，少销售 1 件，利润仅会减少 10 元。

企业组织具体选择何种生产方式和成本结构，应该结合市场风险分析，权衡不同成本结构的经营风险加以确定。

第五节　多品种盈亏临界点

前述的本量利分析建立在企业组织只生产一种产品的假设基础上，下面进一步讨论多品种盈亏临界点问题。

一、多品种盈亏临界点的特殊性

前述的盈亏临界点分析假定企业组织只生产一种产品，企业组织全部的固定成本由一种产品承担。但是，在大多数情况下，企业组织同时生产多种产品。在这种情况下，需要根据企业组织的综合盈利能力确定产品的盈亏临界点。而在多品种生产的企业组织中，产品的综合盈利能力不仅取决于每种产品自身的盈利能力，而且还取决于在企业组织的产品销售组合中，各种产品所占的比重。

【例 5-6】电风扇行业已经进入了微利时代。陈氏兄弟在华南与华东地区分别开办了两家小型电风扇生产公司：清凉风扇公司与绿风风扇公司。它们生产两种相同型号的电风扇：摇头扇与微风扇。摇头扇的主要市场是低收入的单身居民家庭，微风扇的主要市场是大学生，也有很多居民家庭购买微风扇。在年底的一次家族聚会上，清凉风扇公司的总经理抱怨道，今年销售额倒是不错，销售额达到了 1 000 000 元，但是仅仅保本。绿风风扇公司的总经理觉得很奇怪，因为他们今年的销售额也是 1 000 000 元，但是财务经理报告的利润表却有不错的盈利。当他把这件事告诉清凉风扇公司总经理时，清凉风扇公司总经理立即打电话告诉他的财务经理，希望他与绿风风扇公司的财务经理作一个沟通，调查一下问题出在哪里。

清凉公司财务经理根据绿风公司财务经理提供的数据编制了对照表，如表 5-7 和表 5-8 所示。

表 5 - 7　单位产品对照表

项目	绿风公司		清凉公司	
	摇头扇	微风扇	摇头扇	微风扇
单位售价（元）	50	25	50	25
单位变动成本（元）	38	10	40	10
单位贡献毛益（元）	12	15	10	15
贡献毛益率（%）	24	60	20	60
产品的销售结构（件）	10 000	20 000	16 000	8 000

表 5 - 8　盈亏状况对照表

项目	绿风公司			清凉公司		
	摇头扇	微风扇	合计	摇头扇	微风扇	合计
销售收入	500 000	500 000	1 000 000	800 000	200 000	1 000 000
减：变动成本	380 000	200 000	580 000	640 000	80 000	720 000
贡献毛益	120 000	300 000	420 000	160 000	120 000	280 000
减：固定成本			300 000			300 000
利润（或亏损）			120 000			(20 000)

根据表 5 - 8，两家公司销售收入和固定成本相同。根据表 5 - 7，单位产品变动成本大体也相同。为什么一家公司有不错的盈利，另一家公司不但没有盈利，还发生了亏损？该公司的管理会计师认为，这其中可能涉及产品结构的问题，因此，建议财务经理从多品种盈亏临界点的角度找原因。清凉公司财务经理接纳了这个意见。

二、多品种盈亏临界点的计算与分析

对于生产多种产品的企业组织来说，盈亏临界点的计算有两种方法：①可以将固定成本分摊到各种产品，再分别计算每种产品的盈亏临界点。②如果各种产品之间产销结构相对稳定，就可以采用加权平均贡献毛益率法计算每种产品的盈亏临界点。

所谓加权平均贡献毛益率法，是指先根据各种产品的贡献毛益计算加权平均贡献毛益率，然后再据以计算综合的盈亏临界点销售额和各种产品盈亏临界点的方法。

具体步骤如下：

（一）计算加权平均贡献毛益率

加权平均贡献毛益率的计算公式为：

加权平均贡献毛益率

= ∑（各种产品的销售额 – 各种产品的变动成本额）/∑各种产品的销售额×100%

= ∑各种产品的贡献毛益额/∑各种产品的销售额×100%

= ∑各产品的贡献毛益率×各该产品的销售额比重

（二）计算综合盈亏临界点销售额

综合盈亏临界点销售额计算公式为：

$$综合盈亏临界点销售额 = 固定成本 / 加权平均贡献毛益率$$

（三）计算各种产品盈亏临界点

各种产品盈亏临界点计算公式为：

$$各产品的盈亏临界点销售额 = 综合盈亏临界点销售额 \times 各该产品的销售额比重$$

根据【例5-6】，清凉公司财务经理作了如下计算和分析：

（1）计算加权平均贡献毛益率。

两家公司每种产品的贡献毛益率和销售额比重如表5-9所示。

表5 9   产品的贡献毛益率和销售额比重

项目	绿风公司		清凉公司	
	摇头扇	微风扇	摇头扇	微风扇
贡献毛益率	24%	60%	20%	60%
销售额比重	50%	50%	80%	20%

根据表5-9：

清凉公司加权平均贡献毛益率 = 20% × 80% + 60% × 20% = 28%

绿风公司加权平均贡献毛益率 = 24% × 50% + 60% × 50% = 42%

（2）计算综合盈亏临界点销售额。

清凉公司综合盈亏临界点销售额 = 300 000/28% = 1 071 429 元

绿风公司综合盈亏临界点销售额 = 300 000/42% = 714 286 元

（3）分别计算两家公司每种产品盈亏临界点销售额。

清凉公司：

摇头扇的盈亏临界点销售额 = 1 071 429 × 80% = 857 143 元

摇头扇的盈亏临界点销售量 = 857 143/50 = 17 143 台

微风扇的盈亏临界点销售额 = 1 071 429 × 20% = 214 286 元

微风扇的盈亏临界点销售量 = 214 286/25 = 8 571 台

绿风公司：

摇头扇的盈亏临界点销售额 = 714 286 × 50% = 357 143 元

摇头扇的盈亏临界点销售量 = 357 143/50 = 7 143 台

微风扇的盈亏临界点销售额 = 714 286 × 50% = 357 143 元

微风扇的盈亏临界点销售量 = 357 143/25 = 14 286 台

根据上述计算结果，清凉公司财务经理分析如下：

虽然两家公司生产和销售的产品相同，两家公司销售额相同，但是，两家的产品综合盈利能力不同。因此，其盈亏临界点销售额不同。清凉公司加权平均贡献毛益率为28%，意味着该公司每销售100元，只有28元的贡献毛益，该公司销售额必须要达到1 071 429元才能保本。而绿风公司的加权平均贡献毛益率为42%，意味着该公司每销售100元，就有42元的贡献毛益，该公司销售额只要达到714 286元就可以保本。导致绿风公司加权平均贡献毛益率比清凉公司高的原因有两点：①绿风公司摇头扇的贡献毛益率大于清凉公司。这主要是因为绿风公司生产摇头扇的变动成本比清凉公司低。前者的变动成本是38元/台，后者的变动成本是40元/台。②绿风公司产品销售组合与清凉公司不同。清凉公司摇头扇的销售额占80%，微风扇的销售额占20%。市场主要集中在低收入居民家庭。绿风公司摇头扇和微风扇的销售额各占50%。清凉公司的摇头扇销售额大于绿风公司，但是，摇头扇的盈利能力较低。清凉公司微风扇的销售额小于绿风公司，但是，微风扇的盈利能力较高。其结果导致绿风公司综合盈利能力比清凉公司高。

基于上述分析，最后，清凉公司财务经理提出两点建议：①设法降低摇头扇的变动成本，提高摇头扇的盈利能力；②进一步扩大盈利能力较高的微风扇市场，公司的市场策略应该转向以微风扇消费群体为主。

📖 本章小结

本章以成本性态为起点，以本量利分析基本假设和基本损益方程式为基础，讨论了贡献毛益、盈亏临界点与盈亏临界图、安全边际与保利点、经营杠杆与成本结构以及多品种盈亏临界点等基本问题。

关键术语和概念

本量利分析　基本损益方程式　贡献毛益　贡献毛益率　变动成本率　盈亏临界点
盈亏临界点作业率　盈亏临界图　安全边际　安全边际率　保利点　经营杠杆
经营风险　成本结构　多品种盈亏临界点

拓展阅读

1. ［美］罗纳德·W. 希尔顿. 管理会计学：在动态商业环境中创造价值（原书第5版）. 阎达五，李勇等译. 北京：机械工业出版社，2007.

2. ［美］查尔斯·T. 亨格瑞，加里·L. 森登，威廉姆·O. 斯特尔顿，戴维·伯格斯塔勒，杰夫·舒兹伯格. 管理会计教程（原书第15版）. 潘飞，沈红波译. 北京：机械工业出版社，2012.

3. 胡玉明. 管理会计. 北京：中国财政经济出版社，2009.

4. 胡玉明，丁友刚，卢馨. 管理会计（第2版）. 广州：暨南大学出版社，2010.

5. 胡玉明，潘敏虹. 成本会计（第3版）. 厦门：厦门大学出版社，2010.

6. 胡玉明. 会计学：经理人视角. 北京：中国人民大学出版社，2011.

第六章　短期经营决策

企业组织短期经营决策涉及面较广。本章以前述的"不同目的，不同成本"观念为基础，阐述短期经营方案的分析评价。

通过本章学习，应该掌握如下内容：
1. 决策的意义与分类
2. 短期经营决策要考虑的因素
3. 短期经营决策的基本程序
4. 短期经营决策的方法

第一节　决策概述

决策是对行动方案的选择。企业组织在生产经营过程中，既有长期目标，也有短期目标。实现这些目标存在多种可供选择的行动方案，企业组织必须在这些可供选择的方案中，选择一个最合适的行动方案。

一、决策的意义

管理会计作为一个决策支持系统，目的在于为企业组织管理层决策提供有用的信息，为企业组织创造价值服务。

（一）企业组织层面的决策

在企业组织层面，管理会计师与企业组织的管理层共同制定企业组织的战略决策。这需要运用价值链分析手段，进行企业组织内部成本分析、内部差异分析以及垂直关联分析。为此，管理会计师要向企业组织的管理层提供产品、服务和顾客的盈利能力信息、市场机会与竞争信息、市场份额与顾客忠诚度满意度信息、技术革新信息。通过这些信息，评价企业组织的竞争优势。企业组织管理层在竞争优势分析的基础上进一步制定企业组织的战略——行业选择与优势地位确立，战略决策的背后就是企业组织资源的配置：应该投资于什么项目？评价这些项目的价值标准是什么？采取低成本还是差异化策略？企业组织层面的决策主要是企业组织的资本投资决策。

（二）部门经理层面的决策

与企业组织管理层不同，部门经理关注操作层次的管理信息与决策。管理会计师通过相关成本与盈利能力分析报告的形式，协助部门经理分析部门内每种产品、服务或顾客的相关成本与盈利能力。部门经理将根据产品盈利能力作出产品组合决策、停产与生产能力收缩决策、增产与生产能力扩充决策、新产品开发与投产决策、自制与外购决策。部门经理所作的决策主要是短期经营决策层次，短期经营决策也要遵从企业组织管理层所制定的战略框架。部门经理决策的价值标准要与企业组织的竞争优势相一致。

二、企业组织短期经营决策要考虑的基本要素

企业组织短期经营决策要考虑的两个基本因素是成本与战略。在很大程度上，这两个因素是相互关联的。

（一）成本

决策方案的财务效益来自于方案收入超过成本的部分，或者来自于方案的成本节约部分。收入由产品销售量与销售价格决定。成本主要由技术与内部管理决策决定。内部管理决策决定了企业组织的（横向）规模经济、（纵向）整合程度、地理位置、生产经验、生产技术等结构性成本驱动因素，决定了生产能力运用模式、能力利用、全面质量管理、员工对企业组织的向心力等执行性成本驱动因素；内部流程决策在很大程度上又决定了企业组织的操作性成本驱动因素，这些成本驱动因素共同作用决定了企业组织的成本水平。因此，成本自然就成了企业组织在决策时所要考虑的首要因素。实际上，销售量与销售价格决策通常也以成本为基础。

（二）战略

任何一项管理决策通常都会涉及诸多战略因素。在现实的决策过程中，由于受到短期利益的诱惑，使得很多决策存在短视行为。在战略管理时代，短期行为所获得的短期利益，往往会损害企业组织的长期战略价值和竞争优势。所谓战略考虑，就是要求决策分析过程以顾客价值为导向。通过低成本、差异化或者集中战略，塑造企业组织的竞争优势。企业组织的成本80%以上由结构性成本驱动因素和执行性成本驱动因素这两种战略性成本驱动因素决定。企业组织的竞争优势表现为顾客价值与成本之间的差额，成本是企业组织竞争优势的基础。没有以竞争优势为基础的战略指导，片面强调短期成本绩效，会导致企业组织经营的失败。比如，在经营管理决策中，过分考虑短期的低成本，可能会使一个具有差异化优势的企业组织失去战略地位。而一个以低成本战略为背景的企业组织在经营管理决策过程中，脱离低成本，过分考虑产品质量方面的差异化，又可能会导致低成本优势的丧失。因此，企业组织短期经营决策必须以战略为指导，以竞争优势为基础。相关成本分析只考虑了可以计量的短期成本绩效，而战略则要求决策者关注顾客价值，即不仅要考虑相关成本，还要考虑一些更为广泛且难以计量的战略因素。

三、企业组织短期经营决策的程序

企业组织短期经营决策的一般程序包括六个步骤。

（一）明确决策问题

并不是所有的决策者都能够明确所要决策的问题是什么。例如，当一个企业组织的产

品的市场出现萎缩时，导致这个问题产生的真正原因可能是竞争环境的恶化，也可能是产品的顾客满意度下降，还可能是出现了新的替代产品。在决策之前，首先必须明确界定这些问题，进而阐述与解释这些问题，使得决策所要关注和解决的问题清晰明了，易于理解。

（二）明确各种可供选的方案

决策者必须专注于其所需要解决的问题，尽力设计出各种可能的解决方案。在确定备选方案时，要明确企业组织决策的战略背景，战略思维始终是决策者的必备要素。

（三）确定决策的价值标准

决策的价值标准很重要，因为企业组织管理层的主要目标往往是易量化的、短期内可以实现的指标，如降低成本、提高收入或者投资收益最大化。这些短期的财务目标往往会导致企业组织管理层的短视决策行为，企业组织任何决策实际上都应该是战略的具体化与行动化。因此，在制定决策时，企业组织管理层要从多个战略维度确定其价值标准。在决策过程中，既要有可计量的、短期的价值标准，也要有长期的、不可计量的战略标准。

（四）相关成本分析

决策方案所包含的成本信息非常庞杂。要作出有效的决策，就要求企业组织管理层必须收集、预测和评估方案的成本信息。然后，从这些成本信息提取与决策方案相关的成本，并建立正确的相关成本分析模型。

（五）选择和实施最满意的决策方案

根据相关成本分析，结合企业组织战略考虑与价值标准，选出企业组织管理层最满意的方案并付诸实施。

（六）评价和跟踪决策方案效果

决策是企业组织内部一个持续发展的过程，企业组织发展过程的每一次行动方案的选择都是一个决策过程。同时，决策也是企业组织内部不断重复的工作。决策方案的实施效果对决策者来说具有反馈价值，决策过程的经验对未来的决策具有学习效应。优秀的决策者懂得重视每一次决策方案的实施效果与经验总结，以便于对过去的决策作出正确的评价和修正，为未来的决策提供参考价值。

四、决策的分类

企业组织的决策可以按照不同标准分类。

（一）按决策所涉及的时间与内容分类，分为短期经营决策与长期投资决策

短期经营决策主要是基于企业组织现有技术装备条件，对未来一年或一个营业周期内的经营活动所作的选择，包括生产决策、采购决策、销售与定价决策等。大多数短期经营决策所涉及的固定成本在决策期限内都不会发生变化，短期经营决策主要是部门经理层次的决策，传统的观点认为短期经营决策与战略无关。其实，这种观点是错误的。短期经营决策是否遵从企业组织的战略，决定了企业组织的竞争优势地位是否能够得以建立和保持。因此，短期经营决策也需要结合企业组织的战略。

长期投资决策主要是就企业组织的发展方向、新产品的开发、生产规模的扩大等重要

问题所作出的具有长远性、全面性的决策，其决策方案所产生的经济效益体现在一年以上或未来若干年内①。

（二）按决策所处的条件，分为确定型决策、不确定型决策和风险型决策

1. 确定型决策

确定型决策指在方案未来相关信息确定的条件下所作出的决策。对于确定型决策，只要分析其相关成本信息、盈利能力信息，建立决策分析模型，就可以作出判断和选择。例如，某种产品可以自制，也可以外购。自制相关成本为 10 000 元，外购相关成本为 12 000元。外购相关成本大于自制相关成本。采用差量分析，很直观地判断出应该选择自制方案。

2. 不确定型决策

不确定型决策指决策者只知道方案可能的结果，但不知道各种结果可能出现的概率，即在方案未来相关信息完全不确定条件下所作出的决策。对于不确定型决策，主要根据决策者的风险态度作出选择，不确定型决策的结果取决于决策者的运气。

3. 风险型决策

风险型决策指决策者不仅知道方案可能的结果，而且也知道每种结果可能发生的概率，决策者在这种情况下所作出的决策。风险型决策可以以概率为依据来选择方案，无论选取哪一个方案，都带有一定的风险，因此，称为风险型决策。

第二节　短期经营决策

如前所述，企业组织的短期经营决策涉及面较广。这里只以前述的"不同目的，不同成本"观念为基础，阐述企业组织主要的短期经营方案的分析评价问题。

一、盈利能力分析

如前所述，盈利能力的基本指标是产品贡献毛益或利润。企业组织的部门经理在短期生产经营决策过程中，经常要考察产品、服务或顾客的盈利能力，以便作出产品、服务或顾客的选择、组合、停产、增产、外购等一系列决策。在短期经营决策或生产能力成本相同的情况下，比较产品单位资源贡献毛益或贡献毛益总额就能够反映产品的盈利能力的大小。在长期决策或者生产能力成本不同的情况下，则需要比较产品的利润才能明确各种产品的盈利能力的大小。

【例6-1】南海沙发公司可以生产多种型号沙发。目前面临市场转型，经过对该公司生产能力分析、市场调研以及产品设计，该公司确定未来市场有两种型号沙发可以选择：普通型与豪华型。普通型沙发市场可接受的价格为 4 000 元/件，直接材料成本为 1 000 元/件，直接人工工时为 50 工时/件，普通型沙发制作工人平均工资为 8 元/小时，变动性制造费

---

① 长期投资决策将在本书第七章讨论。

用按照直接人工工时计算为 10 元/小时。豪华型沙发市场可接受的价格为 10 000 元/件，直接材料成本为 4 000 元/件，直接人工工时为 100 小时/件，豪华型沙发制作工人的平均工资为 10 元/小时，变动性制造费用按照直接人工工时计算为 15 元/小时，该公司每月最大生产能力为 1 000 个人工工时。

根据上述资料，比较两种沙发的盈利能力：

普通型沙发的单位贡献毛益 = 4 000 - 1 000 - 50 × 8 - 50 × 10 = 2 100 元

豪华型沙发的单位贡献毛益 = 10 000 - 4 000 - 100 × 10 - 100 × 15 = 3 500 元

在该公司生产能力受到限制的情况下，比较两种沙发的盈利能力，必须站在一个可以比较的基础上。通常是比较单位资源贡献毛益或者贡献毛益总额。

生产普通型沙发的单位人工小时贡献毛益 = 2 100/50 = 42 元/小时

生产豪华型沙发的单位人工小时贡献毛益 = 3 500/100 = 35 元/小时

生产普通型沙发的总工时贡献毛益 = 42 × 1 000 = 42 000 元

生产豪华型沙发的总工时贡献毛益 = 35 × 1 000 = 35 000 元

显然，南海沙发公司用现有的生产能力生产普通型沙发将为其创造更多的利润。换句话说，普通型沙发的盈利能力比豪华型沙发的盈利能力强。

二、亏损产品是否停产决策

从常识的角度看，一般认为财务亏损的产品都应该停产。但是，从相关成本与盈利能力分析的角度看，财务亏损的产品可以分为实亏与虚亏两种情况。所谓实亏，指亏损产品的销售收入低于其相关成本，其盈利能力指标为负数。这种亏损产品，如果没有战略考虑，一般都应该停产。所谓虚亏，指亏损产品的销售收入高于其相关成本，其盈利能力指标为正数。这种产品出现财务亏损的原因是财务盈利计算与决策盈利能力分析方式不同。在财务上，计算产品的财务效益用其全部收入减去其全部成本。而从短期经营决策的角度看，全部成本存在一些与决策无关的成本。因此，在评价产品的盈利能力时，需要用产品的相关收入减去其相关成本。这样就有可能出现，财务亏损的产品，其决策相关的盈利能力为正数的情况。

【例 6 - 2】美雅化妆品公司生产三种产品：洗发水、沐浴露和护发素，过去这三种产品一直盈利。最近，由于市场竞争加剧，市场价格持续下跌，销售费用持续增加。最近一期的利润如表 6 - 1 所示。

表 6 - 1 美雅化妆品生产公司利润表   单位：元

项目	洗发水	沐浴露	护发素	合计
销售收入	20 000	30 000	10 000	60 000
销售成本	10 000	21 000	15 000	46 000
销售毛利	10 000	9 000	(5 000)	14 000
销售费用	3 300	9 000	6 000	18 300
销售净利（或亏损）	6 700	0	(11 000)	(4 300)

根据表6-1，沐浴露是保本产品，护发素是亏损产品。该公司生产经理认为既然如此，没有必要那么辛苦，应该停产沐浴露和护发素，多生产洗发水。销售经理根据该公司的市场情况，向该公司总经理提出两种可能情况：

（1）如果只停止护发素的生产，一部分同时购买洗发水和护发素的顾客可能会流失，洗发水的产销量因此而降低25%。

（2）如果同时停止护发素和沐浴露的生产，专攻洗发水，该公司可以集中精力生产和推销洗发水，洗发水的产销量可以提高200%。

该公司总经理要求管理会计师分析上述两个可能的方案。为此，该公司的管理会计师要求其助理收集了有关成本数据如表6-2和表6-3所示。

表6-2　三种产品的销售数量与价格

项目	洗发水	沐浴露	护发素
销售数量	800	1 500	1 000
单位销售价格（元）	25	20	10
销售收入（元）	20 000	30 000	10 000

表6-3　三种产品的单位销售成本　　　　单位：元

项目	洗发水	沐浴露	护发素
直接材料	4	2	5
直接人工	3	5	4
变动性制造费用	2.5	2	2
固定性制造费用	3	5	4
合计	12.5	14	15

固定性制造费用主要为机器厂房的折旧费。这三种产品在同一厂房和设备上生产。生产上述产品的固定性制造费用总额为13 900元，按照直接人工工资标准分配到各产品，固定性制造费用分配率为1元。

该公司销售费用由广告费与运输费组成。该公司的运输工作外包给外部物流公司，运输费按照1元/件计。广告费是固定成本，也是共同成本，上期分摊公司广告费为15 000元。按照销售收入比例再分摊到洗发水、沐浴露和护发素三种产品分别为2 500元、7 500元与5 000元，三种产品的销售费用情况如表6-4所示。

表6-4　三种产品销售费用情况　　　　单位：元

项目	洗发水	沐浴露	护发素
运输费	800	1 500	1 000
广告费	2 500	7 500	5 000
合计	3 300	9 000	6 000

根据上述数据，分析销售经理提出的两个方案是否可行？

首先，编制贡献式利润表。

前述职能式利润表不能反映产品的盈利能力。为了分析各种产品的盈利能力，必须根据相关资料，编制贡献式利润表如表 6-5 所示。

表 6-5　贡献式利润表

单位：元

项目	洗发水	沐浴露	护发素	合计
销售收入	25 × 800 = 20 000	20 × 1 500 = 30 000	10 × 1 000 = 10 000	60 000
减：变动成本				
直接材料	4 × 800 = 3 200	2 × 1 500 = 3 000	5 × 1 000 = 5 000	11 200
直接人工	3 × 800 = 2 400	5 × 1 500 = 7 500	4 × 1 000 = 4 000	13 900
变动性制造费用	2.5 × 800 = 2 000	2 × 1 500 = 3 000	2 × 1 000 = 2 000	7 000
变动性销售费用（运输费）	1 × 800 = 800	1 × 1 500 = 1 500	1 × 1 000 = 1 000	3 300
合计	8 400	15 000	12 000	35 400
贡献毛益总额	11 600	15 000	(2 000)	24 600
减：固定成本				
固定性制造费用	3 × 800 = 2 400	5 × 1 500 = 7 500	4 × 1 000 = 4 000	13 900
固定性销售费用（分摊的广告费）	2 500	7 500	5 000	15 000
合计	4 900	15 000	9 000	28 900
利润	6 700	0	(11 000)	(4 300)

根据表 6-5，洗发水的贡献毛益和利润都是正数。毫无疑问，洗发水是一种盈利产品，故应该继续生产。沐浴露的利润为 0，但其贡献毛益为 15 000 元。这种产品之所以利润为 0，是由于其所创造的贡献毛益恰好只能弥补固定成本。由于固定成本在短期内不变，因此，如果停产这种产品，该公司的亏损将更加厉害。一般情况下，不应该停产。护发素的贡献毛益和利润都是负数，这种产品属于实亏产品，一般应该停产。但在【例 6-2】中，由于这两种产品的停产会影响到洗发水的产销量，因此，需要结合销售经理的建议具体分析。

其次，对销售经理提出的两种情况进行分析。

（1）如果只停止护发素的生产，洗发水的产销量可能会降低 25%。有关的贡献式利润表如表 6-6 所示。

表6-6 贡献式利润表 单位：元

项目	洗发水	沐浴露	合计
销售收入	25×800×（1-25%）=15 000	20×1 500=30 000	45 000
减：变动成本			
直接材料	4×800×（1-25%）=2 400	2×1 500=3 000	5 400
直接人工	3×800×（1-25%）=1 800	5×1 500=7 500	9 300
变动性制造费用	2.5×800×（1-25%）=1 500	2×1 500=3 000	4 500
变动性销售费用（运输费）	1×800×（1-25%）=600	1×1 500=1 500	2 100
合计	6 300	15 000	21 300
贡献毛益总额	8 700	15 000	23 700
减：固定成本			
固定性制造费用	2 690	11 210	13 900
固定性销售费用（分摊的广告费）	5 000	10 000	15 000
合计	7 690	21 210	28 900
利润	1 010	（6 210）	（5 200）

该公司固定性制造费用按直接人工分配：

固定性制造费用分配率=13 900/（1 800+7 500）=1.494 6

洗发水分配的固定性制造费用=1 800×1.494 6=2 690元

沐浴露分配的固定性制造费用=7 500×1.494 6=11 210元

该公司广告费按照销售收入分配：

固定性销售费用分配率=15 000/（15 000+30 000）=0.333 3

洗发水分配的广告费=15 000×0.333 3=5 000元

沐浴露分配的广告费=30 000×0.333 $\dot{3}$=10 000元

（2）如果同时停止护发素和沐浴露的生产，洗发水的产销量可以提高200%。有关的贡献式利润表如表6-7所示。

表6-7 贡献式利润表 单位：元

项目	洗发水
销售收入	25×800×（1+200%）=60 000
减：相关成本	
直接材料	4×800×（1+200%）=9 600

（续上表）

项目	洗发水
直接人工	3 × 800 × （1 + 200%） = 7 200
变动性制造费用	2.5 × 800 × （1 + 200%） = 6 000
运输费	1 × 800 × （1 + 200%） = 2 400
合计	25 200
贡献毛益总额	34 800
减：固定成本	
固定性制造费用	13 900
固定性销售费用（分摊的广告费）	15 000
合计	28 900
利润	5 900

管理会计师根据上述分析，建议该公司停止沐浴露和护发素的生产，集中精力生产和销售洗发水，这样才可以使该公司获得盈利。

除了盈利能力的考虑之外，亏损产品应否停产，还应有战略上的考虑：

（1）亏损产品停产后，是否会影响到其他产品的销售。货仓式商场经常出现特价商品，目的就是为了吸引顾客来购买其他商品。例如，在【例6-2】中，停止护发素的生产可能会导致一部分购买洗发水的顾客流失。

（2）亏损产品是否停产，还应从产品生命周期的角度加以分析。在产品生命周期的早期阶段亏损的产品，随着生命周期的发展，学习效应可能带来成本的降低，亏损产品可能不再亏损。另外，随着产品生命周期从成长期走向成熟期，销售量会逐步加大，可能出现规模经济。

（3）目标集中战略的考虑。在【例6-2】中，如果该公司从内部成本与内部差异分析出发，发现该公司已经在洗发水生产上形成了自己的低成本优势或差异化优势，未来可以专注于生产洗发水产品，那么，即便是那些目前处于虚亏的沐浴露产品也应该停产。

三、特殊订货决策

所谓"特殊订货"，指顾客在订货时所出的价格，不仅可能低于该产品目前对外的销售价格，甚至可能等于或低于该产品的完全单位成本。这种"特殊订货"是否应接受，需要分析该特殊订货的相关成本与盈利能力。

【例6-3】绿宝化工公司生产的产品是花卉草坪肥料。其生产能力为每月生产100克包装的肥料30 000袋。2013年6月已接到的定单为20 000袋，每袋定单价格为10元。现有一家园林公司，要求按照7元/袋的价格订购10 000袋，且需要绿宝公司送货上门，预计送货费用为1 000元。财务部门提供了如下财务数据：

单位成本：

直接材料	2.5 元/袋
直接人工	0.5 元/袋
变动性制造费用	2 元/袋
固定性制造费用	2 元/袋
变动性销售费用	0.5 元/袋
固定性销售费用	1 元/袋

该项订货价格，不仅低于通常的销售价格，而且低于单位生产成本，属于特殊订货决策。在这项特殊订货决策中，绿宝化工还有可以利用的剩余生产能力，因此，固定性制造费用可以视为非相关成本，因为是专门的订货，销售成本也可视为非相关成本，特定的送货成本是相关成本。相关成本与盈利分析如下：

销售收入	$10\,000 \times 7 = 70\,000$ 元
相关成本：	
直接材料	$10\,000 \times 2.5 = 25\,000$ 元
直接人工	$10\,000 \times 0.5 = 5\,000$ 元
变动性制造费用	$10\,000 \times 2 = 20\,000$ 元
送货成本	$1\,000$ 元
相关成本合计：	$51\,000$ 元
特殊订货的贡献额：	$19\,000$ 元

上述分析表明，该特殊订货可以为绿宝化工公司带来利润。因此，从财务方面考虑，可以接受该批特殊订货。

特殊订货的定单除了可能为企业组织带来盈利之外，还有可能为企业组织进入一个新的市场奠定基础，为企业组织将来带来更多的定单。但是，接受特殊订货还应考虑下列因素：

（一）企业组织的竞争优势

对一个定位在生产高端产品的制造商来说，如果特殊订货要求的是低成本的低档产品，即便其相关成本分析表明接受该特殊订货有利可图也不能接受，因为这样会损害企业组织原有的竞争优势与企业组织形象。

（二）相关成本定价的危害

接受特殊订货隐含的一个前提就是按照相关成本定价，在特殊订货决策中，按照相关成本定价可能能够获得短期的财务利益。但是，如果滥用相关成本定价会损害企业组织正常的定价政策，干扰企业组织与同行的正常市场秩序，进一步会损害企业组织的长期盈利。有些企业组织就是因为滥用相关成本定价而招致灭顶之灾。

（三）高科技环境下，相关成本定价的危害

在当今高科技环境下，上述分析中相关的变动成本越来越低，非相关的固定成本越来越高。按照相关成本定价，对于高科技的企业组织可能产生的危害也就越来越严重。

四、立即出售或继续加工决策

企业组织内部通常面临这样两种情况：①半成品是立即出售还是继续加工的决策。从战略的角度看，这也是一个涉及企业组织价值链是否应该向下游延伸的问题。在这种情况下，继续加工可以增加产品的性能，提高对顾客的价值。是否继续加工，不仅取决于继续加工的相关成本与盈利能力分析，而且还取决于企业组织的价值链战略定位。比如，有些企业组织只做价值链的某个高附加值环节的生产，而不是什么都做。例如，英特尔公司（Intel）只生产芯片，而不生产电脑。②残次品是立即低价出售，还是再加工以后出售？

【例6-4】天河羽绒制品公司生产天鹅牌羽绒服。由于定单业务特别多，将其中一批400件定单委托给外地一家公司生产。经检查该批羽绒服装存在质量问题，天河羽绒制品公司扣除了加工单位20%的加工费，共计少支付10 000元。在对外销售方面，天河羽绒制品公司目前面临两个选择：其一，按照合同价格的8折水平卖给经销商，该批羽绒服的合同价格为200元/件；其二，对该批羽绒服再加工以后再按原合同价格出售。

天河羽绒制品公司财务经理列示的再加工成本清单如下：

返工生产准备成本（包括搬运、清理生产线成本）	1 000元
直接材料（更换部分面料、增加部分羽绒）	10元/件
直接人工（更换面料与重新缝纫工作）	2元/件
变动性制造费用（机器运转电费等）	2元/件
固定性制造费用（厂房折旧、车间管理人员工资等）	3元/件

预计每件羽绒服返修时间约15分钟，这部分再加工工作需要安排100个小时的生产能力，而天河羽绒制品公司目前的生产线都处于生产饱和状态。如果再加工意味着该公司必须要停止目前一部分定单的生产，腾出一部分生产能力（机器和人工）。天河羽绒制品公司过去平均生产每件正常羽绒服的生产时间为1小时，再加工需要100小时的生产能力，这意味着该公司必须放弃一个100件的定单生产。每件正常羽绒服的财务数据如下：

单位价格	200元/件
直接材料	100元/件
直接人工	8元/件
变动性制造费用	8元/件
固定性制造费用	12元/件
每件正常羽绒服的销售利润	72元/件

以下是公司经理、财务经理与管理会计师的分析。

该公司经理的分析如表6-8所示。

表6-8　该公司经理的决策分析表　　　　　　　　　　　　　　单位：元

项目	立即出售成本	再加工的成本
立即出售的成本		
销售收入上的损失：	400×200×20%＝16 000	
减：委托加工费的扣除：	10 000	
再加工的成本：		
返工生产准备成本 （包括搬运、清理生产线成本）		1 000
直接材料（更换部分面料、增加部分羽绒）		400×10＝4 000
直接人工（更换面料与重新缝纫工作）		400×2＝800
变动性制造费用（机器运转电费等）		400×2＝800
固定性制造费用 （厂房折旧、车间管理人员工资等）		400×3＝1 200
合计	6 000	7 800

根据表6-8，该公司经理认为应该选择立即出售。

该公司财务经理认为，立即出售与再加工决策应该以管理会计的相关成本分析为出发点。委托加工费的扣除与本次决策无关，立即出售的价格损失可以视为立即出售的机会成本。由于生产能力已饱和，再加工需要停产另外一部分正常产品的生产，停产产品的收益应该视为再加工的机会成本。该公司财务经理的分析如表6-9所示。

表6-9　该公司财务经理的决策分析表　　　　　　　　　　　　单位：元

项目	立即出售成本	再加工的成本
立即出售的相关成本		
销售收入上的损失：	400×200×20%＝16 000	
再加工的相关成本：		
返工生产准备成本（包括搬运、清理生产线成本）		1 000
直接材料（更换部分面料、增加部分羽绒）		400×10＝4 000
直接人工（更换面料与重新缝纫工作）		400×2＝800
变动性制造费用（机器运转电费等）		400×2＝800
固定性制造费用（厂房折旧、车间管理人员工资等）		400×3＝1 200
再加工机会成本为		100×72＝7 200
合计	16 000	15 000

根据表6-9，该公司财务经理认为再加工成本小于立即出售成本，应该选择再加工。

该公司管理会计师认为，财务经理的分析有道理，但其分析过程可以进一步简化。返修再加工过程所支付的加工成本（包括直接人工、变动性制造费用与固定性制造费用）与生产正常产品所需要的加工成本相同，因此，属于非相关成本。决策过程可以简化，如表6-10所示。

表6-10　该公司管理会计师的决策分析表　　　　　单位：元

项目	立即出售成本	再加工的成本
立即出售的相关成本		
销售收入上的损失：	$400 \times 200 \times 20\% = 16\ 000$	
再加工的相关成本：		
返工生产准备成本（包括搬运、清理生产线成本）		1 000
直接材料（更换部分面料、增加部分羽绒）		$400 \times 10 = 4\ 000$
再加工机会成本为		$100 \times (200 - 100) = 10\ 000$
合计	16 000	15 000

管理会计师与财务经理得出了相同的结论：再加工成本小于立即出售成本，应该选择再加工。

从上述财务经理与管理会计师相关成本与产品盈利能力分析可以看出，天河羽绒制品公司应该选择返修再加工，而不是直接出售。

在实际的工作中，是否继续加工不仅取决于再加工后的相关成本与盈利能力分析，而且还要考虑企业组织的战略定位及其与经销商之间的战略利害关系。如果定位是一个优质品牌产品供应商，对于残次品，一般就不太会低价立即出售，而是要选择再加工出售。相反，如果定位是一个低成本供应商，所面对的是比较在意价格、不是十分注重产品质量的消费群体，就可以考虑立即出售。

五、自制或外购决策

有些零部件，企业组织可以自己制造，也可以从外部购买。在这种情况下，企业组织就面临着自制与外购决策选择问题。无论是自制，还是外购，考虑的都是存货取得方式问题。在决策过程中，需要比较的是自制存货与外购存货的成本。自制与外购决策实际上也是一个战略决策的问题，它涉及价值链前向整合问题。前述的立即出售与继续加工决策，实际上是价值链后向整合问题。

【例6-5】乐华公司是一家家用电器生产公司，下属一家纸箱厂。2013年乐华公司开始投产了一条电冰箱生产线，预期 2013 年需要电冰箱纸箱 4 000 只。乐华公司在向其所属纸箱厂征询之后了解到，其所属纸箱厂尚有剩余生产能力能够生产 4 000 只纸箱。这部分剩余生产能力平常从事委托加工业务，每年平均获得委托加工净收入为 15 000 元（扣除委托加工成本后的收入）。纸箱厂提供了 4 000 只纸箱的生产成本数据，如表 6 - 11 所示。

表 6 - 11　生产成本数据

成本项目	单位成本（元/件）	成本总额（元）
直接材料	10	40 000
直接人工	10	40 000
变动性制造费用	3	12 000
固定性制造费用	7.50	30 000
合计	30.50	122 000

现有另外一家纸箱供应商就同样的纸箱向乐华公司报价为 30 元/只。

乐华公司总经理认为应选择外购。因为外购买价为 30 元/只，自制成本为 30.50 元/只，外购成本低于自制成本。

该公司如果选择外购，每年可以获得 15 000 元的委托加工费净收入，外购的成本还是低于自制成本。

该公司财务部经理提出了不同的看法，认为应该采用相关成本分析来确定究竟是自制还是外购。根据相关成本分析，纸箱厂的固定性制造费用为剩余生产能力成本，属不可避免成本，在决策时可以不予考虑。自制和外购的相关成本如表 6 - 12 所示。

表 6 - 12　自制和外购相关成本　　　　　　　　　　　　　　单位：元

	自制相关成本	外购相关成本	差别成本
外购相关成本：			
买价		120 000	- 120 000
自制相关成本：			
直接材料（每件 10 元）	40 000		40 000
直接人工（每件 10 元）	40 000		40 000
变动性制造费用（每件 3 元）	12 000		12 000
机会成本	15 000		15 000
合计	107 000	120 000	- 13 000

根据表 6 - 12，在纸箱需要量为 4 000 只的情况下，外购成本比自制成本高 13 000 元，从财务上考虑，应该选择自制。该公司财务部经理还进一步分析如下：

外购成本模型为：$y = 30x$

自制成本模型为：$y = 15\ 000 + 23x$

根据上述两个成本模型方程，可以计算：

成本分界点 $x = 2\ 143$ 只（见图 6-1）

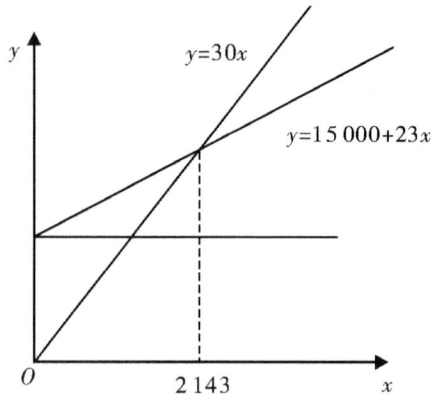

图 6-1　成本分界点

　　成本分界点的意思表示，如果纸箱需要量低于 2 143 只，外购纸箱成本小于自制纸箱成本，应该选择外购。如果纸箱需要量大于 2 143 只，外购纸箱成本大于自制纸箱成本，应该选择自制。

　　自制和外购决策具有战略指导意义，企业组织运用相关成本分析发现企业组织价值链某些环节采取外包的形式更加有利。这种决策使得很多企业组织将数据处理、保安工作、后勤服务甚至某些生产环节外包或外部采购。当一家企业组织拥有剩余生产能力或生产经验，而另外一家企业组织生产能力或生产经验不足，通过外部采购或委托加工，对两家企业组织都获得了专业化分工所带来的成本效率。

　　但是，自制和外购决策也面临一些战略考虑。比如，供应商的可靠性，从相关成本分析的角度，外购方案可能是可取的。但如果企业组织的竞争力依赖于其产品的质量可靠性，而这种可靠性只有由企业组织内部生产才能保证，则必须遵从战略的要求在企业组织内部生产。

六、生产工艺水平决策

　　生产工艺技术不同，其成本结构也不同。一般来说，采用先进的工艺技术，需要的直接人工成本比较低，产品的材料消耗水平也比较低，因而单位变动成本比较低。但是，先进的工艺技术，一般需要昂贵的机器设备，因而固定成本较高。相反，落后的工艺设备需要的直接人工成本比较高，材料消耗水平也比较高，因而单位变动成本比较高。但是，设备价值低，固定性制造费用低。究竟选择什么样水平的工艺设备，取决于企业组织的产销量规模。如果产销量比较大，可以降低单位产品的固定成本，否则，就应该采用较为落后的设备。对于这类决策，需要找出不同工艺水平下的成本分界点。

【例 6 - 6】 鑫鑫印刷公司准备生产一种新型玩具。目前计划投产某种新产品，其生产工艺可采用半机械化、机械化或自动化三种，预计的成本资料如表 6 - 13 所示。

表 6 - 13 预计成本资料 单位：元

加工工艺技术	单位变动成本	年固定成本总额
半机械化	16	50 000
机械化	8	100 000
自动化	4	150 000

根据上述资料，该产品应该采用何种工艺技术？

首先，确定各种生产工艺水平下的成本模型：

半机械化：$y = 50\,000 + 16x$

机械化： $y = 100\,000 + 8x$

自动化： $y = 150\,000 + 4x$

其次，计算各种工艺水平下的成本分界点：

（1）采用半机械化与机械化加工的成本分界点：

$x_1 = (100\,000 - 50\,000) / (16 - 8) = 6\,250$ 件

（2）采用半机械化与自动化加工的成本分界点：

$x_2 = (150\,000 - 50\,000) / (16 - 4) = 8\,333$ 件

（3）采用机械化与自动化加工的成本分界点：

$x_3 = (150\,000 - 100\,000) / (8 - 4) = 12\,500$ 件

将上述计算结果描绘在坐标图上（如图 6 - 2 所示）。

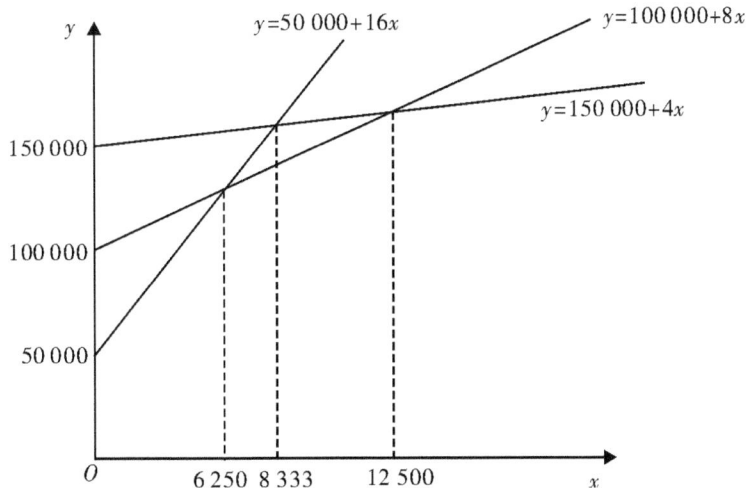

图 6 - 2 成本分界点图示

从图 6 - 2 可见：

如果该产品年产销售量低于 6 250 件，宜选择半机械化生产；如果该产品年产销售量大于 6 250 件，但小于 12 500 件，宜选择机械化生产方式；如果该产品年产销售量超过 12 500件，则应该采用自动化生产方式。

实际上，生产工艺的水平选择问题也是一个成本结构选择问题。成本结构选择除了要考虑上述成本效率因素之外，还要考虑经营风险问题。

七、存货决策[①]

一般而言，存货主要包括原材料、在产品和产成品。基于目前的现实条件，企业组织难以全面推行"适时生产系统"[②]（Just - in - time Production System），存货还可以起到"蓄水池"的作用。因此，以最低的存货成本保持一定数量的存货，仍然是保证企业组织生产经营活动正常进行的一个必要条件。

（一）存货的成本

存货必然耗费和占用一定数量的资金，由此产生存货成本。存货成本包括取得成本、储存成本和缺货成本等三部分。

1. 取得成本

存货的取得成本是指为了取得某种存货而发生的成本，通常用 TC_a 来表示。取得成本又可以分为订货成本和购置成本。

（1）订货成本。

存货的订货成本指取得定单成本，如办公费、差旅费、邮费、电报电话费等支出。有一部分订货成本与订货次数无关，如常设机构的基本开支等，称为订货的固定成本，用 F_1 表示。另一部分与订货次数有关，如差旅费、邮费等，称为订货的变动成本。每次订货的变动成本用 K 表示；订货次数等于存货的年需要量（D）与每次进货批量（Q）之商。这样，订货成本的数学表达式为：

$$(D/Q) \times K + F_1$$

（2）购置成本。

存货的购置成本指存货本身的价值，通常用数量与单位价格的乘积来确定。假设存货

---

① 从价值增值的角度看，除了像烟草、酿酒行业等特种企业组织之外，存货不会增加价值。因此，企业组织从优化价值链的角度看，应该消除存货。这里，只是讨论如何运用相关成本观念确定存货经济订货批量。

② 适时生产系统是最近 20 多年来，高新技术广泛运用于生产领域，在生产高度计算机化、自动化基础上形成的一种新的生产管理系统。其目标就是消除一切不必要的作业（Activity）。例如，如前所述，除非特种行业如酿酒和烟草行业，与存货有关的存货储存、维护、归类、整理等作业，因存货质量问题、供产销各阶段的停工待料或脱销等问题而引起的作业就是不必要的作业。适时生产系统要求企业组织在供产销的各个环节尽量实现"零存货"（Zero Inventory）。也就是说，在供应阶段，企业组织所需要的原材料、外购件能够保质保量适时地供生产使用；在生产阶段，各个生产环节密切配合、协调一致，前一道工序按后一道工序的要求适时地、保质保量地提供半成品；在销售阶段，按顾客的要求，保质保量地、适时地将产品送到顾客手中。

的单位价格为 U，则购置成本为 DU。这样，存货取得成本的数学表达式为：

$$TC_a = (D/Q) \times K + F_1 + DU$$

2. 储存成本

存货的储存成本指为了保持存货而发生的成本，包括存货占用资金的机会成本、仓库费用、保险费用、存货破损和变质损失等，通常用 TC_c 表示储存成本。同样的，储存成本也可以分为固定成本和变动成本。固定成本与存货数量的多少无关，如仓库折旧、仓库职工的工资等，通常用 F_2 表示。变动成本与存货数量有关，如存货的机会成本、存货的破损和变质损失、存货的保险费用等。单位存货储存变动成本用 K_c 表示。由此，存货储存成本的数学表达式为：

$$TC_c = (Q/2) \times K_c + F_2$$

3. 缺货成本

存货的缺货成本指由于存货供应中断而造成的损失，包括材料供应中断造成的停工损失、产成品库存缺货造成的拖欠发货损失和丧失销售机会的损失（还应该包括需要主观估计的商誉损失）；如果生产性的企业组织以紧急采购代用材料解决库存材料中断之急，那么，缺货成本表现为紧急额外购入成本（紧急额外购入成本大于正常的采购成本）。缺货成本用 TC_s 表示。

综合上述，如果用 TC 代表存货的总成本，那么，其计算公式为：

$$TC = TC_a + TC_c + TC_s$$

$$TC = (D/Q) \times K + F_1 + DU + (Q/2) \times K_c + F_2 + TC_s$$

（二）存货决策方案的分析评价

根据上述公式，为了求出存货总成本（TC）的极小值，从数学的角度，只要对上述公式求一阶导数并令其等于零即得：

$$Q = \sqrt{2KD/K_c}$$

这就是经济订货量基本模型（EOQ）。由此求出的每次订货量（Q）就是使存货成本最小的进货批量。

这个基本模型还可以演变成其他形式：

1. 每年经济订货次数 $N = D/Q = \sqrt{DK_c/2K}$

2. 存货相关总成本 $TC(Q) = \sqrt{2KDK_c}$

3. 年经济订货周期 $T = 12/N$

4. 经济订货批量占用资金 $I = UQ/2$

【例 6 - 7】南诏公司每年耗用 A 原材料 3 600 公斤，A 原材料的单位成本为 10 元，单位储存成本为 2 元，一次订货成本为 25 元，那么：

经济订货批量 $Q = \sqrt{2 \times 25 \times 3\ 600/2} = 300$ 公斤

每年最佳订货次数 $N = 3\ 600/300 = 12$ 次

存货相关总成本 $TC\ (Q) = \sqrt{2 \times 25 \times 3\ 600 \times 2} = 600$ 元

年最佳订货周期 $T = 12/12 = 1$ 个月

经济订货批量占用资金 $I = 10 \times 300/2 = 1\ 500$ 元

八、企业组织的资源配置问题①

企业组织的资源是有限的。因此，企业组织通常要研究基于资源约束条件，如何组织生产的问题。这种决策对于企业组织的利润具有深远的影响。有时企业组织虽然销售量较大，但是，如果生产和销售的是贡献毛益较低的产品，那么，其利润并未增加，反而减少了。基于资源约束条件，企业组织应该优先生产和销售哪种产品呢?

【例 6 - 8】龙溪公司生产 A 产品和 B 产品，其相关资料如表 6 - 14 所示。

表 6 - 14　龙溪公司相关资料　　　　　　　　　　单位：元

项目	A 产品	B 产品
单位销售价格	30	60
单位变动成本	12	48
单位贡献毛益	18	12
贡献毛益率（%）	60	20

根据表 6 - 14，A 产品的盈利能力高于 B 产品，龙溪公司应该生产 A 产品。但是，它却掩盖了一个重要信息：生产各种产品所消耗的资源不同。这是企业组织生产经营活动的约束条件（Limiting Factor or Constraints），它限制了企业组织的生产经营活动。企业组织的约束条件就是生产能力，如人工小时、机器小时、原材料供应、仓库面积等。不同的企业组织，其约束条件有所不同。当然，市场容量或竞争因素也是一个约束条件。

---

① 这里的资源配置问题的讨论假设企业组织生产的各种产品市场容量没有限制。在现实经济生活中，这是相当罕见的。基于现代市场经济环境，大多数企业组织并不是生产多少就可以销售多少，其产品的市场容量受到限制。因此，企业组织的资源配置问题必须充分考虑产品的市场容量限制因素。这将使问题复杂化。由于这个问题的讨论涉及线性规划，基于本书的定位，在这里不作讨论。

【例 6 – 9】南都公司的年生产能力为 20 000 机器小时，每小时可以生产 1 件 A 产品或生产 2 件 B 产品。两种产品的市场容量不受限制，那么，考虑了约束条件之后，南都公司应该生产 A 产品还是 B 产品呢？

南都公司的决策应该考虑如何使其贡献毛益获得最大。因为固定成本总额是非相关成本，贡献毛益最大，南都公司的利润自然最大。在考虑了资源约束条件之后，南都公司要使其贡献毛益最大，不能单独考虑单位贡献毛益最大的产品，而应该考虑单位资源所带来的贡献毛益最大的产品。

根据上述资料，南都公司生产能力安排的分析如表 6 – 15 所示。

表 6 – 15 南都公司生产能力安排分析表 　　单位：元

项目	A 产品	B 产品
每小时产品产量（件）	1	2
单位产品贡献毛益	18	12
每小时贡献毛益	18	24
生产能力（机器工作小时）	20 000	20 000
生产能力贡献毛益总额	360 000	480 000

根据表 6 – 15，南都公司应该生产 B 产品，而不是生产 A 产品。尽管 A 产品的单位贡献毛益最大，但其消耗的单位资源（机器小时）所带来的贡献毛益却较小。

📖 本章小结

本章在讨论决策的意义与分类、短期经营决策需要考虑的因素和短期经营决策基本程序的基础上，以相关成本为基础，运用差量分析法与贡献毛益分析法进一步讨论了盈利能力分析、亏损产品是否停产决策、特殊订货决策、立即出售或继续加工决策、自制或外购决策、生产工艺水平决策、存货决策和资源配置决策。

关键术语和概念

决策　短期经营决策　长期投资决策　确定型决策　不确定型决策　风险型决策
盈利能力分析　亏损产品是否停产决策　特殊订货决策　立即出售或继续加工决策
自制或外购决策　生产工艺水平决策　成本分界点　存货决策　资源配置决策

拓展阅读

1. ［美］罗纳德·W. 希尔顿. 管理会计学：在动态商业环境中创造价值（原书第 5 版）. 阎达五，李勇等译. 北京：机械工业出版社，2007.

2. ［美］查尔斯·T. 亨格瑞，加里·L. 森登，威廉姆·O. 斯特尔顿，戴维·伯格斯塔勒，杰夫·舒兹伯格. 管理会计教程（原书第 15 版）. 潘飞，沈红波译. 北京：机械工业出版社，2012.

3. 胡玉明. 管理会计. 北京：中国财政经济出版社，2009.

4. 胡玉明，丁友刚，卢馨. 管理会计（第 2 版）. 广州：暨南大学出版社，2010.

5. 刘运国. 管理会计学. 北京：中国人民大学出版社，2011.

6. 胡玉明. 会计学：经理人视角. 北京：中国人民大学出版社，2011.

第七章　生产性资产投资决策

企业组织的投资（Investment）是企业组织的长远发展战略的财务体现，它是构建企业组织的核心能力和竞争优势的基础。广义地说，投资指以收回更多的现金为目的而发生的现金支出。投资既包括生产性资产投资又包括金融性资产投资[①]。

通过本章学习，应该掌握如下内容：
1. 生产性资产投资决策的基本概念
2. 现金流量分析与计算
3. 生产性资产投资决策基本方法
4. 生产性资产投资决策方法的运用

第一节　生产性资产投资决策概述

理解生产性资产投资的基本概念是掌握生产性资产投资决策的基础，因此，本节首先阐明其基本概念。

一、生产性资产投资的性质与方式

生产性资产投资指企业组织受益期限在一年以上长期资产项目或资本项目投资，包括购买新设备、新建厂房、收购一个新项目或并购一家公司等。企业组织的生产性资产投资包括三种基本的方式：新建、扩建与改良、收购。

（一）新建

新建投资包括创业投资和开发投资。创业投资主要是对某些创新技术或者企业家的创意进行投资；开发投资指企业组织为了将该雏形产品推广成为成型产品所做的投资。新建投资的主要特点是企业组织面临着技术变化、环境变化等多方面的不确定性。因此，这类投资项目可获得的财务数据比较有限。在生产性资产投资决策过程中，更多的是从非财务数据、比较主观与定性的角度进行分析。

（二）扩建与改良

扩建指在原有项目的基础上扩大项目规模，改良指在现有长期资产的基础上为了延长

---

① 金融性资产投资属于"公司财务"或"财务管理"的范畴。鉴于本书的性质，本章主要阐述生产性资产投资决策。

其寿命或提高其效能所做的投资。扩建和改良的目的在于：①扩大产销量，获得更多的市场份额与现金流量；②提高现有项目创造现金流量的能力；③降低现有项目在现金流出量上的支出。扩建和改良决策通常都能获得比较成熟的财务与非财务的数据，这种类型的生产性资产投资决策，更多地采用现金流量分析技术。

（三）收购

收购指通过收购资本和收购资产获得某个长期项目的控制权。收购通常针对已经具有成熟市场或成熟组织结构的长期项目，不确定性较小，这些项目有着成熟的财务数据，针对这些项目的决策比较注重客观定量分析。

二、生产性资产投资的意义与影响

如前所述，生产性资产投资是企业组织的长远发展战略的财务体现，它是构建企业组织的核心能力和竞争优势的基础。因此，生产性资产投资具有战略意义和深远影响。

（一）生产性资产投资的财务意义

生产性资产投资本身意味着大量的现金流出量。在投资项目寿命周期内，这部分资金将用于投资项目上。成功的生产性资产投资项目在项目持续期间内可以为企业组织带来现金流入量，或者节约现金流出量。在弥补项目投资现金流出量的基础上，给企业组织带来正的净现金流量，为企业组织带来投资收益。失败的生产性资产投资项目不能带来足够的现金流入量或节约现金流出量，进而导致大量资金沉淀在项目上，无法收回。资金沉淀、项目无法变现可能造成企业组织资金链的断裂，对企业组织的可持续发展产生负面影响。相对于日常经营活动来说，生产性资产投资项目对企业组织的成败得失影响更大。大量的经验表明，成功的企业组织往往得益于一个或一系列优秀的生产性资产投资项目。例如，夏新股份有限公司一度靠夏新 A6、A8 的手机项目起死回生。失败的企业组织则往往缘于一个或一系列低质量的生产性资产投资项目。例如，资本市场"德隆系"的失败，缘于一系列低质量的生产性资产投资项目。

（二）生产性资产投资的战略意义

任何一个企业组织的资源都是有限的，企业组织必须有效地利用这些有限的资源，保证企业组织的长期获利能力。生产性资产投资与企业组织战略之间存在共生互动的关系。

1. 生产性资产投资决策服从于企业组织的竞争战略与竞争优势

企业组织的战略是企业组织实现价值增值和长期获利能力目标的途径。低成本战略的企业组织在投资项目的确定上要以低成本为投资导向，差异化战略的企业组织在投资项目选择上更多地倾向有利于产品差异化的项目。比如，沃尔玛在仓储系统的配置上，通常将配货中心设在离其商场距离不到一天路程的地点。商品购进之后，直接配送到配货中心以降低沃尔玛在配货中心的资金投资，这与低成本战略是一致的。低成本战略的企业组织倾向于通过低成本收购，在成熟的市场上进行扩张，差异化战略的企业组织倾向于通过创业和开发性的投资项目在全新的市场领域向前发展。

2. 以生产性资产投资为契机重新塑造企业组织的竞争战略与竞争优势

在低成本战略日益艰难的情况下，原先实施低成本战略的企业组织引入一系列新型制造技术，生产竞争者不能生产的产品，形成与竞争者相区别的差异化优势，以实现企业组织从低成本战略向差异化战略的转型。比如，投资于新的生产技术与设备，提高产品的质量和性能，保证企业组织获得更充裕的现金流量。在差异化优势日益难以维持的情况下，实施差异化战略的企业组织通过生产性资产投资改变企业组织的战略成本驱动因素，从战略高度形成企业组织的低成本优势，也可以通过低成本收购扩张，转向低成本战略。比如，通过生产性资产投资扩大规模，提高规模经济效应，在生产线上引入更先进的设备，降低废品率，提高成本效率。

三、生产性资产投资决策的基础

生产性资产投资具有投入的资金量大、投资与受益期间长等特点。这些特点决定了生产性资产投资决策的效益评价、决策基础与财务会计的短期经营绩效反映以及管理会计的短期经营决策不同。财务会计为了反映各期的经营绩效，以权责发生制为基础确认各期的收益和成本。管理会计的短期经营决策采用基于权责发生制的收入、成本和利润评价方法来衡量方案的经济效益。而生产性资产投资决策的特点决定其必须采用以现金收付制为基础的现金流出量、现金流入量以及净现金流量来衡量方案的效益。

因为货币具有时间价值，不同时点的现金流量不仅具有数量价值的差别，而且还具有时间价值的差别。衡量一个生产性资产投资方案的效益大小，不仅需要比较投资方案的现金流出量与现金流入量的数量差异，而且还要比较现金流出量与现金流入量的时间差异。某一个时点的收入、成本和利润并非企业组织已经收到或支出的现金，在短期内可以不考虑其所对应的货币时间价值，因此，可以用来作为短期经营决策效益衡量指标。但是长期内，如果以尚未实际收到或支付现金的收入、成本或利润作为效益衡量指标，无法比较现金流出量和现金流入量在时间上的价值差异，因而也就不能用来作为生产性资产投资项目的效益衡量指标，而必须建立以现金流量为基础的效益评价指标。

四、影响生产性资产投资的行为因素

理性的生产性资产投资决策服从于战略与绩效，但是，企业组织的经营者（决策者）的行为往往也显著影响生产性资产投资决策程序。具体表现在四个方面：

（一）经营者往往过分热衷于生产性资产投资项目

生产性资产投资带来企业组织规模的扩大与经营者可控资源的增加。经营者把生产性资产投资视为看得见的绩效、进步和成就，由此导致经营者热衷于生产性资产投资项目。在这类项目申请和评估时，倾向于高估投资项目绩效，以便该投资项目能够很容易地通过。这就要求谨慎地对待那些具有较高预期绩效的投资项目。

（二）为了挽救失败的投资项目，经营者过分沉溺于沉没成本

尽管面向未来的生产性资产投资决策不应该考虑沉没成本，但是，如果过去所做的投资项目趋于失败，经营者为了挽救和掩盖过去决策失误，可能竭力追加生产性资产投资。

（三）经营者倾向于投资小规模项目

由于较大规模的生产性资产投资项目审批周期长，难度大，经营者从自身短期利益的

角度考虑，倾向于对厂房、设备进行一系列扩充和改良，而对于较大规模投资项目往往并不关心。但是，忽视较大规模生产性资产投资，可能导致企业组织的竞争优势下降，危及企业组织的长期收益。

（四）经营者倾向于投资短期项目

有些项目投资回收期长，风险相对较高，但对企业组织具有长远的战略意义。比如新技术、新产品、新领域的拓展等项目，这类项目从投入，到人员培训、项目运转，最后到资金回收等，需要较长的时间。经营者的任期通常只有三至五年，经营者出于自身短期利益的考虑，不愿意从事投资回收期较长的项目，倾向于做一些投资回收期短的投资项目。

五、生产性资产投资决策程序

生产性资产投资决策必须遵循一定的决策程序。

（一）投资项目的识别与界定

生产性资产投资决策工作的起点是识别投资项目，并界定投资项目的任务和边界。有些投资项目由基层提出，如设备的更新、改良。有些投资项目由高层提出，如建造新厂房、引入新生产线等。无论是何种来源的投资项目，都必须明确该投资项目的任务与作用。只有清晰地界定其边界，才能明确该投资项目可能发生的现金流出量以及可能带来的现金流入量或者节约的现金流出量，这些数据是合理评价投资项目效益的基础。有些投资项目的任务非常明确，其所带来的财务影响也很明确。但是，有些投资项目的任务与财务影响并不很明确，有时甚至难以界定。比如，企业组织新上一个 ERP（企业资源计划）软件系统，这套软件系统的任务包括哪些，需要花费多少现金流出量，该投资项目给企业组织带来的效益体现在哪些方面。投资项目的界定是现金流量预测的前提，投资项目决策是否正确在很大程度上取决于现金流量的预测是否准确。

（二）投资项目的评价与选择

评价投资项目需要预测投资项目整个生命周期内的现金流入量、现金流出量。未来的现金流量具有不确定性。预测现金流量通常采用期望值法，即对每期可能获得的现金流量作出多种估计，并且对每种可能出现的现金流量情况估计一个概率。然后以现金流量估计值为基数，以概率为权数，计算现金流量预测值。再根据预测的现金流量情况，采用现金流量分析技术对投资项目的财务效益进行评价和取舍。

除了财务因素之外，投资项目评价过程还需要考虑财务效益之外的其他因素。比如，社区污染控制的因素、员工工作安全与便利的因素、法律法规的要求等。尽管投资项目需要考虑这些非财务因素，但财务评价始终都是必要的。

（三）投资项目的跟踪与事后审计

投资项目在持续经营期间效果如何，是否需要根据环境变化予以调整以获得更好的效果，这需要持续跟踪投资项目。生产性资产投资决策过程包含很多主观的预计和判断，在预计和判断过程中又隐含着诸多的行为影响因素。因此，投资项目的事后审计也是一项非常必要的工作。通过事后审计帮助决策者了解到其估计的错误在哪里，避免将来再犯类似的错误。事后审计也可以评价与考察决策者的技能，通过事后审计增强了决策者的责任，可以避免决策者盲目夸大投资项目效益的行为倾向。当然，事后审计更多的是为进一步实施投资项目提供有用信息，而不应当出于惩罚性目的。

第二节 现金流量分析与计算

现金流量分析与计算是生产性资产投资决策的基础。

一、现金流量分析

现金流量是投资项目在有效期内发生的现金流入量与现金流出量的统称。

（一）现金流入量

一个投资项目的现金流入量主要包括：

1. 营业收入

营业收入指投资项目投入生产经营后，在其持续期内预期每年给企业组织带来的收入（或减少的支出）。在预测时，通常假定营业收入都是现金收入。由于投资项目的技术改进节约了每年的现金支出，也可视为企业组织的一种现金流入量，纳入决策分析框架。

2. 投资项目结束或转让时预期的变现价值

投资项目在寿命期满或中途转让过程中，预期获得的变现收入。

3. 收回营运资金

营运资金指维持投资项目日常运转预先垫付的周转资金，在投资项目开始的时候垫付，在投资项目运营过程中周转使用，在投资项目结束时等额收回。因此，对营运资金的处理有两种可选择的方法：①将营运资金视同一种垫付款，投资项目运营过程消耗的仅仅是营运资金的利息，因此，只将营运资金的利息作为每年的现金流出量。在这种情况下，不需要再考虑营运资金的垫付和回收情况。②将营运资金的投入视同对投资项目的投资，在营运资金垫付时，将其全部视为现金流出量，营运资金收回时，将其全部视为现金流入量。在这种情况下，不需要考虑垫付资金的利息，否则会造成重复计算。

（二）现金流出量

一个投资项目的现金流出量主要包括：

1. 投资项目的投资额

投资项目的投资额包括投资项目建设过程所花费的现金流量，包括购买固定资产、固定资产建筑安装、购买无形资产等一些必要的现金支出。投资项目的投资所花费资金的利息支出不能作为现金流出量，即使在会计上已经资本化，借款利息也不能计入现金流出量。要求的最低报酬率体现了这些利息，如果将其又作为现金流出量，可能导致重复计算。

2. 经营成本

会计上的经营成本包括各期发生的人工和维护成本、材料成本、项目折旧费、无形资产摊销费等。这些成本可以分为需要动用现金支付的部分和不需要动用现金支付的部分。前者称之为付现成本，如当期支付的人工成本、维护成本、材料成本。后者称之为非付现成本，如投资项目的折旧费、无形资产的摊销费。在计算经营性现金流出量时，主要考虑付现成本。

3. 所得税

所得税是企业组织的一项付现成本，属于投资项目每年度的现金流出量。

4. 垫付营运资金

如前所述，对于企业组织所垫付的营运资金，在计算现金流量时有两种处理方法：一种是将垫付营运资金的利息作为现金流出量，一种是在营运资金垫付时，将其本金作为现金流出量。在营运资金收回时，将其回收的本金作为现金流入量。

（三）净现金流量

净现金流量是现金流入量与现金流出量之间的差额。其计算公式为：

$$净现金流量 = 现金流入量 - 现金流出量$$

对于投资项目生产经营期间所获得的营业性净现金流量，还可以采取间接法计算。其计算公式为：

$$
\begin{aligned}
营业性净现金流量 &= 营业收入 - 付现成本 - 所得税 \\
&= 营业收入 - 付现成本 - 非付现成本 - 所得税 + 非付现成本 \\
&= 营业利润 - 所得税 + 非付现成本 \\
&= 净利润 + 非付现成本
\end{aligned}
$$

【例 7-1】某生产性资产投资项目需要投资 120 万元，其中 100 万元用于该投资项目的固定资产建设，20 万元用于购买专利技术。投资项目的固定资产建设期为 2 年，第一年初投入 50 万元资金，第二年初投入 50 万元资金。第三年初开始生产，垫支营运资金 5 万元，营运资金预期于终结点一次收回，并支付专利技术费 20 万元。预计投产后每年可获净利 5 万元。投资项目寿命期为 5 年，期满预期净残值 6 万元。经税务部门核准，该投资项目折旧期限 5 年，固定资产按直线法计提折旧，专利技术摊销年限为 5 年。

根据上述资料，预测各年现金流量如表 7-1 所示。

表 7-1 各年现金流量   单位：万元

项目	年份							
	0	1	2	3	4	5	6	7
资本性支出与残值回收	(50)	(50)						
专利技术投资			(20)					
垫支营运资金			(5)					

（续上表）

项目	年份							
	0	1	2	3	4	5	6	7
净利润				5	5	5	5	5
折旧				20	20	20	20	20
无形资产摊销				4	4	4	4	4
项目残值回收								6
营运资金回收								5
净现金流量	（50）	（50）	（25）	29	29	29	29	40

表 7-1 括号内的数字表示现金流出量，没有括号的数字为现金流入量。

通过现金流量预测，确定了投资项目的现金流入量、现金流出量的数量和时间，为生产性资产投资决策奠定了基础。

二、现金流量的现值与终值

如前所述，生产性资产投资具有投入的资金量大、投资与受益期间长等特点，这些特点决定了生产性资产投资决策必须考虑货币时间价值。

（一）货币时间价值

货币作为一种稀缺资源，投入到再生产过程，随着时间的推移，具有潜在增值的属性。货币时间价值就是指货币投入再生产过程，随时间推移所能获得的增值。例如，你现在将 100 元存入银行，一年后银行可能还你 110 元，这 10 元就是你获得的货币时间价值。货币具有时间价值意味着在比较货币价值大小的时候，不仅要比较货币数量的大小与差别，还要比较货币在时间分布上的差异。

为了比较分布在不同时点货币价值的大小，需要按照某一个可实现的收益率标准将不同时点货币折算到同一时点。将现在时点的现金流量价值折算到将来某一时点所形成的价值，称为该项现金流量的终值。将未来某一时点的现金流量价值折算为现在时点所形成的价值，称为该项现金流量的现值。上述的 110 元就是现在时点的 100 元按年利率 10% 折算到 1 年后所形成的价值即终值；而上述的 100 元就是一年后的 110 元按年利率 10% 折算的现在时点所形成的价值即现值。终值与现值之间的差额，通称利息。它们三者之间的关系为：

$$终值 = 现值 + 利息$$

（二）现金流量终值

如前所述，终值指在已知现值的情况下，按照一定利率水平，计算若干期以后的价值。货币时间价值通常采用复利计算方式，所谓复利通称"利滚利"，复利的计算隐含的基本假设是上期的投资收益可以在下期作为再投资，且能够获得同样的收益。基于这样的假设，复利计算就是将本金连同上期利息一起计算下期的利息。换句话说，复利不仅要计算本金利息，也要计算利息的利息。

1. 复利终值的计算

复利终值指当前的一笔现金流量（简称 PV），按照复利率 i 折算成未来第 n 期末的价值（简称 FV），可用图 7 - 1 表示。

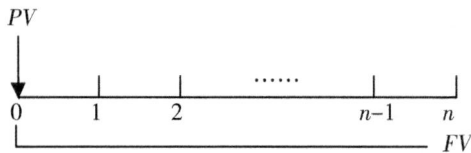

图 7 - 1　复利终值图示

其计算公式为：

$$FV = PV \times (1 + i)^n$$
$$= PV \times (P/F, i, n)$$

上述公式中，FV 表示终值，PV 表示现值，i 为复利率，n 为复利期数，$(1 + i)^n$ 为复利终值系数，记作 $(P/F, i, n)$。

【例 7 - 2】某公司向银行存入 10 000 元，存期为 10 年，年利率为 3%，每年计息一次，求该笔资金 10 年后的终值为多少？

$$FV = 10\ 000 \times (1 + 3\%)^{10}$$
$$= 10\ 000 \times (P/F, 3\%, 10)$$
$$= 10\ 000 \times 1.344$$
$$= 13\ 440$$

查 1 元终值系数表，$(P/F, 3\%, 10) = 1.344$。计算结果表明，该笔资金 10 年后的终值是 13 440 元。

2. 年金终值的计算

年金指每隔相同的时间收到（或支出）等额的款项。其特点是：①款项收到或支付的时间连续且间隔相等。②每次收入或支出款项的数额相等。年金分为普通年金和预付年金。

普通年金指款项的收到或支付发生在每期期末的一种年金模式，如图 7 - 2 所示。

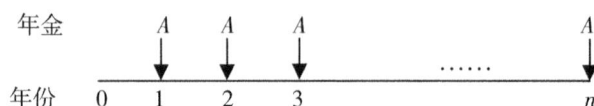

图 7 - 2　普通年金模式图示

预付年金指款项的收到或支付发生在每期期初的一种年金模式，如图7-3所示。

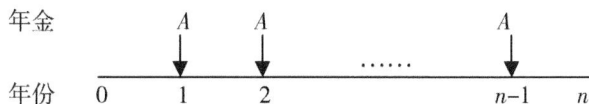

图7-3　预付年金模式图示

年金终值就是将各年发生的年金统一折算至最后一期期末的价值，实际上是各期年金终值之和。以普通年金为例，其计算过程如图7-4所示。

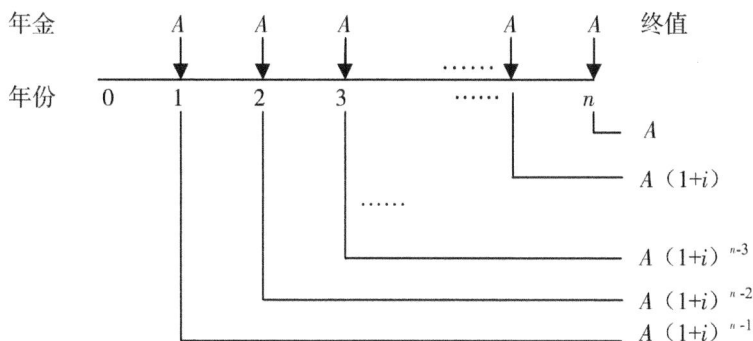

图7-4　普通年金终值计算图示

年金终值为各年现金流量终值之和，其计算公式为：

$$FV = A + A(1+i) + A(1+i)^2 + \cdots + A(1+i)^{n-1}$$
$$= A \times \frac{(1+i)^n - 1}{i}$$

上述公式中：FV 表示终值，A 表示年金，$\dfrac{(1+i)^n - 1}{i}$ 表示年金终值系数，用符号表示为 $(F/A, i, n)$。

【例7-3】某公司每年末存入银行10 000元，假定银行存款年利率为3%，每年计息一次，该公司在第10年末可从银行取到多少钱？

根据年金终值计算公式：

$FV = 10\,000 \times (F/A, 3\%, 10) = 10\,000 \times 11.464 = 114\,640$ 元

计算结果表明，该公司第10年末可以从银行取得114 640元。

（三）现金流量现值

如前所述，现值计算指在已知终值的情况下，按照一定的利率水平，它若干期后的终值折算成当前的价值。这个折算过程又称为贴现或折现，折算所采用的利率也可以称为贴现率或折现率。

1. 复利现值的计算

复利现值指未来第 n 期期末一笔价值为 FV 的现金流量，按照折现率 i 折算到当前的价值 PV。其计算公式是复利终值的逆运算，其计算公式为：

$$PV = FV \times (1+i)^{-n}$$
$$= FV \times (P/F, i, n)$$

上述公式中，$(1+i)^{-n}$ 为现值系数，可记作 $(P/F, i, n)$。

从上述计算过程可以看出，现值计算是终值计算的逆运算。

【例 7-4】假定银行存款利率为 3%，10 年后希望得到 10 000 元，银行每年复利一次，试问现在需存入银行多少钱？

$$PV = 10\,000 \times (1+3\%)^{-10}$$
$$= 10\,000 \times (P/F, 3\%, 10)$$
$$= 10\,000 \times 0.744$$
$$= 7\,440 \text{ 元}$$

查 1 元现值系数表，$(P/F, 3\%, 10) = 0.744$。计算结果表明，该笔资金当前的现值是 7 440 元。

2. 年金现值的计算

年金现值指各期年金折现之后的价值，实际上是各期年金的复利现值之和。以普通年金为例，其计算过程如图 7-5 所示。

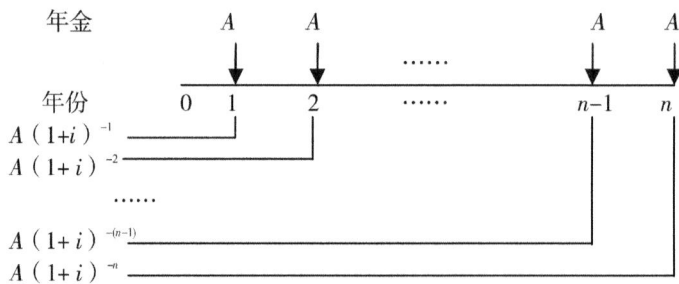

图 7-5 年金现值计算图示

其计算公式为：

$$PV = A \cdot (1+i)^{-1} + A \cdot (1+i)^{-2} + \cdots + A \cdot (1+i)^{-n}$$
$$= A \cdot \frac{1 - (1+i)^{-n}}{i}$$

上述公式中，$\frac{1-(1+i)^{-n}}{i}$ 为年金现值系数，可记作 $(P/A, i, n)$。

【例 7-5】某科研机构计划 10 年内每年末提取 10 000 元作为科研基金。假定银行存款年利率为 3%，每年计息一次，试问该科研机构现在需存入多少钱？

根据年金现值计算公式：

$PV = 10\ 000 \times (P/A, 3\%, 10) = 10\ 000 \times 8.53 = 85\ 300$ 元

计算结果表明，该科研机构目前需要存入 85 300 元。

第三节　生产性资产投资决策基本方法

生产性资产投资决策基本方法包括回收期法、会计收益率法、净现值法、现值指数法和内含报酬率法。

一、回收期法

回收期法以投资项目回收期作为评价指标。投资项目回收期指收回投资项目的全部投资所需的时间。回收期越短，投资收回的速度越快，投资项目的风险就越小。回收期的长短是衡量投资项目优劣和可行与否的标准之一。企业组织根据投资项目预计的投资和收益计算投资回收期，然后再与回收期标准或目标比较，决定投资项目的取舍。投资回收期的计算方法分为不考虑货币时间价值的方法与考虑货币时间价值的方法。

（一）不考虑货币时间价值的投资回收期法

不考虑货币时间价值的投资回收期，又称静态回收期，指在计算投资回收期时，不考虑各期净现金流量的货币时间价值，直接按照未折现的现金流量计算投资的回收期限。

【例 7-6】某公司拟购入甲、乙两套生产线，投资额均为 25 000 元，固定资产均可使用 5 年，预计期末无残值，采用直线法计提折旧费。投产后预期每年可获得的净利润如表 7-2 所示。

表 7-2　两种生产线各年预期可获得的净利润　　　　　　　　　　单位：元

年份	1	2	3	4	5	合计
甲生产线	2 400	1 600	800	800	800	6 400
乙生产线	1 600	1 600	1 600	1 600	1 600	8 000

计算这两条生产线的投资回收期。

根据表 7-2，计算每年累计的净现金流量，如表 7-3 所示。

表 7 - 3　甲、乙生产线净现金流量分析表　　　单位：元

年份	甲生产线				乙生产线			
	净利润	折旧	净现金流量	累计净现金流量	净利润	折旧	净现金流量	累计净现金流量
1	2 400	5 000	7 400	7 400	1 600	5 000	6 600	6 600
2	1 600	5 000	6 600	14 000	1 600	5 000	6 600	13 200
3	800	5 000	5 800	19 800	1 600	5 000	6 600	19 800
4	800	5 000	5 800	25 600	1 600	5 000	6 600	26 400
5	800	5 000	5 800		1 600	5 000	6 600	

根据表 7 - 3，甲生产线的投资回收期在第 2 年与第 3 年之间。由于甲生产线各年净现金流量不同，采用内插法计算如下：

甲生产线投资回收期 = 3 + （25 000 - 19 800）/ （25 600 - 19 800）= 3.90 年

乙生产线各年净现金流量相同，可以直接采用投资额除以各年净现金流量的方法计算其投资回收期，即：

乙生产线投资回收期 = 25 000/6 600 = 3.79 年

不考虑货币时间价值的投资回收期计算简单，但不考虑现金流量的时间价值，对投资项目的评价往往不合理。在【例 7 - 6】中，甲、乙两条生产线不考虑货币时间价值的投资回收期，似乎乙生产线优于甲生产线。但是，如果考虑了货币时间价值，甲生产线比乙生产线好。因为货币具有时间价值，资金越早收回越好，早收回的资金投入再生产，可以进一步获得货币时间价值。

（二）考虑货币时间价值的投资回收期

考虑货币时间价值的投资回收期，又称动态回收期或折现回收期，指对各期净现金流量贴现以后，再以贴现的现金流量为基础所计算的投资回收期。

【例 7 - 7】承【例 7 - 6】中的甲、乙两条生产线现金流量资料，计算当预期报酬率为 5% 时，甲、乙两条生产线动态投资回收期如表 7 - 4 和表 7 - 5 所示。

表7-4　甲生产线动态投资回收期计算表　　　　单位：元

年份	甲生产线					
	净利润	折旧	净现金流量	折现率	折现的净现金流量	累计折现净现金流量
1	2 400	5 000	7 400	0.952	7 044.8	7 044.8
2	1 600	5 000	6 600	0.907	5 986.2	13 031
3	800	5 000	5 800	0.864	5 011.2	18 042.2
4	800	5 000	5 800	0.823	4 773.4	22 815.6
5	800	5 000	5 800	0.784	4 547.2	27 362.8

根据表7-4，甲生产线的投资回收期在第4年与第5年之间。采用内插法计算如下：

甲生产线投资回收期 = 4 + （25 000 - 22 815.6）／（27 362.8 - 22 815.6）= 4.48 年

表7-5　乙生产线动态投资回收期计算表　　　　单位：元

年份	乙生产线					
	净利润	折旧	净现金流量	折现率	折现的净现金流量	累计折现净现金流量
1	1 600	5 000	6 600	0.952	6 283.2	6 283.2
2	1 600	5 000	6 600	0.907	5 986.2	12 269.4
3	1 600	5 000	6 600	0.864	5 702.4	17 971.8
4	1 600	5 000	6 600	0.823	5 431.8	23 403.6
5	1 600	5 000	6 600	0.784	5 174.4	28 578

根据表7-5，乙生产线的投资回收期在第4年与第5年之间，采用内插法计算如下：

乙生产线投资回收期 = 4 + （25 000 - 23 403.6）／（28 578 - 23 403.6）= 4.31 年

尽管动态回收期克服了静态投资回收期不考虑货币时间价值的缺陷，但是，如果只以投资回收期作为投资项目的衡量标准，则忽视了投资回收期之后的净现金流量情况，忽视了投资项目在整个投资期限内的获利总额与全部收益率。因此，投资回收期只能作为投资项目评价标准之一，并不能作为唯一的标准。

二、会计收益率法

会计收益率法以会计收益率作为评价指标，会计收益率指一个投资项目的年平均净收益与原始投资额之比。会计收益率以会计净收益与投资额之比为基础，近似地反映投资项目的投资回报率，可以作为投资项目选择一个粗略的标准。其计算公式为：

会计收益率 = 年平均净收益/年平均投资额 ×100%

其中，年平均投资额 = （原始投资额 + 残值）/2，年平均净收益则是将各年的净收益加总求和，再除以总年数。

【例7-8】以【例7-6】为基础，计算两条生产线的会计收益率。

甲生产线年平均净收益 = 6 400/5 = 1 280 元

甲生产线年平均投资额 = （25 000 + 0）/2 = 12 500 元

甲生产线的会计收益率 = 1 280/12 500 × 100% = 10.24%

乙生产线年平均净收益 = 8 000/5 = 1 600 元

乙生产线年平均投资额 = （25 000 + 0）/2 = 12 500 元

乙生产线的会计收益率 = 1 600/12 500 × 100% = 12.8%

计算结果表明，乙生产线的会计收益率高于甲生产线的会计收益率。

会计收益率指标的计算非常直观，而且相对于回收期，它考虑了整个项目全部的收益率水平。但是，年平均净收益不等于年净现金流量，因为净收益以权责发生制为基础，包含了应收应付事项和递延待摊事项，而现金流量则以现金收付制为基础。因此，会计收益率指标的计算同样没有考虑货币的时间价值，因而，不能正确反映各个投资项目的效益。

三、净现值法

净现值法以净现值作为评价指标，净现值（Net Present Value，简称 NPV）指各个投资项目预计未来各期现金流入量现值与现金流出量现值之差。其计算公式为：

$$NPV = \sum_{k=0}^{n} \frac{I_k}{(1+i)^k} - \sum_{k=0}^{n} \frac{O_k}{(1+i)^k}$$
$$= \sum_{k=0}^{n} I_k \times (P/F, i, k) - \sum_{k=0}^{n} O_k \times (P/F, i, k)$$

如果各年现金流入量相等，均为 I，即现金流入量为年金形式，则净现值计算公式为：

$$NPV = I \times (P/A, i, n) - \sum_{k=0}^{n} O_k \times (P/F, i, k)$$

其中，n 表示投资项目的经营年数；I_k 表示第 k 年的现金流入量；O_k 表示第 k 年的现金流出量；i 表示设定的现金流量折现率，通常是企业组织要求的最低报酬率。（$P/F, i, k$）表示折现率为 i，期数为 k 的复利现值系数。

根据净现值计算公式，其含义如表7-6所示。

表7-6　净现值含义

净现值状态	含义	投资项目的可行性
净现值为正数	(1) 该投资项目获得的现金流量收益大于现金流量成本 (2) 该投资项目的投资报酬率大于最低报酬率	投资项目在经济上可行
净现值等于零	(1) 该投资项目获得的现金流量收益等于现金流量成本 (2) 该投资项目的投资报酬率等于最低报酬率	投资项目是否可行,取决于企业组织其他方面的考虑
净现值为负数	(1) 该投资项目获得的现金流量收益小于现金流量成本 (2) 该投资项目的投资报酬率小于最低报酬率	投资项目在经济上不可行

在多个投资项目择优选择过程中,如果各投资项目的净现值都为正数,则以净现值最大者为优。

【例7-9】仍用【例7-6】的资料,假定该公司要求的最低报酬率为5%,计算甲、乙两条生产线的净现值。

甲生产线各年的现金流量不相等,其净现值计算如下:

$$NPV = \left[\frac{7\,400}{(1+5\%)} + \frac{6\,600}{(1+5\%)^2} + \frac{5\,800}{(1+5\%)^3} + \frac{5\,800}{(1+5\%)^4} + \frac{5\,800}{(1+5\%)^5} \right] - 25\,000$$

$$= (7\,400 \times 0.952 + 6\,600 \times 0.907 + 5\,800 \times 0.864 + 5\,800 \times 0.823 + 5\,800 \times 0.784) - 25\,000$$

$$= 2\,362.8 \ 元$$

乙生产线各年的现金流入量相等,其净现值计算如下:

$$NPV = 6\,600 \times (P/A, 5\%, 5) - 25\,000$$

$$= 6\,600 \times 4.330 - 25\,000$$

$$= 3\,578 \ 元$$

计算结果表明,两条生产线的净现值都是正数,说明两条生产线的投资报酬率都超过了该公司要求的最低报酬率5%。而且乙生产线的净现值略大于甲生产线,说明乙生产线的盈利能力比甲生产线强。

净现值法的实质是把不同时点的净现金流量都折算为现值,然后再比较现金流入量的现值与现金流出量现值的大小。净现值不仅反映了现金流入量与现金流出量在数量上的差异,而且也反映了现金流入量与现金流出量在时间上的差异。因此,净现值能够比较综合地反映投资项目在其经营期间的盈利能力。但是,净现值是投资项目的绝对收益,不能揭示各个投资项目本身可能达到的投资报酬率。因此,如果各个方案原始投资额不同,则不能通过净现值来比较各个方案的效益大小。

四、现值指数法

现值指数法以现值指数作为评价指标。现值指数（Present Value Index，简称 PVI）指现金流入现值与现金流出现值的比率，也称现值比率、获利指数等。其计算公式为：

$$PVI = \frac{\sum\limits_{k=0}^{n} \dfrac{I_k}{(1+i)^k}}{\sum\limits_{k=0}^{n} \dfrac{O_k}{(1+i)^k}}$$

$$= \frac{\sum\limits_{k=0}^{n} I_k \times (P/F,\ i,\ k)}{\sum\limits_{k=0}^{n} O_k \times (P/F,\ i,\ k)}$$

如果各年现金流入量相等，均为 I，即现金流入量为年金形式，则现值指数计算公式为：

$$PVI = \frac{I \times (P/A, i, n)}{\sum\limits_{k=0}^{n} O_k \times (P/F, i, k)}$$

根据现值指数计算公式，其含义如表 7-7 所示。

表 7-7　现值指数含义

现值指数状态	含义	方案的可行性
现值指数大于 1	（1）该投资项目获得的现金流量收益大于现金流量成本 （2）该投资项目的投资报酬率大于最低报酬率	投资项目在经济上可行
现值指数等于 1	（1）该投资项目获得的现金流量收益等于现金流量成本 （2）该投资项目的投资报酬率等于最低报酬率	投资项目是否可行，取决于企业组织其他方面的考虑
现值指数小于 1	（1）该投资项目获得的现金流量收益小于现金流量成本 （2）该投资项目的投资报酬率小于最低报酬率	投资项目在经济上不可行

如果各个方案的现值指数均大于 1，则以现值指数较大者为优。

【例 7-10】仍以【例 7-6】中甲、乙两条生产线的资料为例，假定折现率为 5%，计算两条生产线的现值指数。

甲生产线各年的现金流量不相等，其现值指数计算如下：

$$PVI = \frac{(7\,400 \times 0.952 + 6\,600 \times 0.907 + 5\,800 \times 0.864 + 5\,800 \times 0.823 + 5\,800 \times 0.784)}{25\,000}$$

$$= 1.09$$

乙生产线各年的现金流入量相等，其现值指数计算如下：

$$PVI = \frac{6\,600 \times (P/A, 5\%, 5)}{25\,000}$$

$$= 1.14$$

计算结果表明，乙生产线的现值指数略大于甲生产线，乙生产线略优于甲生产线。这个结论与净现值法一致。

现值指数反映了每 1 元现金流出量的现值所能够创造的净现值。与净现值法不同的是，它是一个相对量指标。净现值大的投资项目，其现值指数不一定大，因为其投资规模可能也比较大。因此，利用现值指数可以将不同规模投资项目的效益进行对比分析，弥补了净现值法的一个不足，但是，现值指数仍然不能反映投资项目的投资报酬率。

五、内含报酬率法

内含报酬率法以内含报酬率作为评价指标，内含报酬率（Internal Rate Return，简称 IRR）指一项投资项目在其寿命周期内的实际报酬率。通过前述的净现值分析可以看到，当净现值等于零时，投资项目的投资报酬率就是净现值计算过程设定的最低报酬率（贴现率）。因此，内含报酬率指使得投资项目现金流入量现值之和与现金流出量现值之和相等的贴现率，或者说是使得投资项目净现值等于零的报酬率。其计算公式为：

$$\sum_{k=0}^{n} \frac{I_k}{(1+IRR)^k} - \sum_{k=0}^{n} \frac{O_k}{(1+IRR)^k} = 0$$

或

$$\sum_{k=0}^{n} I_k \times (P/F, IRR, k) - \sum_{k=0}^{n} O_k \times (P/F, IRR, k) = 0$$

如果各年现金流入量相等，均为 I，即现金流入量为年金形式，则内含报酬率计算公式为：

$$I \times (P/A, IRR, n) = \sum_{k=0}^{n} O_k \times (P/F, IRR, k)$$

企业组织在资本投资的决策过程中，利用所计算的内含报酬率与投资项目事先设定的最低报酬率（比如投资项目的资本成本）比较。如果内含报酬率大于事先设定的最低报酬率，则投资项目在财务上是可行的。如果小于最低报酬率水平，则投资项目在财务方面是不可行的。

【例7-11】以【例7-6】中的资料为例，假定该公司设定的最低报酬率为6%，计算甲、乙两条生产线的内含报酬率，并评价这两条生产线是否可行。

1. 计算甲生产线的内含报酬率

由于甲生产线各年净现金流量不同，采用"测试法"和"内插法"。

首先，假定该生产线的内含报酬率为9%，测试其净现值情况。

$$NPV = \left[\frac{7\,400}{(1+9\%)} + \frac{6\,600}{(1+9\%)^2} + \frac{5\,800}{(1+9\%)^3} + \frac{5\,800}{(1+9\%)^4} + \frac{5\,800}{(1+9\%)^5}\right] - 25\,000$$

$$= (7\,400 \times 0.917 + 6\,600 \times 0.842 + 5\,800 \times 0.772 + 5\,800 \times 0.708 + 5\,800 \times 0.650)$$
$$- 25\,000$$

$$= -303$$

净现值为负数，表示预估的贴现率大于该生产线的内含报酬率，或者说，该生产线的内含报酬率肯定小于9%。因此，应该降低贴现率，再测算。

其次，假定该生产线的内含报酬率为8%，测试其净现值情况。

$$NPV = \left[\frac{7\,400}{(1+8\%)} + \frac{6\,600}{(1+8\%)^2} + \frac{5\,800}{(1+8\%)^3} + \frac{5\,800}{(1+8\%)^4} + \frac{5\,800}{(1+8\%)^5}\right] - 25\,000$$

$$= 7\,400 \times 0.926 + 6\,600 \times 0.857 + 5\,800 \times 0.794 + 5\,800 \times 0.735 + 5\,800 \times 0.681$$
$$- 25\,000$$

$$= 326.6$$

净现值为正数，表明预估的贴现率小于该生产线的内含报酬率。或者说，该生产线的内含报酬率肯定大于8%。

最后，采用内插法计算该生产线的内含报酬率。

由上述两次测试可知，甲生产线的内含报酬率在8%与9%之间，采用内插法确定其内含报酬率。

$$
\begin{array}{cc}
i & NPV \\
9\% & -303 \\
IRR & 0 \\
8\% & 326.6 \\
\end{array}
$$

$$\frac{IRR - 8\%}{9\% - 8\%} = \frac{0 - 326.6}{-303 - 326.6}$$

$$IRR = 8\% + \frac{0 - 326.6}{-303 - 326.6} \times (9\% - 8\%)$$

$$IRR = 8.52\%$$

计算结果表明，甲生产线的内含报酬率为8.52%，高于最低报酬率6%，故甲生产线可取。

2. 计算乙生产线的内含报酬率

由于乙生产线各年净现金流量相等，可以采用"年金现值系数"与"内插法"计算该生产线的内含报酬率。

首先，计算年金现值系数。

$6\ 600 \times (P/A, IRR, 5) = 25\ 000$

$(P/A, IRR, 5) = 3.788$

其次，查表确立内含报酬率的区间。

查年金现值系数表，在相同期数内，找出与上述年金现值系数相邻近的较大和较小的两个贴现率。查表可知：

$(P/A, 10\%, 5) = 3.791$

$(P/A, 11\%, 5) = 3.696$

由此可以断定，内含报酬率肯定在10%与11%之间。

最后，采用内插法计算内含报酬率。

根据上述两个邻近的贴现率和已求得的年金现值系数，采用内插法计算出乙生产线的内含报酬率。

$$
\begin{array}{ccc}
i & & (P/A,\ i,\ 5) \\
10\% & —— & 3.791 \\
IRR & —— & 3.788 \\
11\% & —— & 3.696 \\
\end{array}
$$

$$\frac{IRR - 11\%}{10\% - 11\%} = \frac{3.788 - 3.696}{3.791 - 3.696}$$

$$IRR = 11\% + \frac{3.788 - 3.696}{3.791 - 3.696} \times (10\% - 11\%)$$

$$IRR = 10.032\%$$

计算结果表明，乙生产线的内含报酬率为10.032%，高于最低报酬率6%，故乙生产线在财务上是可行的。

内含报酬率是一个相对指标，通过计算内含报酬率可以对不同规模的投资项目的效益水平进行评价和比较。内含报酬率测算了投资项目的投资报酬率情况，克服了净现值法和现值指数法不能反映投资项目本身投资报酬率的局限。

但是，净现值、内含报酬率和现值指数计算过程都采用复利形式计算终值和现值，而复利计算本身隐含了一个基本假设：前期的投资收益能够作为本金再投资，且能够获得与本金相同的收益率。在实际工作中，投资项目的前期投资收益不一定用于再投资，即使用于再投资，也不一定获得与本金一样的收益率。因此，净现值不一定就是投资项目最终获得的净现金流量，内含报酬率不一定就是投资项目最终的实际收益率。

第四节　生产性资产投资决策方法的运用

在阐述生产性资产投资决策基本方法的基础上，本节将进一步讨论这些方法的运用。

一、生产性资产投资决策方法的综合运用

生产性资产投资决策方法的综合运用主要包括差量分析法和等年值法。

（一）差量分析法

差量分析法指对两个寿命周期相同的投资项目，通过计算两个投资项目寿命周期内差额现金流量的内含报酬率或净现值，比较投资项目优劣的一种分析方法。

差量分析法通常包括以下四个步骤：

（1）分析两个投资项目各自的现金流量；

（2）计算两个投资项目差额现金流量；

（3）计算差额现金流量的净现值和内含报酬率；

（4）通过差额现金流量的净现值和内含报酬率比较两个投资项目优劣。

【例7-12】南方日用化妆品公司原有生产设备一台，买价240 000元，预期使用寿命为10年，设备预期寿命期结束的净残值收入为12 000元（没有扣除所得税影响），已经使用2年，采用直线法计提折旧，目前账面价值为194 400元。该公司生产部经理提出了一项设备更新方案，计划从市场上购买一台效率更高的新设备替代旧设备。旧设备目前清理变现净收入为180 000元（没有扣除所得税），继续使用旧设备每年的经营收入为120 000元，经营成本为80 000元（不包括折旧）。新设备目前市价为360 000元，可用8年，设备预期寿命期结束的净残值收入为18 000元（没有扣除所得税）。使用新设备一方面可以提高经营收入，另一方面也可以降低经营成本。使用新设备后，每年经营收入为180 000元，经营成本为100 000元（不包括折旧）。根据税法规定以及公司折旧政策，新设备也采用直线折旧法。南方日用化妆品公司所得税率为30%，投资项目要求的最低报酬率为10%。从经济效益的角度考察，生产经理提出的方案是否可行。

1. 现金流量分析

（1）使用旧设备的现金流量分析。

第0年：

继续使用旧设备，意味着公司不能获得旧设备变现净现金流入量，所以放弃的旧设备变现现金流入量应该视作继续使用旧设备的机会成本。在【例7-12】中，旧设备的变现收入180 000元为使用旧设备的机会成本，视同使用旧设备的现金流出量。这里的旧设备账面成本是一种沉没成本，不能视为决策相关成本。

第1年：

旧设备的年折旧额 = （240 000 – 12 000）/10 = 22 800 元

旧设备清理净损失在当年年末抵减所得税 = （194 400 – 180 000）×30% = 4 320 元

经营现金流量 = （120 000 – 80 000 – 22 800）×（1 – 30%）+ 22 800 – 4 320 = 30 520 元

第 2 ~ 7 年：

旧设备的年折旧额 = （240 000 – 12 000）/10 = 22 800 元

经营现金流量 = （120 000 – 80 000 – 22 800）×（1 – 30%）+ 22 800 = 34 840 元

第 8 年：

期末设备清理收入的净现金流入量 = 12 000 ×（1 – 30%）= 8 400 元

经营现金流量 = （120 000 – 80 000 – 22 800）×（1 – 30%）+ 22 800 = 34 840 元

净现金流量合计 = 8 400 + 34 840 = 43 240 元

（2）购买新设备的现金流量分析。

第 0 年：

购买新设备的现金流出量为 360 000 元。

第 1 ~ 7 年：

新设备的年折旧额 = （360 000 – 18 000）/8 = 42 750 元

经营现金流量 = （180 000 – 100 000 – 42 750）×（1 – 30%）+ 42 750 = 68 825 元

第 8 年：

经营现金流量 = （180 000 – 100 000 – 42 750）×（1 – 30%）+ 42 750 = 68 825 元

期末设备清理收入的净现金流入量 = 18 000 ×（1 – 30%）= 12 600 元

净现金流量合计 = 68 825 + 12 600 = 81 425 元

2. 差量现金流量分析

根据上述分析，编制差量现金流量如表 7 – 8 所示。

表 7 – 8　差量现金流量

年数	新设备的净现金流量（NCF）（元）	旧设备的净现金流量（NCF）（元）	投资新设备的增量净现金流量（ΔNCF）（元）
0	– 360 000	– 180 000	– 180 000
1	68 825	30 520	38 305
2 ~ 7	68 825	34 840	33 985
8	81 425	43 240	38 185

3. 计算差量净现金流量（ΔNPV）和差别内含报酬率（ΔIRR）

以该公司要求的最低报酬率 10% 为折现率，计算差量净现金流量（ΔNPV）如下：

$ΔNPV = 38\,305 ×（P/F，10\%，1）+ 33\,985 ×[（P/A，10\%，7）-（P/F，10\%，1）]+ 38\,185 ×（P/F，10\%，8）- 180\,000 = 38\,305 × 0.909 + 33\,985 ×（4.868 - 0.909）+ 38\,185 × 0.467 - 180\,000 = 7\,198.26$ 元

ΔNPV 大于零，说明差量投资的内含报酬率大于最低报酬率 10%，从净现值的角度考

虑，购买新设备方案可行。

接下来，计算差别内含报酬率（ΔIRR）。假定折现率为11%，测试其净现值情况：

$\Delta NPV = 38\ 305 \times (P/F, 11\%, 1) + 33\ 985 \times [(P/A, 11\%, 7) - (P/F, 11\%, 1)] + 38\ 185 \times (P/F, 11\%, 8) - 180\ 000 = 38\ 305 \times 0.901 + 33\ 985 \times (4.712 - 0.901) + 38\ 185 \times 0.434 - 180\ 000 = 601.93$ 元

采用内插法：

$\Delta IRR = 10\% + \dfrac{0 - 7\ 198.26}{601.93 - 7\ 198.26}$

$\Delta IRR = 11.09\%$

ΔIRR 大于该公司要求的最低报酬率10%。因此，购买新设备方案可行。

（二）等年值法

上述差量分析法适用于有效期相同的新旧投资项目，但现实中，两者通常是不同的。这样，对旧投资项目是否应该更新就不宜采用上述差量分析法，因为两种投资项目的有效期不同，没有可以比较的差量基础。在这种情况下，可以采用等年值法。所谓等年值法就是将各年的现金流入量、现金流出量或净现值，按照预定的折现率等额地分摊到各年所形成的年金值。根据"年金"的具体内容不同，等年值可以是等年现金流入量、等年现金流出量或等年净现值。

【例7-13】胜辉模具公司有一套生产设备，原购置成本为60 000元，预期使用寿命为10年，预期税前净残值收入2 000元。该设备是4年前购入的，账面价值为48 400元。目前来看，该设备预期还可以使用6年。该设备每年给公司带来的销售收入为16 000元，每年的付现成本为6 000元。

最近，该公司的生产经理提出：为了提高公司的产品产量与质量，要求购买一台带有数控装置的新设备。该新设备的买价为80 000元，预期可以使用8年，8年后的税前净残值为8 000元。购入新设备后，原先使用的旧设备可以立即出售，估计售价为16 000元。使用新设备每年可增加收入12 000元，每年可节约付现成本1 000元。

如果该公司资本成本为8%，所得税率为30%，这两台设备都采用直线折旧法。采用等年值法对生产经理提出的设备更新方案从财务上进行分析。

1. 分析新旧设备的现金流量

新设备：

第0年：

现金流出量：80 000元

第1年：

年折旧额 = （80 000 - 8 000）/8 = 9 000元

经营净现金流量 = [（16 000 + 12 000）-（6 000 - 1 000）- 9 000] ×（1 - 30%）+ 9 000 = 18 800元

旧设备清理净损失在当年年末抵减所得税节约的现金流出量 = （48 400 - 16 000）×

30% = 9 720 元

净现金流量 = 18 800 + 9 720 = 28 520 元

第 2 ~ 7 年：

年折旧额 = （80 000 - 8 000）/8 = 9 000 元

经营净现金流量 = [（16 000 + 12 000）-（6 000 - 1 000）- 9 000]×（1 - 30%）+ 9 000 = 18 800 元

第 8 年：

经营净现金流量 = [（16 000 + 12 000）-（6 000 - 1 000）- 9 000]×（1 - 30%）+ 9 000 = 18 800 元

设备清理净现金流量 = 8 000 ×（1 - 30%）= 5 600 元

净现金流量 = 18 800 + 5 600 = 24 400 元

旧设备：

第 0 年：

现金流出量：16 000 元

第 1 ~ 5 年：

年折旧额 = （60 000 - 2 000）/10 = 5 800 元

经营净现金流量 = （16 000 - 6 000 - 5 800）×（1 - 30%）+ 5 800 = 8 740 元

第 6 年：

经营净现金流量 = （16 000 - 6 000 - 5 800）×（1 - 30%）+ 5 800 = 8 740 元

设备清理净现金流量 = 2 000 ×（1 - 30%）= 1 400 元

净现金流量 = 8 740 + 1 400 = 10 140 元

2. 分别计算两个方案的净现值

计算新设备的净现值：

NPV = 18 800 ×（P/A, 8%, 8）+ 9 720 ×（P/F, 8%, 1）+ 5 600 ×（P/F, 8%, 8）- 80 000

　　　= 18 800 × 5.747 + 9 720 × 0.926 + 5 600 × 0.540 - 80 000

　　　= 108 043.6 + 9 000.72 + 3 024 - 80 000

　　　= 40 068.32 元

计算旧设备的净现值：

NPV = 8 740 ×（P/A, 8%, 6）+ 1 400 ×（P/F, 8%, 6）- 16 000

　　　= 8 740 × 4.623 + 1 400 × 0.630 - 16 000

　　　= 40 405.02 + 882 - 16 000

　　　= 25 287.02 元

虽然新设备的净现值大于旧设备，但是，两者的使用年限不同，因此，不能根据净现值大小判断其优劣。

3. 分别计算两个方案的等年值

新设备的等年值 = 40 068.32/（P/A, 8%, 8）= 40 068.32/5.747 = 6 972.04 元

旧设备的等年值 = 25 287.02/（P/A, 8%, 6）= 25 287.02/4.623 = 5 469.83 元

计算表明，新设备的等年净现值大于旧设备。因此，从财务效益上考虑，应该选择采用新设备。

二、生产性资产投资决策过程的临界值分析

在生产性资产投资决策的过程中，现金流量和投资项目的有效期都是预测值。由于主观预测的误差或客观情况的变化，未来现金流量和有效期具有不确定性。根据现有现金流量与有效期预测水平，某个投资项目可能可行。但考虑到预测的现金流量和有效期存在一定的不确定性，决策者就会进一步考虑，现金流量和有效周期至少是多少，原定投资项目仍然可行。换句话说，决策者关心现金流量与有效期的下限临界值是多少。所谓现金流量与有效期的下限临界值，就是使投资项目的净现值等于零，或内含报酬率等于最低报酬率的现金流量与有效期值。

【例7-14】京沪日化公司以5 000万元投资于某投资项目，当年建成投产，投资项目可使用6年，每年等额净现金流量为1 200万元，该项资本成本为8%。分别按净现值法和内含报酬率法评价该投资项目的经济效益。

1. 计算净现值

净现值 $= 1\ 200 \times (P/A, 8\%, 6) - 5\ 000$

$\qquad = 1\ 200 \times 4.623 - 5\ 000$

$\qquad = 547.60$ 万元

计算结果表明净现值大于零，说明该投资项目可行。

2. 计算内含报酬率

（1）$(P/A, i, 6) = 5\ 000/1\ 200 = 4.167$

（2）查1元年金现值表可知，n 为6，与年金现值系数4.167相邻的年金现值系数及对应的贴现率分别为：

$(P/A, 12\%, 6) = 4.111$

$(P/A, 11\%, 6) = 4.231$

（3）采用内插法求 IRR。

$$IRR = 11\% + \frac{4.167 - 4.231}{4.111 - 4.231} \times (12\% - 11\%)$$

$$IRR = 11.53\%$$

计算结果表明，内含报酬率大于资本成本8%，说明该投资项目可行。

下面从现金流量临界点与投资项目有效期限临界点作一定分析。

（一）现金流量临界值分析

在【例7-14】的分析中，假定每年净现金流量为1 200万元，投资项目可行。但是，由于存在经营的不确定性，未来年净现金流量可能达不到1 200万元。决策者关心的是，投资项目可接受的最低净现金流量为多少，即现金流量的临界值是多少。通过评估该公司未来现金流量超过临界值的可能性来评估接受投资项目的风险。

承【例 7 – 14】，假定年净现金流量临界值为 NCF，则：

$NCF \times (P/A, 8\%, 6) - 5\,000 = 0$

$NCF = 5\,000/(P/A, 8\%, 6) = 5\,000/4.623 = 1\,081.55$ 万元

计算表明，在投资项目使用年限不变的情况下，投资项目的年净现金流量下限为 $1\,081.55$ 万元。换句话说，在投资项目有效期为 6 年的情况下，要保证投资项目可行，年净现金流量至少要达到 $1\,081.55$ 万元。

（二）项目寿命期限临界值分析

仍以【例 7 – 14】为例，预计投资项目的使用年限为 6 年。决策者关心的是，即使每年净现金流量保证能够达到 $1\,200$ 万元，如果要保证投资项目可行，投资项目最短的使用年限为多少。

设使用年限的下限临界值为 n，则：

$1\,200 \times (P/A, 8\%, n) - 5\,000 = 0$

$(P/A, 8\%, n) = 4.167$

从 1 元年金现值表查得，贴现率为 8% 时，与 4.167 邻近的年金现值系数：

$(P/A, 8\%, 5) = 3.791$

$(P/A, 8\%, 6) = 4.355$

采用内插法计算使用年限的下限临界值：

```
年限              年金现值系数
 n              （P/A, 8%, n）

 6                 4.335

 n                 4.167

 5                 3.791
```

$$n = 5 + \frac{4.167 - 3.791}{4.335 - 3.791} \times (6 - 5)$$

$n = 5.69$

计算结果表明，在每年净现金流量不变的情况下，投资项目的使用年限不能低于 5.69 年。换句话说，在投资项目年净现金流量为 $1\,200$ 万元的情况下，要保证投资项目可行，投资项目的使用年限至少要达到 5.69 年。

附录　用 Excel 计算终值、现值、净现值和内含报酬率

借助于 Excel，可以很方便地计算终值、现值、净现值和内含报酬率。

一、用 Excel 计算终值

【例 7 – 15】某公司向银行存入 $10\,000$ 元，存期为 5 年，年利率为 6%，每半年复利一

次，求该笔资金 5 年后的终值为多少？

$$FV = 10\ 000 \times (1+3\%)^{10}$$
$$= 1\ 000 \times (F/P,\ 3\%,\ 10)$$

Excel 计算过程为：

打开 Excel 文档—点击主菜单 f_x—弹出粘贴函数对话框—点击函数分类中"常用函数"或"财务"—点击函数名中"FV"—弹出终值上述计算对话框—输入变量，其中：

$Rate$ 表示各期利率；$Nper$ 表示期数；Pmt 表示各期收到或支付的等额金额，计算年金终值和现值时，在这一栏输入年金。Fv 表示终值；Pv 表示现值。

$Type$ 输入 1 表示付款在期初，输入 0 表示付款在期末。

通过 Excel 计算结果，如图 7-6 所示。

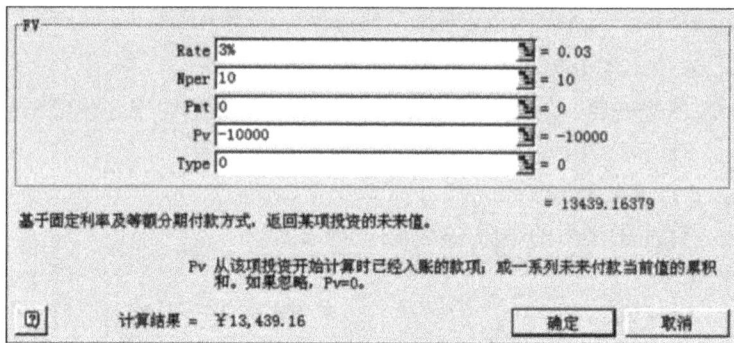

图 7-6　Excel 计算结果

Excel 计算结果表明，终值为 13 439.16 元。

二、用 Excel 计算现值

【例 7-16】假定银行存款利率为 6%，5 年后希望得到 13 439.16 元，银行每半年复利一次，试问现在需存入银行多少钱？

$$PV = 13\ 439.16 \times (1+3\%)^{-10}$$
$$= 13\ 439.16 \times (P/F, 3\%, 10)$$

Excel 计算过程为：

打开 Excel 文档—点击主菜单 f_x—弹出粘贴函数对话框—点击函数分类中"常用函数"或"财务"—点击函数名中"PV"—弹出终值上述计算对话框—输入变量。

Excel 计算结果如图 7-7 所示。

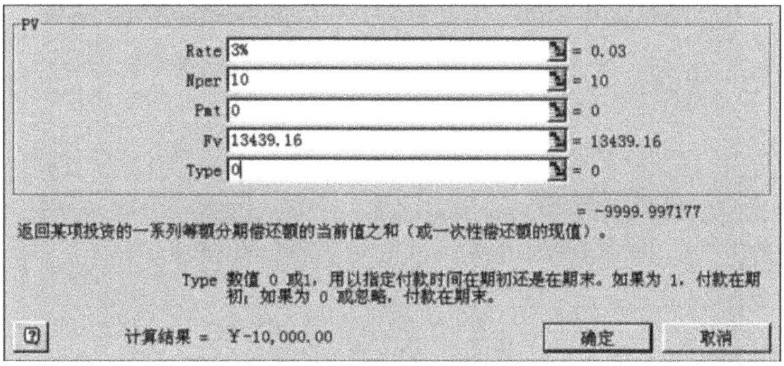

图 7 - 7 Excel 计算结果

Excel 计算结果表明，现值约为 10 000 元。

三、用 Excel 计算净现值

【例 7 - 17】某公司设定的折现率为 5%，该公司的甲生产线各年净现金流量情况如表 7 - 9 所示。

表 7 - 9 现金流量状况 单位: 元

年份	0	1	2	3	4	5
甲生产线	- 25 000	7 400	6 600	5 800	5 800	5 800

根据表 7 - 9，用 Excel 计算甲生产线的净现值。

打开 Excel 文档，在"公式编辑"框输入下列计算公式:

$= NPV$（5%，- 25 000，7 400，6 600，5 800，5 800，5 800）

按回车键，计算结果为 2 248 元。

四、用 Excel 计算内含报酬率

承【例 7 - 17】，计算甲生产线的内含报酬率。

打开 Excel 文档—将各年的净现金流量输入在 A1 至 A6 格中—点击主菜单 f_x —弹出粘贴函数对话框—点击函数分类中"常用函数"或"财务"—点击函数名中"IRR"—弹出终值上述计算对话框—输入变量如图 7 - 8 所示。

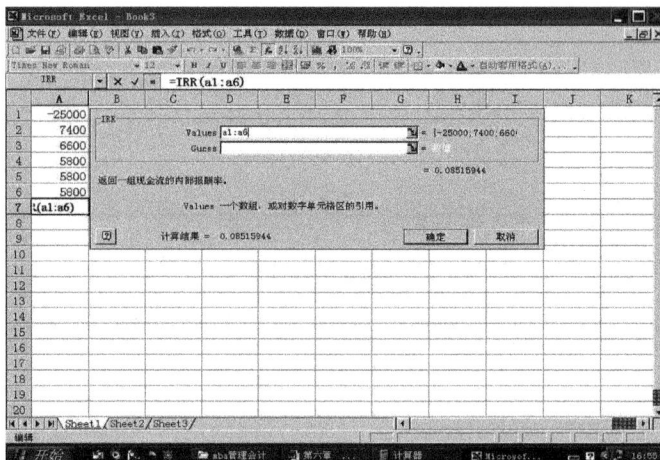

图 7 – 8　Excel 计算结果

根据图 7 – 8，甲生产线的内含报酬率约为 8.52% 。

📖 本章小结

本章围绕生产性资产投资决策的基本概念，讨论了如何确定投资项目的现金流量和货币时间价值。以此为基础，进一步讨论回收期法、会计收益率法、净现值法、现值指数法和内含报酬率法等生产性资产投资决策基本方法及其综合运用。

关键术语和概念

生产性资产投资　生产性资产投资决策　投资项目　货币时间价值　现金流量
现金流出量　现金流入量　净现金流量　回收期法　会计收益率法　净现值法
现值指数法　内含报酬率法　差量分析法　等年值法　临界值分析

拓展阅读

1. ［美］罗纳德·W. 希尔顿. 管理会计学：在动态商业环境中创造价值（原书第 5 版）. 阎达五，李勇等译. 北京：机械工业出版社，2007.

2. ［美］查尔斯·T. 亨格瑞，加里·L. 森登，威廉姆·O. 斯特尔顿，戴维·伯格斯塔勒，杰夫·舒兹伯格. 管理会计教程（原书第 15 版）. 潘飞，沈红波译. 北京：机械工业出版社，2012.

3. 胡玉明. 管理会计. 北京：中国财政经济出版社，2009.

4. 胡玉明，丁友刚，卢馨. 管理会计（第 2 版）. 广州：暨南大学出版社，2010.

5. 刘运国. 管理会计学. 北京：中国人民大学出版社，2011.

6. 胡玉明. 会计学：经理人视角. 北京：中国人民大学出版社，2011.

第四编 管理控制系统

企业组织的管理控制系统是企业组织的经营管理决策的延伸，也是企业组织实现其经营管理决策目标的有效保障。本编阐述以"计划与执行会计"为主体的管理控制系统。

第八章　全面预算

全面预算是连接企业组织的现有资源与未来目标之间的桥梁。如果没有全面预算的支撑，企业组织的战略目标难以实施。企业组织的管理层要从战略的角度认识到预算的重要性，学会合理地编制预算。本章将系统地讨论如何利用预算管理这种集系统化、战略化、人本化理念为一体的现代企业组织的管理模式，并有效地实施管理。

通过本章学习，应该掌握如下内容：
1. 全面预算及其作用
2. 全面预算管理系统的构成
3. 全面预算的内容及其编制方法
4. 全面预算的形式
5. 全面预算管理模式

第一节　全面预算及其作用

管理大师彼得·F. 德鲁克（Peter F. Drucker）认为，并不是有了工作才有目标；相反，有了目标才能确定每个人的工作。如果把一个企业组织视为一部机器，把企业组织的所有业务流程用 1～12 月来编排，每个月应该做些什么，到哪个月应该达到什么效果，取得多少成绩。这就是预算管理系统（Budget System）。因此，预算（Budget）是企业组织计划的数量化和货币化的表现。全面预算（Master Budget）就是以货币形式展示未来某一特定期间内，企业组织全部经营活动的各项目标及其资源配置的定量说明。即按照规定的目标对下一年度经营单位的经营活动所作的详细计划，以便有效地组织与协调企业组织的全部生产经营活动，确保实现企业组织的战略目标。

全面预算管理作为对现代企业组织成熟与发展起过重大推动作用的管理系统，是企业组织内部管理控制的一种主要方法。这种方法自从 20 世纪 20 年代在美国的通用电气、杜邦、通用汽车公司开始使用以后，很快就成了大型工商企业组织的标准作业程序。从最初的计划、协调发展到现在的集合了间距控制、激励、评价等诸多功能的一种综合贯彻企业组织经营战略的管理工具，全面预算管理在企业组织内部控制中日益发挥核心作用。正如著名管理学家戴维·奥利（David Otley）所说的，全面预算管理是为数不多的几个能把企业组织的所有关键问题融合于一个体系之内的管理控制方法之一。

一、全面预算是完善企业组织治理的制度需要

其实，全面预算就是企业组织内部经营活动的"游戏规则"。

（一）全面预算是股东与管理层的游戏规则

全面预算是基于企业组织的治理结构，出资者与经理层的"游戏规则"之一。在形式上，企业组织的全面预算基本上表现为价值指标和财务表格，很容易把全面预算管理与一个单位财务部具体的会计业务与财务工作联系在一起，甚至完全等同起来，这是极其"错误和有害"的认识。

翻开《公司法》可以清楚地看到："股东大会行使下列职权：审议批准公司的年度财务预算方案、决算方案"；"董事会行使下列职权：制定公司的年度财务预算方案、决算方案"；"经理对董事会负责行使下列职权：主持公司的生产经营管理工作，组织实施董事会决议；组织实施公司年度经营计划和投资方案"。从这些条款可以看出，全面预算是企业组织内部一个非常严肃的制度概念。

（二）出资者与经理人

基于现代公司制度，出资者与经理人（经营者）之间是一种委托代理关系，经理人受控于出资人的谋利要求、战略决策和财务监控。在具体的管理框架中，必须也只有通过全面预算才能明确出资人与经理人各自有哪些责任和义务，规范各自的权益。

当然，《公司法》所述的"预算"绝对不是企业组织事无巨细的各类预算，而是企业组织年度内重大的、全局性、资本性的预算方案。不难看出，提出全面预算目标的主体是出资人。这不仅反映了出资人的投资目的，而且体现了出资人的基本权益以及对经理人的约束，同时也表明了经理人对出资人的责任。

（三）企业组织的游戏规则

界定企业组织法人治理结构，明确出资人、经理人的权力、责任、利益关系有多种"游戏规则"。主要包括《公司法》、《公司章程》和企业组织预算。其中，企业组织的全面预算正是以《公司法》、《公司章程》为依据，具体落实股东大会、董事会、经理人、各部门乃至每个员工的责、权、利关系，明晰他们各自的权限空间和责任区域。因此，企业组织的全面预算是最具操作性的游戏规则。

在实践中，经常遇到的问题是："如果经理人以影响全面预算的变数太多而无法预估和规划明年的全面预算为理由，对全面预算消极抵触，我们如何处置这类情绪或现象。"其实，每年的"两会"，我国财政部部长要向全国人民代表大会作财政预算和决算报告，如果以此类推说"因影响全面预算的因素太多，我不能预估和安排明年的预算收支和赤字规模"，这显然是不能接受的。一个健全的全面预算制度实际上是完善的法人治理结构的体现，全面预算管理的实施也将促进现代企业制度的建立和治理结构的完善。

二、全面预算是实现企业组织战略意图和资源合理配置的有效手段

许多企业组织的成功都证明了战略的重要价值，战略为长期计划的安排提供了一个框

架。企业组织的长期计划主要确定为了实现企业组织的战略目标，以及在 5 ~ 10 年的计划期内企业组织应该采取哪些行动。为此，强调战略管理的企业组织，一定要投入相当多的时间和精力，以保证年度目标恰当合理，与长期目标一致并支持企业组织战略的实施。

全面预算的基础是计划。全面预算能促使企业组织的各级经理人提前制订计划，避免企业组织因盲目发展，而遭受不必要的经营风险和财务风险。全面预算能够促进企业组织计划工作的顺利开展与完善，减小企业组织经营风险与财务风险。全面预算的编制使企业组织的计划更明确、更具体，使未来的计划予以落实。

全面预算是资源分配决策准则，它将资源（人力、资金、时间、设备等）合理地分配给活力和能力最强的部门或经理人。例如，A 部门每花费 1 元的成本，能获得 2 元的营业利润；而 B 部门每花费 1 元的成本，能获得 3 元的营业利润。此时，资源应投向 B 部门。

因此，制定和执行全面预算的过程，就是企业组织不断用量化的工具使自身的经营环境、自己拥有的经济资源和企业组织发展目标保持动态平衡的过程。

三、全面预算是营运控制和绩效评估的有效手段

（一）全面预算使管理控制及时具体，体现出对过程的管理

采用全面预算的好处，在于让经理人能了解其预期目标。预算可被视为一种标准，再将实际结果与预算作比较。经理人必须找出差异并分析其原因，进而采取修正的行动。在计划执行时，经理人可随时将发生的情况与预期成果相比较，以判断计划是否顺利进行。预算使企业组织的经理人全盘考虑企业组织整个价值链之间的相互关系，明确各部门的责任，便于各部门之间的协调，避免由于责任不清造成相互推诿的事件发生。

（二）全面预算为绩效评价提供了标准

这便于对各部门实施量化的绩效考核和奖惩制度，也方便了对员工的激励与控制。经理人可将全面预算视为企业组织绩效评估的标准，借由实际结果与预算数目之比较，可以帮助经理人评估个别部门或企业组织的整体绩效。全面预算管理对企业组织的日常活动进行了规范，使企业组织的经营活动有目标可循、有制度可依，消除了朝令夕改、活动随意变化的现象，起到了完善内部控制的作用。此外，全面预算还对员工激励有影响力，预算标准可以作为目标管理的一部分，当实际营业利润超出预定目标者就给予奖励，而未达到预计目标就予以惩罚；清晰的预算能够减少紧张不安的情绪，使评价标准具有公平性，使员工的期望具体化。

借助全面预算可以使计划具体表达，同时全面预算可以作为控制的基准，因此，计划（Planning）、控制（Control）和预算三者之间的关系密不可分。图 8 - 1 描述了战略目标、预算、经营计划和控制之间的周期性循环过程。

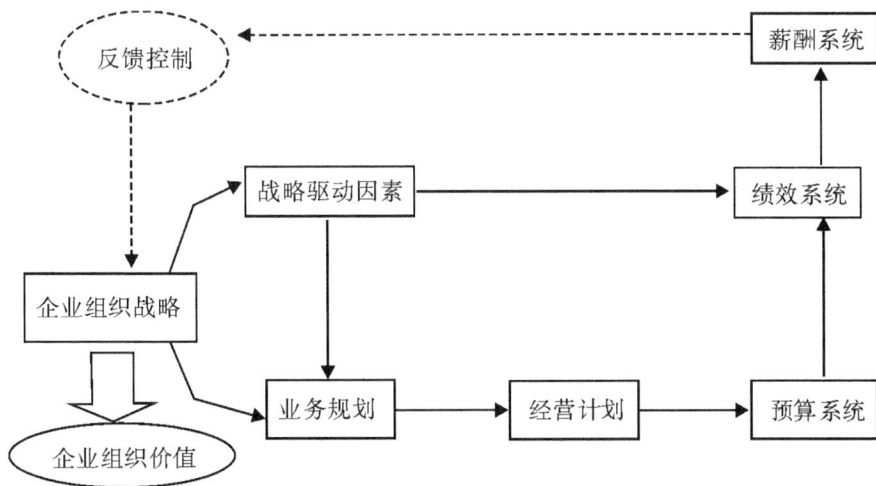

图 8-1　战略目标、预算、经营计划和控制之间的关系

总之，全面预算对于企业组织战略实施的重要性在于：①它是配置资源的基础；②它是监测业务运行过程，使其向长期战略目标推进的工具；③它突出了企业组织及其各功能部门的工作重点；④它是评价经理人的主要尺度。

第二节　全面预算管理系统的构成

一个完善的全面预算管理系统应当明确规定推行全面预算的目的、管理结构、全面预算编制内容、审核程序以及调整与评价机制。因此，企业组织全面预算系统包括：①预算管理机构；②预算编制管理；③预算控制管理；④预算评价管理。其基本框架如图 8-2 所示。

一、预算管理机构

大多数企业组织的预算管理机构，由上到下包括三个层次：预算管理委员会（Budget Committee）、预算小组和责任部门。

为了保证全面预算管理的有效实施，有些企业组织设立了预算管理委员会。从性质上看，预算管理委员会在预算组织体系居于核心地位，其作用是提出预算要求并审核预算。

在大型企业组织中，预算管理委员会由企业组织最高管理层、高级管理人员和部门经理以及财务总监这几部分人员组成，在董事会授权下处理和决定全面预算管理的重大事宜。

根据企业组织的实际情况，在不违背法律与章程的前提下，在董事会内设立预算专业委员会，可以极大地增强董事会决策的科学性、有效性和独立性，保证董事会的决策与控制功能。由各部门分设预算小组依据部门运作计划编制详细预算，并为预算的落实和执行提供专业性的建议和支持。责任部门是预算的责任主体，由投资中心、利润中心和成本中心组成。这些内部单位必须完成特定的职责，赋予其责任人一定的权力，以便对该责任区域进行有效的控制。确定责任中心是预算管理的一项基础工作。

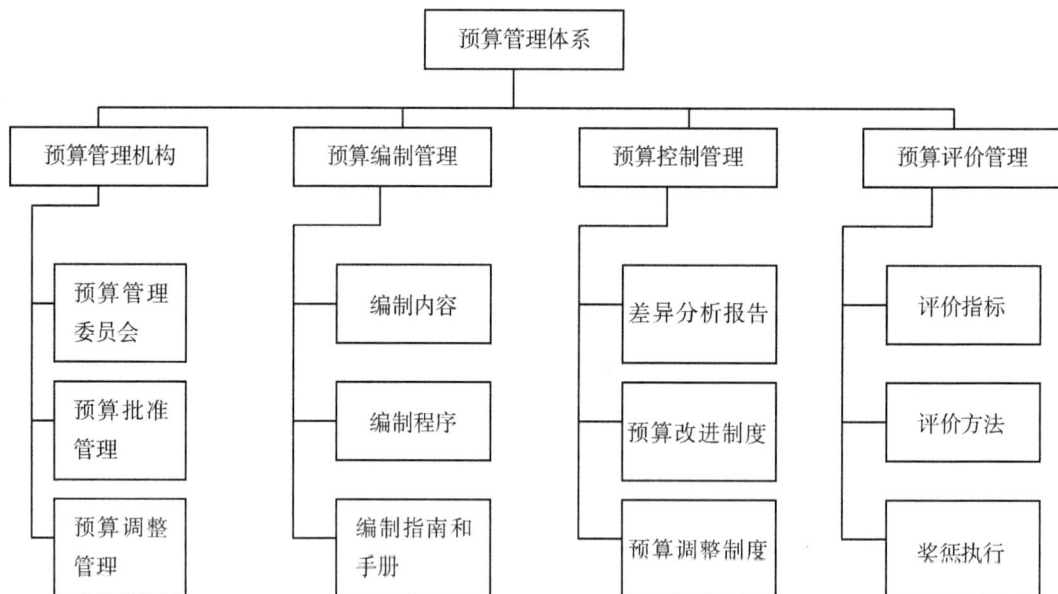

图 8-2　全面预算管理系统

二、预算编制管理

为了反映企业组织发展战略目标的要求，同时争取企业组织各个层次的广泛参与，确保编制的预算能够反映企业组织各个层面的经营发展实际情况。预算整体编制过程采用"三下两上"流程，如图 8-3 所示，互相协调以确定各分预算的最后定案。

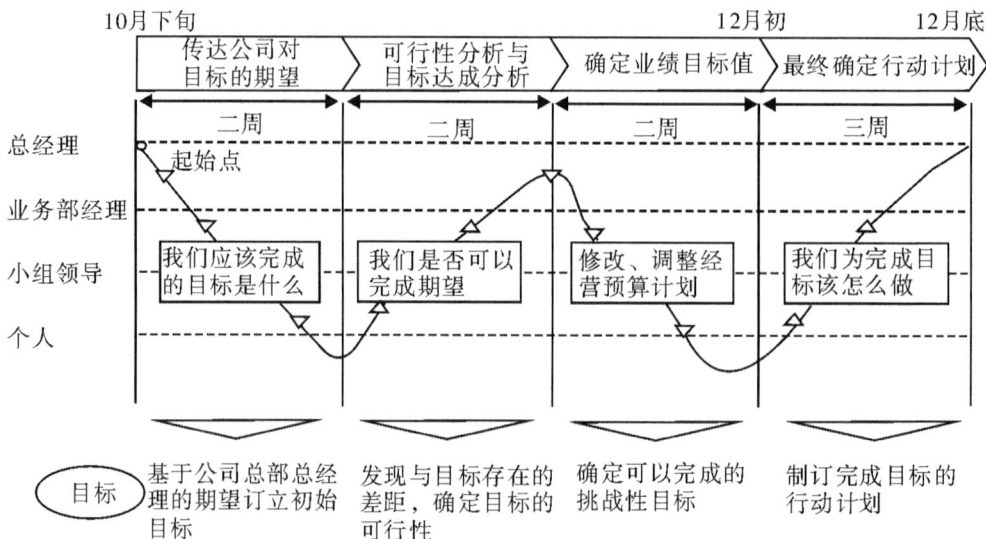

图 8-3　预算编制过程

预算管理的内容具体包括：

（一）传达企业组织本年度经营目标

根据企业组织发展战略规划下达经营期望目标，结合内外部情况的分析，确定总体经营目标。

（二）"自上而下"地分析经营目标的可行性

根据企业组织实际情况按照特定业务单元、业务区域、顾客、产品、时间，将经营目标分解。

（三）"自下而上"地确定各部门的业务目标和行动方案

各业务单元根据企业组织下达本业务单元的经营目标制订本业务单元的经营预算计划。经营预算计划除了设定各种目标外，关键在于提出具体的行动措施（如何达成经营目标），以及实施关键行动措施的具体步骤和时间，列出关键行动措施的实施负责人。

（四）最终确定预算方案

预算编制要将预算目标通过数量体系体现出来，并将这些指标分解落实到每个部门，甚至每个员工，使预算的编制、执行达到责、权、利的统一。

企业组织应当有明确的预算说明书，主要说明编制预算采用的会计政策以及与预算有关的重要事项，以便于阅读理解各预算报表，并设计详尽的预算表格（又细分为经营预算、资本支出预算、财务预算）。其栏目按上年实际、本年预算及执行情况，未来年度的分季预算，差异额及比率来设置，体现了其连续性，并易对前一年度的预算执行情况进行评价。

三、预算控制与评价管理

预算控制管理是预算的实际执行与操作阶段，也是全面预算管理的核心阶段，它包括权限划分、预算调整、资金监控和预算仲裁。这个阶段连接着编制和考核，也是向评价和考核提供依据的阶段。

在这个阶段，企业组织应当牢牢掌握两条原则：有效控制和信息反馈。如遇突发事件超出预算控制比例，要通过申请按程序逐级申报并经股东大会、董事会批准后实施。财务部应及时与生产、销售、采购、供应等部门保持适时的信息沟通，对各部门完成预算情况进行动态跟踪监控，不断调整偏差，确保预算目标的实现。例如，由销售环节、财务部门通过计算机统一开票的方式实施监控，对每个顾客建立应收账款结算卡，应收账款超出一定限额，则停止开票，避免坏账、呆账的发生。同时，财务部门根据每天的销售和回款情况，编制销售日报和收款日报，及时反馈收入预算的执行。

预算评价管理的基本目标是实现预算的激励与约束作用。因此，预算考评应该遵循可控性原则。这个要求集中表现在：各责任主体以其责权范围为限，仅对其可以控制的差异负责。也就是说，对各个责任层次考核评价的内容应以该层次责任主体所能控制的业务或因素为限，只有可控的预算差异才应该由相应的预算主体负责。

许多企业组织以层层签订业绩合同的方式将预算评价管理与绩效考核、薪酬分配结合起来，如图 8-4 所示。

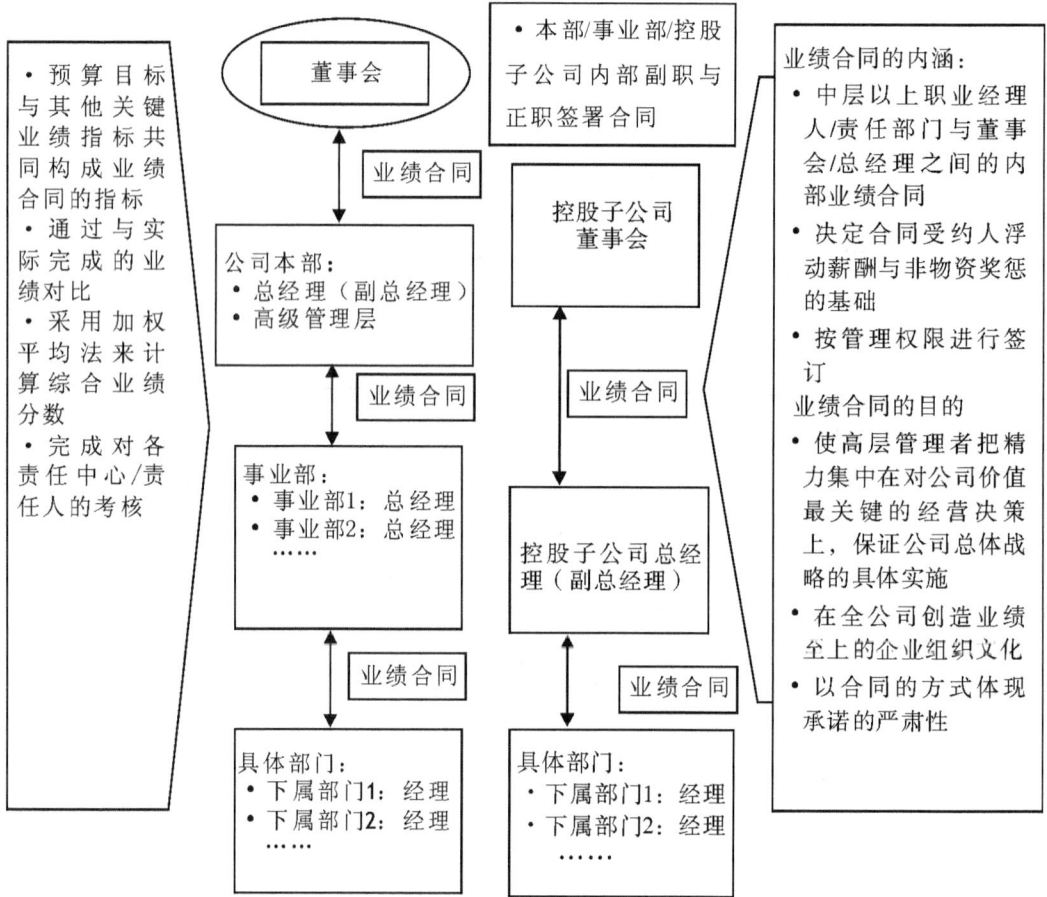

图 8 - 4　预算控制与评价

第三节　全面预算的内容及其编制方法

全面预算管理围绕企业组织的全面预算而展开。企业组织经营活动的复杂性及层次性，决定了企业组织预算体系的复杂性，它包括了经营、财务、长期投资等企业组织全方位的计划。不同的企业组织，其全面预算的基本构成相同。

一、全面预算的内容

企业组织全面预算的内容主要包括：经营预算、财务预算和资本预算。

经营预算（Operating Budgets）指与企业组织日常业务直接相关的基本活动的预算，它主要包括：①销售预算；②生产预算；③直接材料消耗及采购预算；④直接人工预算；⑤制造费用预算；⑥产品成本预算；⑦期末存货预算；⑧销售和管理费用预算。这些预算以实物量指标和价值量指标分别反映企业组织的收入与费用构成情况。

财务预算（Financial Budgets）指与企业组织的现金收支、经营成果和财务状况相关的各项预算。它主要包括：①现金预算；②预计损益表；③预计资产负债表。这些预算以价值量指标总括反映经营预算和资本支出预算的结果。

资本预算主要涉及长期投资，指企业组织不经常发生的一次性业务的预算，如企业组织固定资产的购置、扩建、改建等都必须在投资项目可行性研究的基础上编制预算，具体反映投资的时间、规模、收益以及资金的筹措方式等①。

企业组织全面预算的各项预算前后衔接，形成一个完整的体系，如图 8-5 列示。

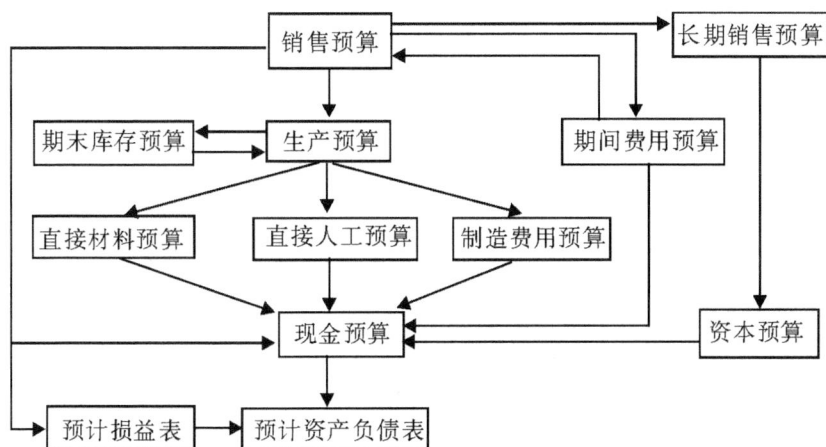

图 8-5　全面预算内容及各项预算的关系

二、全面预算编制程序

企业组织全面预算的编制程序通常包括以下三个步骤：

（一）从市场到营业收入

编制全面预算的第一步是销售预测，根据销售预测的结果编制销售预算，估计企业组织未来某一段期间的销售收入及销售数量。

尽管销售预测如此重要，然而，要做到合理的预测却非常困难。企业组织应该从市场分析开始（如图 8-6 所示），之后是预测营业收入。确定营业收入之后，企业组织可以预测应收账款和现金流入量，再根据收入确定营业费用。

---

① 第七章讨论的"生产性资产投资决策"就属于资本预算的范畴。借助生产性资产投资决策，可行的投资项目的投资额就是资本预算的起点。

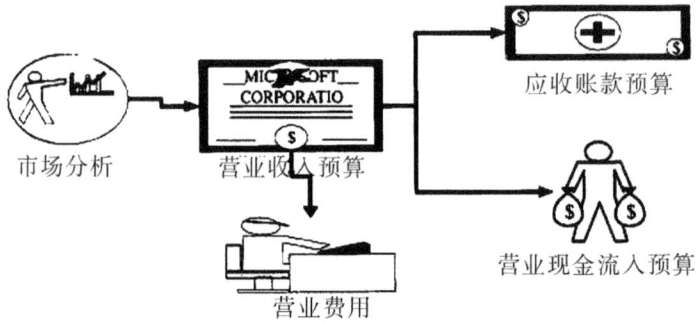

图 8-6　市场预测与销售预算

（二）从营业收入到其他经营预算

从营业收入的预算出发，可以确定管理费用的预算以及采购预算和存货的预算，确定采购预算和管理费用后则可以知道营业现金支出预算。同时，采购也会产生应付账款，由此也可以得知应付账款预算，根据存货可以确定营业成本。销售预算与其他经营预算的关系，如图 8-7 所示。

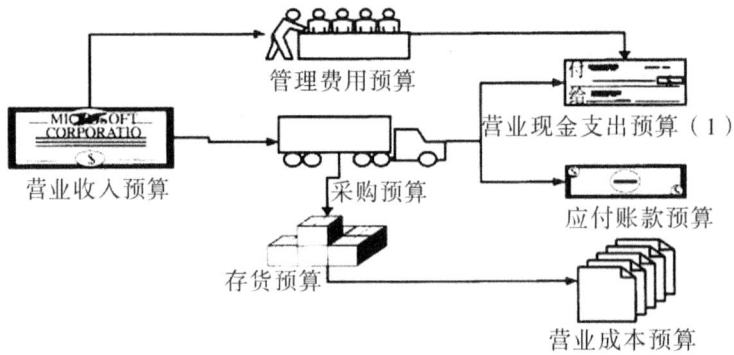

图 8-7　销售预算与其他经营预算的关系

（三）确定现金预算

现金预算指现金流入量的预算和现金支出量的预算。现金流入量的预算可以从营业收入得到，现金支出则包括营业费用、管理费用、采购和营业成本，这些都构成现金支出。结合其他财务预算（如研究开发预算、融资和理财预算）即可编制现金预算，并进一步编制预计资产负债表和预计现金流量表，至此，预算编制的过程全部完成。如图 8-8 所示。

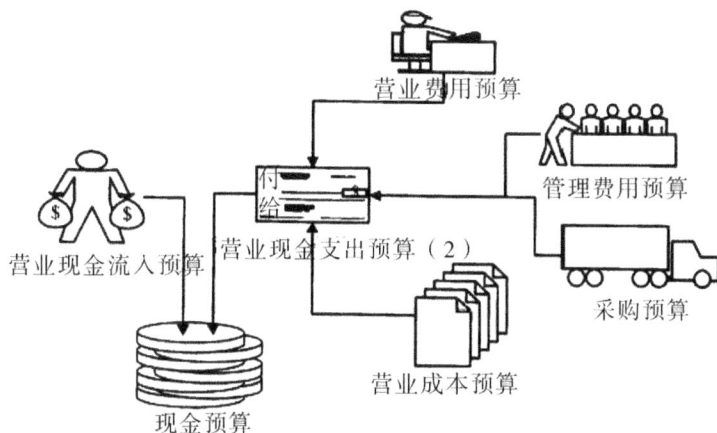

图 8 - 8　经营预算与现金预算

三、全面预算编制示例

以雷克斯公司的经营活动为例，说明全面预算的编制过程。该公司出售印有本公司徽标的时尚 T 恤衫，下面就以这家公司的制衣厂为例。

（一）销售预算

销售预算（Sales Budget）是一项经过预算管理委员会批准，描述预计销售量和金额的计划。销售预算通常是企业组织生产经营全面预算的编制起点，生产、材料采购、存货费用等其他全部经营预算和大部分财务预算，都要以销售预算为基础。因此，销售预算要尽可能地准确。

编制销售预算的第一步是销售预测，销售预测通常由市场营销部门负责。销售预测的方法之一是自下而上法，此方法要求每个销售人员提交一份销售预测，将这些销售预测汇总就得出全面的销售预测，通过考虑总体经济形势、竞争、广告、价格政策等其他因素可以提高这种销售预测的合理性。有些企业组织还用其他更加正规的方式来补充自上而下法，如时间序列分析、相关分析和经济计量模型。

销售预测仅仅是最初的估计，要提交给预算管理委员会审查。预算管理委员会将确定预算是否过于悲观或过于乐观，然后作出相应的调整。例如，预算管理委员会如果认为预算过于悲观并与企业组织的战略规划不协调，就可能推荐一些具体的行动方案使销售超过预计水平，如增加促销活动、雇用更多的销售人员等。

表 8 - 1 说明了雷克斯公司标准 T 恤产品的销售预算。为简便起见，假定雷克斯公司只生产一种产品：在背面印有该公司徽标的标准短袖 T 恤衫。

表 8-1　雷克斯公司销售预算

截止日：2013 年 12 月 31 日

项目	1 季度	2 季度	3 季度	4 季度	全年
销售量（件）	1 000	1 200	1 500	2 000	5 700
单价（美元）	10	10	10	10	10
预计销售额（美元）	10 000	12 000	15 000	20 000	57 000

根据表 8-1，销售预算显示该公司的销售额呈季节性波动。该公司的大部分销售发生在春秋两季，这是因为 T 恤在夏季的热销以及该公司在假期开学时和圣诞节期间促销力度的加强。

（二）生产预算

生产预算（Production Budget）是根据销售预算编制的，为满足预算期的销售量以及期末存货所需资源而制订的计划。计划期间除必须有足够的产品以供销售之外，还必须考虑到计划期期初和期末存货的预计水平，以避免存货太多造成积压，或存货太少影响下期销售。根据表 8-1，如果没有期初和期末存货，T 恤的生产量也就等于销售量。然而，许多生产厂商把存货作为应付生产和需求不确定性的一个缓冲器。

假定该公司的政策要求将下一季度销售量的 20% 作为期末存货，而本年第 1 季度的期初存货是 180 件。

为了计算生产量，需要销售量和期初及期末的产成品存货数量：

$$生产量 = 预计销售量 + 期末存货数量 - 期初存货数量$$

雷克斯公司生产预算如表 8-2 所示。

表 8-2　雷克斯公司生产预算

截止日：2013 年 12 月 31 日

项目	1 季度	2 季度	3 季度	4 季度	全年
销售量（件）（表 8-1）	1 000	1 200	1 500	2 000	5 700
预定期末存货	240	300	400	200	200
总需要量（件）	1 240	1 500	1 900	2 200	5 900
期初存货	180	240	300	400	180
生产量	1 060	1 260	1 600	1 800	5 720

表 8-2 的第一栏，即第 1 季度的生产需求，显示该公司预期销售 1 000 件 T 恤。此外，该公司第 1 季度末要有期末存货 240 件（20% × 1 200），这样第 1 季度就需要 1 240件 T 恤。这 1 240 件 T 恤从哪里来呢？期初存货可以提供 180 件，因此，第 1 季度要生产余下的 1 060 件。生产预算以数量表示。

（三）直接材料采购预算

编制完生产预算后，就可以编制直接材料采购预算、直接人工预算及制造费用预算。直接材料采购预算指在预算期内，根据生产预算所确定的材料采购数量和材料采购金额的计划；该预算取决于生产过程中材料的预计用量和原材料存货的需要量，根据企业组织的生产组织特点、材料采购方法和渠道进行统一的计划。其目的是为了在保证生产均衡有序进行的同时，避免直接材料存货不足或过多，影响资金运用效率的生产效率。企业组织需要为使用的每一种原材料编制独立的直接材料采购预算。

为简便起见，假定雷克斯公司徽标 T 恤的生产需要两种原材料：每件成本为 3.00 元的纯色 T 恤和每盎司 0.20 元的油墨（用丝网印刷术印制徽标）。以单件计算，该公司每生产一件徽标 T 恤就需要一件纯色 T 恤和 5 盎司油墨。这样，如果该公司第 1 季度打算生产 1 060 件徽标 T 恤，就需要 1 060 件纯 T 恤和 5 300 盎司油墨（5 盎司×1 060 件）。一旦算出预计消耗量，采购量也就能够确定，即：

$$采购量 = 生产所需直接材料 + 期末直接材料存货 - 期初直接材料存货$$

直接要料存货的数量取决于公司的存货政策。雷克斯公司的政策是保持下一个月生产需量的 10% 作为期末存货，假定该公司在 1 月份有 58 件纯色 T 恤和 390 盎司油墨。

雷克斯公司两种直接材料的采购预算，如表 8 - 3 所示。

表 8 - 3　雷克斯公司直接材料采购预算
截止日：2013 年 12 月 31 日

纯色 T 恤	1 季度	2 季度	3 季度	4 季度	全年
生产量（件）（表 8 - 2）	1 060	1 260	1 600	1 800	5 720
单位产品所需直接材料（件）	1	1	1	1	1
生产需要量（件）	1 060	1 260	1 600	1 800	5 720
预定期末存货（件）	126	160	180	106 *	106
总需要量（件）	1 186	1 420	1 780	1 906	5 826
期初存货（件）	58	126	160	180	58
直接材料采购量（件）	1 128	1 294	1 620	1 726	5 768
纯色 T 恤单位成本（元/件）	3	3	3	3	3
纯色 T 恤总采购成本（元）	3 384	3 882	4 860	5 178	17 304
油墨	1 季度	2 季度	3 季度	4 季度	全年
生产量（件）（表 8 - 2）	1 060	1 260	1 600	1 800	5 720
单位产品所需直接材料（盎司）	5	5	5	5	5
生产需要量（盎司）	5 300	6 300	8 000	9 000	28 600
预定期末存货（盎司）	630	800	900	530	530

（续上表）

油墨	1 季度	2 季度	3 季度	4 季度	全年
总需要量（盎司）	5 930	7 100	8 900	9 530	29 130
期初存货（盎司）	390	630	800	900	390
直接材料采购量（盎司）	5 540	6 470	8 100	8 630	28 740
油墨单位成本（元/盎司）	0.20	0.20	0.20	0.20	0.20
油墨总采购成本（元）	1 108	1 294	1 620	1 726	5 748
直接材料采购总成本（元）	4 492	5 176	6 480	6 904	23 052

* 因为不知道 2014 年第二季度的销售量，所以不能确定 2014 年第一季度的生产量。为了例子的完整性，假定预定期末存货为 106 件纯色 T 恤和 530 盎司油墨。

直接材料采购预算与生产预算大同小异，先看一下表 8 - 3 第 1 季度的纯色 T 恤预算。每生产一件成品徽标 T 恤需要一件纯色 T 恤，所以 1 060 件成品乘以 1 得出纯色 T 恤的总生产需要量。然后，加上 126 件（下一季度生产需要量的 10%）预定期末存货，得出第 1 季度需要 1 186 件纯色 T 恤。其中，有 58 件来自期初存货，还有 1 128 件需要外购。1 128 件纯色 T 恤乘以单价 3 元就得出雷克斯公司 2013 年第 1 季度购买纯色 T 恤的预期成本为 3 384 元。

直接材料采购预算的第二部分是油墨的采购预算。再看一下第 1 季度，每一件成品徽标 T 恤要耗费 5 盎司油墨，所以 1 060 件成品乘以 5 盎司得出油墨的总生产需要量 5 300 盎司。然后，加上 630 盎司（下一季度生产需要量的 10%）预定期末存货，得出第 1 季度需要 5 930 盎司油墨。其中，有 390 盎司来自期初存货，还有 5 540 盎司需要外购。5 540 盎司油墨乘以单价 0.20 元就得出雷克斯公司 2013 年第 1 季度购买油墨的成本 1 108 元。

第 1 季度直接材料采购总成本 4 492 元是纯色 T 恤的采购成本 3 384 元加上油墨的采购成本 1 108 元。当然，对于该公司的每一种原材料都要有独立的直接材料采购预算。

（四）直接人工预算

直接人工预算是根据已知标准工资率、标准单位直接人工工时、其他直接费用计提标准及生产预算等资料，对一定预算期内人工工时的消耗和人工成本所作的经营预算。与直接材料一样，直接人工预计工时由人工与产出的关系决定。例如，如果一批 100 件成品徽标 T 恤需要 12 个直接人工小时，那么，生产单件需要 0.12 个直接人工小时。

根据生产预算的每单位产出所需直接人工以及产量，可以编制直接人工预算，如表 8 - 4 所示。在表 8 - 4 中，工资率（本例为 10 元/小时）是支付给生产 T 恤的直接工人的平均工资。既然给出的是平均数，就考虑了工人可能存在不同的工资率。

表 8 - 4 雷克斯公司直接人工预算

截止日：2013 年 12 月 31 日

项目	1 季度	2 季度	3 季度	4 季度	全年
生产量（件）（表 8 - 2）	1 060	1 260	1 600	1 800	5 720
单位产品直接人工（小时）	0.12	0.12	0.12	0.12	0.12
需要总工时（小时）	127.2	151.2	192	216	686.4
每小时平均工资（元）	10	10	10	10	10
直接人工总成本（元）	1 272	1 512	1 920	2 160	6 864

（五）制造费用预算

制造费用预算（Manufacturing Overhead Budget）是一种能够反映所有间接制造项目的预计成本的预算计划。为了编制预算，制造费用通常可按其成本性态分为变动性制造费用和固定性制造费用。与直接材料和直接人工不同，制造费用项目不存在明显的投入与产出关系。企业组织可以确认那些变动性的具体项目（如物料用品和水电费），并估算出每一项目单位消耗金额。汇总单个项目的比率，就可以得到变动性制造费用分配率。假设该公司变动性制造费用分配率是直接人工小时 5.00 元/小时，固定性制造费用预算为 6 580 元（每季度 1 645 元）。根据这些资料和直接人工预算（如表 8 - 4 所示）的预计直接人工工时，就可以编制制造费用预算，如表 8 - 5 所示。

表 8 - 5 雷克斯公司制造费用预算

截止日：2013 年 12 月 31 日

项目	1 季度	2 季度	3 季度	4 季度	全年
预计直接人工小时（小时）（表 8 - 4）	127.2	151.2	192	216	686.4
变动制造费用分配率	5	5	5	5	5
预计变动制造费用	636	756	960	1 080	3 432
预计固定制造费用*	1 645	1 645	1 645	1 645	1 645
制造费用合计	2 281	2 401	2 605	2 725	10 012

* 包括每一季度 540 元的折旧费。

（六）期末产成品存货预算

期末存货预算指为规划一定预算期末的在产品、产成品和原材料预计成本水平而编制的一种日常业务预算。期末产成品存货预算不仅提供编制资产负债表所需的信息，也是编制产品销售成本预算的重要资料来源。为了编制该预算，使用表 8 - 3、表 8 - 4 和表 8 - 5 的有关数据来计算成品徽标 T 恤的单位成本，成品徽标 T 恤的单位成本和预定期末存货成本如表 8 - 6 所示。

表 8 - 6　雷克斯公司期末产成品存货预算

截止日：2013 年 12 月 31 日

单位成本：	金额（元）
直接材料（3 + 1）	4.00
直接人工（0.12 × 10）	1.20
制造费用：	
变动性制造费用（0.12 × 5）	0.60
固定性制造费用（0.12 × 9.59）	1.15
单位成本合计	6.95
乘：预计期末存货	200
期末产成品成本	1 390

$$\frac{预计固定性制造费用（表 8 - 5）}{预计直接人工小时（小时）（表 8 - 4）} = 6\,580\ 元/686.4 = 9.59\ 元/小时$$

（七）产品销售成本预算

产品销售成本预算反映销售产品的预计成本。产品销售成本预算是编制预计损益表之前所需的最后一张预算表。

假定期初产成品存货价值 1 251 元，可以利用表 8 - 3、表 8 - 4、表 8 - 5 和表 8 - 6 来编制预计销售成本预算，如表 8 - 7 所示。

表 8 - 7　雷克斯公司产品销售成本预算

截止日：2013 年 12 月 31 日　　　　　　　　　　　　　　单位：元

耗用的直接材料（表 8 - 3）*	22 880
耗用的直接人工（表 8 - 4）	6 864
制造费用（表 8 - 5）	10 012
预计制造成本	39 756
期初产成品	1 251
可销售产品	41 007
期末产出品（表 8 - 6）	1 390
预计产品销售成本	39 617

* 生产需要量 =（5 720 件纯色 T 恤 × 3）+（28 600 盎司油墨 × 0.20）= 22 880

（八）销售与管理费用预算

销售与管理费用预算反映非制造作业的预定支出。与制造费用一样，销售与管理费用也可以划分为变动性部分和固定性部分。像销售佣金、运费和物料用品这些项目均随着销售量的变化而变化。销售与管理费用预算如表 8 - 8 所示。

表 8 - 8　雷克斯公司销售与管理费用预算
截止日：2013 年 12 月 31 日　　　　　　　　单位：元

项目	1 季度	2 季度	3 季度	4 季度	全年
预计销售量（件）（表 8 - 1）	1 000	1 200	1 500	2 000	5 700
单位变动性销售与管理费用	0.10	0.10	0.10	0.10	0.10
变动费用合计	100	120	150	200	570
固定性销售与管理费用：					
工资	1 420	1 420	1 420	1 420	1 420
水电费	50	50	50	50	50
广告费	100	200	300	500	1 100
折旧费	150	150	150	150	600
保险费	—	—	500	—	500
固定费用合计	1 720	1 820	2 420	2 120	8 080
销售与管理费用合计	1 820	1 940	2 570	2 320	8 650

（九）现金预算

现金预算（Cash Budget）指对企业组织在不同时点上的现金收支情况和需要量进行的预计。现金预算是企业组织的一种重要管理工具，它有利于企业组织事先对日常现金需要进行计划的安排。如果没有现金预算，企业组织无法对现金进行合理的平衡、调度，就有可能使企业组织陷入财务困境。因为现金流转是企业组织的生命之本，现金预算就成了全面预算中最重要的预算之一。

现金预算通常由现金收入、现金支出、现金盈余或不足以及资金的筹集与运用四个部分构成。

可供使用的现金包括期初现金余额和预计现金收入。现金的主要来源是销售，由于很大部分的销售通常采用赊销的方式，因此，企业组织的一项重要任务就是确定应收账款的收回方式。如果一家企业组织已经运营了一段时间，可以根据以往的经验编制应收账款账龄分析表。换言之，企业组织可以确定应收账款在销售之月份收回的平均比例。

现金支出部分列示了相关时期内全部的预定现金支出。所有未导致现金支出的开支都排除在外（如折旧费就从不包括在现金支付项目之内）。短期借款的利息通常不包括在此项现金支出内，而是被归入贷款偿还项。

现金盈余或不足这一项将可供使用的现金与现金需要量进行了比较。现金需要量是现金支付总额与企业组织政策要求的最低现金余额之和，最低现金余额是企业组织可接受的最低现金持有量。考虑企业组织的银行支票账户，尽量在账户内保持一定的现金余额，可能是因为保持最低现金余额可以免交手续费，也可能因为这个余额可以允许企业组织做一些计划之外的采购。同样，企业组织也需要保持最低现金余额。这个余额的多少，不同企业组织有所不同，主要取决于企业组织的特定需要和政策。如果可供使用的现金总额少于现金需要量，就会出现现金不足，这时就需要借入短期借款。相反，如果存在现金盈余

（可供使用的现金总额大于公司的现金需要量），企业组织就有能力偿还贷款，也许还可以进行一些短期投资。

现金预算的最后一项是资金的筹集与运用，即借款和还款。如果出现现金不足，本项显示需要借入的现金；如果出现现金盈余，本项则反映包括利息支出的还款金额。

现金预算的最后一行是预定期末现金余额。为了弄清现金的盈余或不足，将最低现金余额从中扣除。然而，最低现金余额并不是一项支付，因此，在确定预定期末现金余额时，一定要将该项加回去。

下面通过雷克斯公司资料说明现金预算的编制过程：

（1）每一季度末要求的最低现金余额为 1 000 元。该公司按照 1 000 元的整数倍借款和还款。年利率是 12%。利息只在偿还本金时支付。所有的借款均发生在一个季度开始时，而所有的还款均发生在一个季度结束时。

（2）销售额有 1/4 是现金销售。赊销额的 90% 在销售的当季收回，余下的 10% 在下一季度收回。2012 年第 4 季度的销售额为 18 000 元。

（3）赊购直接材料。80% 的购货款在采购的当季支付，余下的 20% 在下一季支付。2012 年第 4 季度的购货额为 5 000 元。

（4）在制造费用中，每季折旧费预计为 540 元（表 8 - 5），在销售与管理费用中，每季折旧费预计为 150 元（表 8 - 8）

（5）2013 年的资本预算表明公司计划购买额外的丝网印刷设备，设备引起的现金支出 6 500 元将发生在第 1 季度。购买设备的资金主要来源于营业现金，必要时将借入短期借款。

（6）公司所得税约为 2 550 元，将于第 4 季度末支付。

（7）期初现金余额等于 5 200 元。

根据这些资料，雷克斯公司的现金预算如表 8 - 9 所示（所有数字均四舍五入取整）。

编制现金预算所需的资料大部分来源于营业预算。事实上，表 8 - 1、表 8 - 3、表 8 - 5、表 8 - 8 已经包含了这些重要资料，然而，这并不能提供全部所需的资料。在确定赊销和赊购引起的现金流量之前，应先确定收入的收款方式和直接材料的付款方式。

表 8 - 9　雷克斯公司现金预算
截止日：2013 年 12 月 31 日　　　　　　　　　　　　　　　单位：元

项目	1 季度	2 季度	3 季度	4 季度	全年	来源
收款：						
现销：	2 500	36 000	3 750	5 000	14 250	表 8 - 1
赊销：						表 8 - 1
本季	6 750	8 100	10 125	13 500	38 475	表 8 - 1
上季	1 350	750	900	1 125	4 125	表 8 - 1
可供使用现金余额	15 800	12 873	16 386	22 297	62 050	
现金支付：						
直接材料：						

（续上表）

项目	1 季度	2 季度	3 季度	4 季度	全年	来源
本季	3 954	4 141	5 184	5 523	18 442	表 8 - 3
上季	1 000	898	1 035	1 296	4 229	表 8 - 3
直接人工	1 272	1 512	1 920	2 160	6 864	表 8 - 4
制造费用	1 741	1 861	2 065	2 185	7 852	表 8 - 5
销售和管理费用	1 670	1 790	2 420	2 170	8 050	表 8 - 8
所得税	—	—	—	2 550	2 550	
设备	6 500	—	—	—	6 500	
支付总额	15 777	10 202	12 624	15 884	54 487	
最低现金余额	1 000	1 000	1 000	1 000	1 000	
总现金需要量	16 777	11 202	13 624	16 884	55 487	
现金盈余（不足）	(977)	1 671	2 762	5 413	6 563	
融资：						
借款	2 000	—	—	—	1 000	
还款	—	1 000	—	—	1 000	
利息*	—	60	—	—	60	
融资总额	1 000	1 060	—	—	1 060	
期末现金余额**	1 023	1 611	3 762	6 413	6 503	

* 利息付款为（6/12）×0.12×1 000 元。因为借款发生在季初，还款发生在季末，所以本金在 6 个月后偿还。

** 期末现金余额＝可供使用的现金余额－现金支付总额＋（融资）借款＋最低现金余额－还款及利息。

表 8 - 10 反映了现销和赊销引起的现金流入模式。请看 2013 年第 1 季度的现金收入。该季度的现销预定为 2 500 元（0.25×10 000 元，参见表 8 - 1）。第 1 季度收回的款项与上年最后一个季度以及 2013 年第 1 季度的赊销有关。2012 年第 4 季度的赊销金额为 13 500元（0.75×18 000 元），其中 1 350 元（0.10×13 500 元）要等到 2013 年第 1 季度才能收回。2013 年第 1 季度的预定赊销金额为 7 500 元，其中 90% 的货款将于当季收回。因此，赊销当季将收回货款 6 750 元。剩下各季的计算与第 1 季度类似。

表 8 - 10　雷克斯公司 2013 年现金收入模式

来源	1 季度	2 季度	3 季度	4 季度
现销	2 500	3 000	3 750	5 000
赊销收款情况：				
2012 年第 4 季度	1 350			

（续上表）

来源	1 季度	2 季度	3 季度	4 季度
2013 年第 1 季度	6 750	750		
2013 年第 2 季度		8 100	900	
2013 年第 3 季度			10 125	1 125
2013 年第 4 季度				13 500
现金收入总额	10 600	11 850	14 775	19 625

购货时，也要进行相似的计算。在购销两种情况下，除了上面所提供的资料外，还要知道收款和付款的方式。另外，所有的非现金费用如折旧费等都应当从费用预算总额扣除。因此，表 8 - 5 和表 8 - 8 的预定费用应扣除每个季度的预定折旧费，表 8 - 5 每个季度的制造费用应扣除 540 元的折旧费。销售与管理费用每季度应扣除 150 元，扣除后的净额列示在现金预算。

表 8 - 9 所列示的现金预算强调了将年度预算分解为短期预算的重要性。该年度的现金预算给人的印象是：该公司有充足的营业现金来购置新设备。而季度预算则表明，由于购置新设备和该公司现金流转的时间分布问题，该公司需要短期借款（1 000 元）。大多数公司按月编制现金预算，有的甚至编制周预算和日预算。

雷克斯公司的现金预算还反映出另外一项重要信息。到第 3 季度末，企业组织持有现金额将多于营业所需现金 3 762 元。该公司管理层应该考虑将这些多余的现金用于投资。一旦确定了多余现金的使用计划，就应当相应地修改现金预算。预算编制是一个动态的过程，在预算编制过程中会出现新的信息，这样就可以作出更合理的规划。

（十）编制资本支出预算

资本支出预算是长期投资计划的反映，主要包括拟投资的现金支付进度及数量计划，综合反映为投资各年的现金流量预计表，它是企业组织编制预计财务报表的重要数据。

（十一）编制预计损益表

编制完产品销售成本预算和销售与管理费用预算之后，雷克斯公司就拥有了编制营业收益预算所需的所有营业预算。该公司的预计损益表如表 8 - 11 所示。

表 8 - 11 雷克斯公司预计损益表
截止日：2013 年 12 月 31 日   单位：元

销售收入（表 8 - 1）	57 000
产品销售成本（表 8 - 7）	39 617
毛利	17 383
销售与管理费用（表 8 - 8）	8 650
营业收益	8 733
利息费用（表 8 - 9）	150

（续上表）

税前利润	8 673
所得税（表8-9）	2 550
净利润	6 033

（十二）预计资产负债表

预计资产负债表反映预算期末各账户的预期余额，全面反映企业组织的经营预测情况，也是计划综合结果的反映，为企业组织提供期末预期财务状况的信息。

预计资产负债表根据期初资产负债表、当期资产负债表和全面预算的其他预算所提供的资料编制。2012年12月31日雷克斯公司的资产负债表如表8-12所示，2013年12月31日雷克斯公司的预计资产负债表如表8-13所示。

表8-12　雷克斯公司资产负债表

2012年12月31日　　　　　　　　　　　　　　　单位：元

资产	金额	负债及股东权益	金额
流动资产：		流动负债：	
现金	5 200	应付账款	1 000
应收账款	1 350		
存货：			
材料	250		
产成品	1 251		
流动资产合计	8 053		
固定资产			
土地	1 100	股东权益：	
建筑物和设备	30 000	普通股	
累计折旧	5 000	留存收益	33 153
固定资产合计	26 100		
资产总额	34 153	负债及股东权益总额	34 153

表8-13　雷克斯公司预计资产负债表

2013年12月31日　　　　　　　　　　　　　　　单位：元

资产	金额	负债及股东权益	金额
现金（表8-9）	6 413	应付账款（表8-3和表8-9）	1 381
应收账款（表8-1和表8-9）	1 500		
存货：			

（续上表）

资产	金额	负债及股东权益	金额
材料（表8-3）	424		
产成品（表8-6）	1 390		
流动资产合计	9 817		
固定资产			
土地（表8-12）	1 100	股东权益：	
建筑物和设备（表8-12和表8-9）	36 500	普通股	
累计折旧（表8-12、表8-5和表8-8）	7 760	留存收益（表8-10和表8-12）	39 276
固定资产合计	29 840		
资产总额	40 657	负债及股东权益总额	40 657

第四节　全面预算的形式

在全面预算管理的不断发展过程中，人们积累了丰富的全面预算管理经验。其中表现最明显的是全面预算形式的不断完善，已经形成了一个丰富多彩的全面预算管理体系。

一、静态预算

大部分企业组织的全面预算起点是销售预算。如果销售预测不合理，生产预算的预计产量必然也会与实际产生较大偏差。而直接材料预算、直接人工预算等都是在预计产量的基础上编制的。在这种情况下，前面编制的全面预算岂不全成废纸了吗？

对雷克斯公司来说，全面预算是根据每年预计销售量 5 700 件 T 恤而编制的，这是一种较为传统的全面预算编制方法。人们把上述按固定业务量编制的全面预算称为静态预算，因为预算过程只考虑了一种产销量水平。在这种情况下，预算结果就很难发挥其应有的作用。它不适合用于绩效评价。

二、弹性预算

弹性预算（Flexible Budget）又称变动预算、滑动预算，是在变动成本的基础上，根据未来不同业务水平确定与之相对应的费用数额的预算编制方法。当实际产销量与预算数偏差较大时，更适合编制弹性预算，即在不能合理地预测预期业务量的情况下，根据成本性态及业务量、成本和利润之间的依存关系，按预算期内可能发生的业务量编制的一系列预算。弹性预算主要用于：①业务量具有波动性的情形；②变动成本占成本总额的主要部分。

编制弹性预算（以成本预算为例）通常有以下几个步骤：

1. 选择业务量的计量单位

根据企业组织的具体情况选择，如机械化程度高的企业组织，更宜采用机器工时而非人工工时。此外，还要注意计量单位是否易于取得和易于理解。

2. 确定业务量的范围

业务量的范围就是预期业务量变动的相关范围，应该根据企业组织的具体情况来定，但应该使将来可能发生的业务量不超过此范围。

3. 按成本性态将成本分为固定成本和变动成本

4. 确定预算期内各业务活动水平

5. 编制弹性预算

假设雷克斯公司的管理人员想要知道生产 1 000 件 T 恤、1 200 件 T 恤和 1 400 件 T 恤的成本。从表 8 - 6，可以知道下面的变动成本资料：直接材料成本（4.00 元/件）、直接人工成本（1.20 元/件）和变动性制造费用（0.60 元/件）。为了使弹性预算更为细化，再假设材料用品和动力的单位变动成本分别为 0.45 元和 0.15 元，这两项变动性制造费用总计为 0.60 元。从表 8 - 5 还知道，预计固定性制造费用为每季 1 645 元。按三种业务量水平编制的生产成本弹性预算，如表 8 - 14 所示。

表 8 - 14　雷克斯公司的弹性生产预算

生产成本	单位变动成本	生产量为 1 000 件	生产量为 1 200 件	生产量为 1 400 件
变动成本：				
直接材料	4.00	4 000	4 800	5 600
直接人工	1.20	1 200	1 440	1 680
变动性制造费用：				
材料用品	0.45	450	540	630
动力	0.15	150	180	210
变动成本合计	5.80	5 800	6 960	8 120
固定性制造费用：				
监管费		1 105	1 105	1 105
折旧费		540	540	540
固定成本合计		1 645	1 645	1 645
生产成本合计		7 445	8 605	9 765

弹性预算比固定预算运用范围广泛，它使预算与实际具有可比基础，使预算控制和差异分析具有意义和说服力。一经编制，只要各项消耗标准和价格等依据不变，便可连续使用，从而大大减少了工作量。当然，运用弹性预算而不运用固定预算的最主要原因还在于运用弹性预算能够在控制了数量变化后，更好地评价某个职能部门或管理人员的经营绩效。

美国一项对上市公司弹性预算应用情况的调查研究发现，48% 的公司在对生产成本进行预算时采用了弹性预算方法，但仅有 27% 的公司在对分销、市场营销、研究与开发费用、管理费用进行预算时采用了弹性预算方法。这表明，在生产部门中，弹性预算也得到了广泛运用。在我国企业组织中,运用弹性预算方法并不多见,大部分实施全面预算管理的企业组织都只编制固定预算,这说明我国企业组织的全面预算编制水平还相对落后。

三、滚动预算

滚动预算(Rolling Budget),又称连续预算或永续预算,指在编制预算时,将预算期与会计年度脱离开,随着预算的执行不断延伸补充预算,逐期向后滚动的一种预算编制方法。其基本精神就是其预算期永远保持 12 个月,每过 1 个月,都要根据新的情况调整,在原来预算期末再加 1 个月的预算,从而使预算经常保持 12 个月的预算期。

雷克斯公司的预算编制时期与日历年度相一致,在这种方式下,编制的预算在管理会计称为定基预算。我国会计年度的划分也与日历年度相一致,也就是说,每年年底编制年度会计报告。这种类型的预算将会计年度报告所反映出的企业组织实际执行结果与预算指标进行对比,以评价预算执行结果的好坏。

定基预算所具有的缺陷就是当预算年度接近终了时,管理人员往往将目光局限于该年很短的剩余时间内,突击花钱。此外,还有一个缺陷,比如,在上年年底编制预算的当时,预计产品销售单价为 100 元,由于市场竞争的压力,企业组织从本年第三季度开始,不得不将产品销售单价降低到 80 元。这样,在预算期的后两个季度,企业组织的现金收入必定大幅减少。随着时间的推移,在预算执行过程中,企业组织可能不断获得新的有关信息,而定基预算无法利用这些信息对预算年度剩余期间的预算指标作出合理调整。

为了克服这些缺陷,就产生了滚动预算。其预算期不是固定在某年的 1~12 月,而是当本月预算执行完之后,就要及时将这个月的执行结果与预算指标进行对比,分析产生差异的原因,在此基础上,对剩余的几个月的预算指标进行调整,并且再增加 1 个月的预算,使所得到的新预算仍旧保持为 1 年。

滚动预算的编制,可采取长计划、短安排的方式进行,也就是说,在编制预算时,先按年度分季,并将其中第一季度按月划分,建立各月的明细预算,以便监督预算的执行。其他三个季度可以粗略一些,到第一季度结束后再将第二季度的预算数按月细分,依此类推。滚动预算的编制原理如图 8-9 所示。

图 8-9　滚动预算示意图

滚动预算与其说是一种全面预算编制方法，还不如说是一种全面预算编制思想。与传统全面预算方法相比，它具有如下优点：①保持预算的完整性、持续性，从动态预算中把握企业组织的未来；②使各级管理人员始终对未来 12 个月的生产经营活动有所考虑和规划，从而有利于生产经营稳定而有序地进行；③由于预算不断修整，使预算与实际情况更相适应，有利于充分发挥全面预算的指导和控制作用。但在实践中，采用滚动预算，必须有与之相适应的外部条件，如材料供应时间等。此外，滚动预算的自动延伸工作比较耗时，代价太大。

四、零基预算

传统的全面预算制度是以过去的全面预算为基础，再根据预期的需要来增减一定的金额。这是一种典型的增量方法。该方法假设目前大多数（如果不是全部的话）活动和职能都将延续到下一个预算期。传统全面预算编制的重点是调整现行经营预算。

相反，零基预算（Zero – Base Budget，ZBB）指在编制成本费用预算时，不考虑以往会计期间所发生的费用项目或费用数额，而是以所有的预算支出为零作为出发点，一切从实际需要与可能出发，逐项审议预算期内各项费用的内容及其开支标准是否合理，在综合平衡的基础上编制费用预算。零基预算的基本观念是没有任何成本具有延续性，无论何种成本每年都是重新开始计算。例如，广告成本预算不是依上年数据加以增减，而是营销部门判断本年是否需要广告费的支出。也就是说，零基预算促使高层管理人员在每年分配资源之前，重新思考企业组织的营运计划，再决定资源分配的对象——只包括管理人员认为确实需要的活动或职能。

零基预算要求管理人员和预算编制人员对所有的预算项目进行充分考虑和分析，并依重要性将企业组织内的各种活动予以排序，删除较不重要或较不值得做的活动，再列出企业组织下年度的营运活动。这种预算方法有利于管理人员发现已经失效的或只是浪费资源的活动或职能。零基预算通常较为严谨、高效。

零基预算受批评的地方在于程序太繁杂，有人认为应该是四至五年重新评估一次。不过，不可否认的是，零基预算近年来已受到广泛的重视和采用。在美国已有许多的政府机构和企业组织普遍采用零基预算。近年来，我国政府部门为提高各项重要计划的执行绩效，也采用零基预算来防止浪费情况的发生。

第五节　全面预算管理模式

企业组织应该综合考虑外部环境和内部条件选择最为适合的全面预算管理模式。世界上并没有一个适用于所有企业组织的统一全面预算模式，而是在遵循全面预算管理基本规律的前提下，从企业组织的战略目标出发，以成本效率原则为依据，根据企业组织的实际情况，选择最有效率的全面预算管理模式。

一、企业组织的预算管理模式

根据全面预算编制的出发点不同，企业组织的全面预算管理模式可分为五大模式。

（一）以目标利润为起点的全面预算管理模式

这种全面预算管理模式以目标利润为起点，分别编制企业组织的销售预算和成本预算，并反复平衡，直至实现目标利润为止。以利润为主导指标，以销售收入和成本为辅助指标。其特点为：

①以适当方法确定目标利润；

②以市场需求为起点编制销售预算；

③以内部管理改善为起点编制成本费用预算；

④以寻求潜在获利机会为基础编制投资预算；

⑤以寻求现金收支平衡编制筹资预算和现金预算。

以目标利润为起点的全面预算管理模式适合于以利润最大化为目标的企业组织以及大型企业集团的利润中心。它有利于提高利润，改善管理，降低成本，但是，它容易导致短期行为。例如，企业组织可能产生过高风险或虚假利润。

（二）以资本预算为起点的全面预算管理模式

资本预算具有广泛的内容，主要包括：①投资项目的总预算；②投资项目的可行性分析与决策过程；③在时间纬度上规划资本支出的现金流量；④投资项目筹资预算。

以资本预算为起点的全面预算管理模式即以资本投入总量为起点，分别编制各项预算。以投资项目的净现值为主导指标，以现金收支平衡为辅助指标。该模式贯彻量入为出原则，追求企业组织的高速发展，但可能产生盲目投资行为，造成浪费。

以资本预算为起点的全面预算管理模式适用于初创期的企业组织、企业集团的投资中心、迅速成长的市场。企业组织在初创期，面临着极大的经营风险，一方面是大量资本支出与现金流出，使得企业组织的净现金流量为负数，另一方面是新产品开发的成败及未来现金流量的大小具有较大的不确定性，投资风险较大。因此，以资本投入为中心的资本预算更适合于该阶段的企业组织。

（三）以销售为起点的全面预算管理模式

在这种预算管理模式下，全面预算管理的思想是：

①以市场为依托，基于销售预测而编制销售预算；

②以销定产为原则，编制生产、费用等各职能预算；

③以各职能预算为基础，编制综合财务预算；

④以销售预测的结果为起点，分别编制销售预算、生产预算、成本预算、利润预算、现金预算。以销售收入为主导指标，以利润和现金回收为辅助指标。

以销售为起点的全面预算管理模式适合于以企业组织价值最大化为目标的企业组织、成长期的企业组织和成长期的市场。步入成长期的企业组织，尽管产品逐渐为市场所接受，但企业组织仍然面临较高的风险。风险一方面来自产品能否为市场所接受，能在多高的价格上被接受，从而表现为经营风险；另一方面，来自于现金流量的负值及由此产生的财务风险，即由于大量的市场营销费用的投入，各种有利于顾客的信用政策，使得净现金流量仍然处于入不敷出的状态。这些特征决定了成长期的战略中心不在财务而在营销上，即通过市场营销来开发市场潜力和提高市场占有率。同样，全面预算管理的重点也是借助全面预算机制的管理形式来促进营销战略的全面落实。这样，以销售为起点的全面预算管理模式，应该而且能够为企业组织的营销战略实施提供全方位的管理支持。但是，这种全面预算管理模式可能出现产品过度开发、对成本管理重视不够的问题。

（四）以成本控制为起点的全面预算管理模式

此种模式主要以降低成本作为全面预算编制的出发点，以成本为主导指标，以收入和利润为辅助指标。其内在的逻辑为：产品成本预期 = 现实售价 − 期望利润。其编制程序为：

①目标成本的设定；

②目标成本的分解；

③平衡后得到成本预算；

④确定收入预算；

⑤确定利润预算。

以成本控制为起点的全面预算管理模式适用于销售比较稳定的传统企业组织，大型企业集团的成本中心。步入成熟期后，企业组织自身的应变能力和所处的市场环境都有不同程度的改善，一方面市场增长减慢，但企业组织却拥有相对较高、较稳定的份额，市场价格也趋于稳定；另一方面，由于大量的销售和较低的资本支出，使企业组织净现金流量为正数，且保持较高的稳定性。此时，企业组织的经营风险相对较低，但同时潜在的压力也非常大。这种压力体现在两个方面：一是成熟期长短变化导致的持续经营压力与风险；二是成本下降压力与风险。由于前者是不可控风险，后者是可控风险。因此，成本控制就成为这个阶段财务管理乃至企业组织的管理核心。

以成本为起点的全面预算管理模式有利于降低成本，增加利润，提高企业组织竞争能力。但是，可能导致企业组织只注重成本降低，忽略新产品开发，对企业组织的长期发展不利。

（五）以现金流量为起点的全面预算管理模式

现金流量及其流转在财务管理中的重要性使得以现金预算为起点的全面预算管理模式应当而且必须成为企业组织日常财务管理的关键。

以现金流量为起点的全面预算管理模式就是以现金收支平衡为起点，分别编制各种收入预算和支出预算，以现金净流量为主导指标，以利润和销售收入为辅助指标。其基本内容包括现金收入预算、现金支出预算和两者的平衡预算。

这种全面预算管理模式适用于资金比较紧张、财务比较困难的企业组织和衰退的市场，因为对于资金紧张的企业组织来说，如何能监控现金有效收回并保证其有效使用成为企业组织的管理重点。这样，加强以现金流入流出为核心的现金管理也就有了其必然性。对衰退期的企业组织来说，已经拥有稳定的市场份额，但市场总量下降，销售出现负增长。在财务方面，大量应收账款在本期收回，而潜在的投资项目并未确定。因此，自由现金大量闲置，并可能被滥用。以现金流量为起点的全面预算管理模式有利于避免财务危机，防范财务风险。

二、树立正确的全面预算管理观念

企业组织的全面预算管理系统不是一个简单的指标体系或指标分解下达的过程。在全面预算管理系统的运行中，内含着各种机制作用即全面预算机制。全面预算机制是一种利益动力机制、责任约束机制、责权利协调机制、整体利益的保证机制，其成功取决于预算过程各个阶段相关人员的通力协作。

但在实践中，全面预算管理的推进却困难重重，很少看到国内有典型的成功案例。这项工作往往成为企业组织管理人员眼中的"鸡肋"，"食之无味，弃之可惜"，最终难免失败。究其原因，大多是由于对全面预算管理理解的片面性以及缺乏处理实务的经验，致使在全面预算管理的实施过程中存在不少问题。

（一）全面预算管理存在的问题

企业组织实施全面预算管理过程存在的问题集中表现在以下几个方面：

①编制全面预算只凭以往的经验，脱离企业组织战略；

②"就事论事，为预算而预算"，把全面预算管理仅仅看成全面预算编制，较少顾及如何实现全面预算；

③全面预算例会，企业组织上下对此总是重视不够，似乎只是财务部门的事情；

④全面预算编制方法五花八门，合理性无从保证；

⑤预算指标分配，各部门争论不休；

⑥全面预算执行往往超标，反复调整也无济于事，"编一套，做一套"、"有指标而无考核"；

⑦月度全面预算分析，电话打遍企业组织的上上下下，难寻问题根源；

⑧年终考核，实际数与预算数大相径庭，全面预算严肃性备受质疑。

（二）树立全面预算管理新理念

要解决全面预算管理存在的问题，使全面预算管理工作取得预期的效果，必须树立以下几个新理念：

1. 以企业组织战略为基础

确立"以企业组织战略为基础"的理念，使日常的全面预算管理成为实现长期发展战略的基石。如前所述，全面预算管理是对计划的数字化反映，也是落实企业组织发展战略的一种有效手段。因此，企业组织在实施全面预算管理之前，应该认真进行市场调研和企业组织资源分析，明确自己的长期发展目标，以此为基础编制各期的预算。这样可以使企业组织各期的预算前后衔接起来，避免预算工作的盲目性。

2. 面向市场

确立"面向市场"的理念，使预算指标经得起市场的检验。企业组织全面预算的基础是销售预算。只有预计的销售额确定了，一定时期的生产预算、采购预算、直接材料预算、直接人工预算、间接制造费用预算、期间费用预算才能最终确定下来。可见，整个企业组织的全面预算管理系统的基础是对市场情况的预测与分析。为了应对市场的变化，企业组织制定的预算指标应该具有一定的弹性，为全面预算工作的顺利开展留有余地，减少预算过大所带来的风险。

3. 面向未来和基于活动分解制预算

确立"面向未来和基于活动分解制预算"的理念，使预算指标客观公正，易于接受。企业组织的活动是收入的源泉和成本费用的驱动因素，企业组织未来的活动则是企业组织预算指标数值大小的直接决定因素。以企业组织未来活动的预测为基础，并将这些活动在各部门之间合理分解，才能使企业组织的预算指标接近实际，保障企业组织各项增值活动的顺利实施。

4. 基于企业组织价值链分析解制预算

确立"基于企业组织价值链分析解制预算"的理念，使全面预算管理成为协调企业组织内部各部门之间经济活动和利益冲突的有效手段。价值链是能够创造和交付给顾客有价值的产品或劳务的一整套不可缺少的环节，如同自行车的链条缺少一个环就变得毫无用处一样。企业组织通过商品和劳务向顾客传递价值的过程中需要各部门的密切配合，各部门应通力合作，努力为顾客提供更多的价值，部门之间发生利益冲突时应以顾客利益为最高准绳来协调矛盾和安排活动，这样才能确保企业组织在市场中的竞争力。

5. 恰当的假定是预算的基点

确立"恰当的假定是预算的基点"的理念，使预算指标建立在一些未知而又合理的假定因素的基础上，便于企业组织全面预算的编制和管理工作的开展。全面预算管理最令人头痛的问题是全面预算管理人员不得不面对一些不确定的因素，也不得不预定一些预算指标之间的关系。比如，在确定采购预算的现金支出时，必须先预定各种原材料价格的未来走向；在确定销售费用时，通常通过其占销售收入的比重来决定；在确定利息费用时，又得假定未来的借款金额和利率水平。可见，没有一些合理的假定，便无法制定全面预算，全面预算工作也就无法开展。

6. 考核与奖惩是生命线

确立"考核与奖惩是生命线"的理念，确保预算管理落实到位。严格考核不仅仅是为了比较预算指标值与预算实际值，肯定成绩，找出问题，分析原因，改进以后的工作，也是为了对员工实施公正的奖惩，以便奖勤罚懒，调动员工的工作积极性，激励员工共同努力，确保企业组织最终实现其战略目标。

7. 以人为本，关注道德

确立"以人为本，关注道德"的理念，全面提高全面预算工作的效率和效果。人是全面预算的制定者、预算信息的利用者、预算的执行者、预算制度的被考核者，也是全面预算工作的主体，更是全面预算工作效果好坏的决定性因素。因此，全面预算工作应该以人为本，离开了对人的关注，企业组织的全面预算管理便无法搞好。由于全面预算会影响到很多人的经济利益，这就不可避免地涉及道德问题。比如，不少部门为了小团体的利益，在制定全面预算时经常表现出"本位主义"的思想，作出较为宽松的预算。这违背了预算指标应该尽量客观、公正、可靠的要求。缺乏道德意识的全面预算管理必然影响全面预算工作的质量。此外，执行全面预算工作过程还应该注意发挥员工的主观能动性，鼓励各级员工参与全面预算工作，培养其主人翁的意识，不给员工造成一种强加的感觉。

最后，全面预算管理系统是涉及全方位、全过程和全员的一种整合性管理系统，具有全面的控制力和约束力，绝非只是财务部门的事情。

📖 本章小结

本章讨论了全面预算及其作用、全面预算管理系统的构成、全面预算的内容及其编制方法、全面预算的形式以及全面预算管理模式。

关键术语和概念

全面预算　经营预算　财务预算　资本预算　销售预算　生产预算
直接材料消耗及采购预算　直接人工预算　制造费用预算　产品成本预算
期末存货预算　销售和管理费用预算　现金预算　预计损益表　预计资产负债表
静态预算　弹性预算　滚动预算　零基预算

拓展阅读

1. ［美］罗纳德·W. 希尔顿. 管理会计学：在动态商业环境中创造价值（原书第5版）. 阎达五，李勇等译. 北京：机械工业出版社，2007.

2. ［美］查尔斯·T. 亨格瑞，加里·L. 森登，威廉姆·O. 斯特尔顿，戴维·伯格斯塔勒，杰夫·舒兹伯格. 管理会计教程（原书第15版）. 潘飞，沈红波译. 北京：机械工业出版社，2012.

3. 胡玉明. 管理会计. 北京：中国财政经济出版社，2009.

4. 胡玉明，丁友刚，卢馨. 管理会计（第2版）. 广州：暨南大学出版社，2010.

5. 刘运国. 管理会计学. 北京：中国人民大学出版社，2011.

6. 胡玉明. 会计学：经理人视角. 北京：中国人民大学出版社，2011.

第九章　责任会计

知识经济的到来，使全球社会经济环境发生了一系列重大变化。就微观环境而言，迅速发展的先进制造技术、日益激烈的全球性竞争和诸多行业管制的取消等新的市场条件，使企业组织的组织结构逐渐从传统的纵向等级制转变为横向扁平型和动态网络型。这种新型的组织结构要求原有的管理控制系统作出相应的变革，建立一套有利于知识创造与共享的绩效评价与激励制度，以正确评价和引导项目团队和员工的价值创造行为。本章着重讨论分权化组织结构的责任会计。

通过本章学习，应该掌握如下内容：
1. 分权化组织结构的责任会计
2. 责任中心及其考核
3. 转移价格

第一节　分权化组织结构的责任会计

随着现代企业制度的发展，企业组织的规模越来越大。由此，企业组织内部的"受托责任链条"日趋层次化和复杂化。20 世纪 50 年代之后，许多企业组织实行了某种形式的分权化（Decentralization）管理制度，责任会计（Responsibility Accounting）正是现代企业组织分权化管理制度的产物。

一、企业组织的组织结构与管理控制系统

企业组织的组织结构与管理控制系统是责任会计的基础。

（一）企业组织的管理控制系统

企业组织要在外部竞争中形成较强的竞争力，必须根据总体战略的要求合理配置企业组织范围内的资源。按照交易费用经济学的观点，如果市场交易成本超过内部化成本，企业组织采用内部化手段代替市场交易，可以降低交易费用，从而提高资源配置效率。

随着企业组织的规模不断扩大，企业组织在节约交易费用的同时，也增加了监督和管理费用。比如，企业集团内母子公司关系以资本为主要连接纽带，集团子公司具有独立的法人地位，作为具有多层委托代理关系的不同法人联合体，其内部各成员子公司虽然有着统一的发展战略目标和一致的经济利益，但也存在着各自的经济利益，加上委托代理双方

存在着信息不对称，成员子公司比较容易出现"逆向选择"和"道德风险"等问题，从而有可能损害股东的利益。企业组织治理结构的中心任务就是要在制度层面解决代理风险，即通过建立有效的激励约束机制，促使经理人的利益目标与企业组织的目标相统一，自觉地为股东利益最大化服务。

在企业组织规模尚小的时候，市场能自发地调节经理人行为并分派决策权力（通过资源配置）。但是，随着企业组织规模的不断扩大，在企业组织的组织结构越来越复杂的环境下，就必须在企业组织内部设计管理工具来完成市场的职能，需要对其经营实施控制以实现企业组织的目标。

企业组织的管理控制系统通常由制度控制系统、预算控制系统、考评控制系统和激励控制系统组成。

制度控制指企业组织通过规章、制度的形式规范与限制企业组织各级经理人与员工行为，以保证管理活动不违背或有利于实现企业组织的战略目标。

如第十章所述，预算是一种系统的方法，用来分配企业组织的财务、实物及人力等资源，以实现企业组织既定战略目标。企业组织可以通过预算来监控战略目标的实施进度，有助于控制开支。预算控制系统的作用在于使经理人及员工明确自身量化目标，并能及时发现行为偏差对目标的影响，从而可以随时纠正偏差，保证完成目标任务。预算控制系统突出表现在过程控制，更多的是充当一种在企业组织的战略目标与经营绩效之间联系的工具。要与企业组织的考评控制系统相结合，形成一个完整的企业组织绩效控制系统，预算才能够名副其实地扮演起战略监控的角色。

考评控制强调的是控制目标而不是控制过程，只要实现各级管理目标，那么，企业组织的战略目标将得以实现。考评控制系统从控制环节看，包括考评指标的制定、考评程序与方法、考评结果与奖惩。

激励控制指企业组织通过激励的方式控制经理人的行为，使经理人的行为与企业组织的目标（或企业组织所有者目标）相协调。经营绩效评价体系要衡量代理人被授予决策权领域的绩效。同样，奖惩体系也必须奖惩那些实施了绩效评价的领域。激励机制必须考虑如下几个问题：①哪些绩效指标能够衡量经理人的工作；②经理人的行为如何影响这些绩效指标；③绩效指标如何转化为个人薪酬。绩效评价是激励机制的前提，激励机制是绩效评价的必然结果，两者共同促进企业组织战略目标的实现。

在企业组织组织结构变迁、企业组织分权管理日益深化的新形势下，企业组织评价和奖赏什么对实现企业组织战略的重要性日益突出。正如一句名言所云："评价什么，就得到什么"和"没有评价就没有进步，没有监督就会退步"，绩效评价系统能够引导企业组织各个部门向符合企业组织整体利益的方向发展。

不同的组织结构，其管理控制方式与权限各具特点。但是，所有的企业组织都必须建立：①分派决策权力的体系；②评价经营绩效的体系；③根据经营绩效进行奖惩的体系。这三个体系构成了现代企业组织的绩效评价系统。它们就像一张三脚凳的凳腿一样，不可或缺。同时，这三者还必须维持平衡，必须相互协调。其关系如图9-1所示。

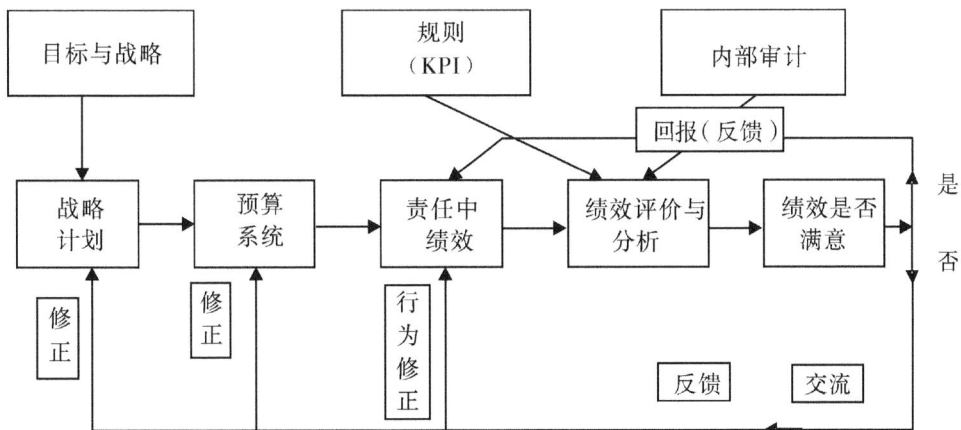

图9-1　企业组织的管理控制系统及其关系

（二）企业组织的组织结构

企业组织所有的决策权力最初都是由董事会掌握的。这些权力的大部分被授予了企业组织的总经理，总经理保留其中的部分权力，然后将剩余的权力分别授予其下属。这种不断向下分授决策权的行为形成了一种金字塔型的层级组织结构。而集权化和非集权化管理的区别实际上就是在企业组织将决策权分配给企业组织更高阶层还是将决策权分配给企业组织较低阶层，以便使知识信息与决策权紧密相连。

1. 直线职能制组织结构（U型结构）

企业组织通常沿责任链组织而成。起初，企业组织由于规模较小，产业比较单一，分工明确，通常采取按职能划分部门的一元结构（亦称U型结构，Unitary Structure）。这种直线职能制组织结构如图9-2所示。

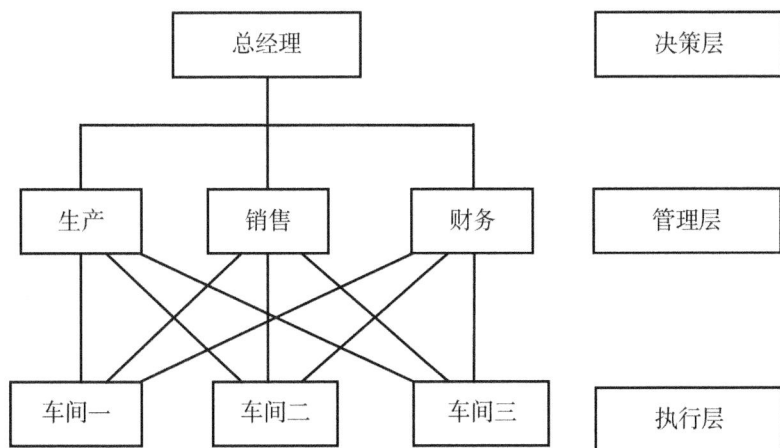

图9-2　直线职能制组织结构

U型结构为三个层次：决策层、管理层和执行层（车间或分厂、分公司）。责任链自总经理而下，依次经过副总经理、管理层经理人和执行层经理人。决策权集中在企业组织的高层，总部直接控制下属部门的生产经营过程。执行层的权力较小，没有经营自主权，也没有财务的独立性。

由于 U 型结构集权程度高，管理控制严格，母公司的战略决策可以得到有效贯彻执行，组织效率高。在绩效评价时，各个部门一般被划分为收入中心、成本中心和费用中心，由于企业组织的业务较为单一，企业组织更关注各个部门的财务成果，绩效评价侧重于财务指标。

绩效评价的难题在于专业分工可能造成各部门过度关注部门目标而忽视了企业组织的整体目标。同时，各个职能部门之间的绩效也不易评价和比较。

随着企业组织的规模不断扩大、竞争的加剧、顾客需求多样（变）化等，责任链的数量和长度都会增加。这将使得企业组织的机构日益臃肿。通常的解决办法是使组织结构扁平化，由此出现了 M 型、H 型、矩阵结构和网络结构。扁平结构强调团队间的合作，体现了分权管理的思想。

2. 事业部制结构（M 型结构）

事业部制结构即 M 型结构（Multidivisional Structure），如图 9 - 3 所示。M 型结构包括三个层次：①总部董事会和总裁班子是最高决策层，主要职能为战略管理和交易协调；②由职能部门和支持服务部门组成；③围绕企业组织的核心业务，建立互相依存又互相独立的子公司。子公司是在一个统一的经营战略下承担某种产品或提供某种服务的生产经营单位。子公司负责人是受母公司委托管理部分资产和业务的代理人，而不是子公司自身利益的代表。

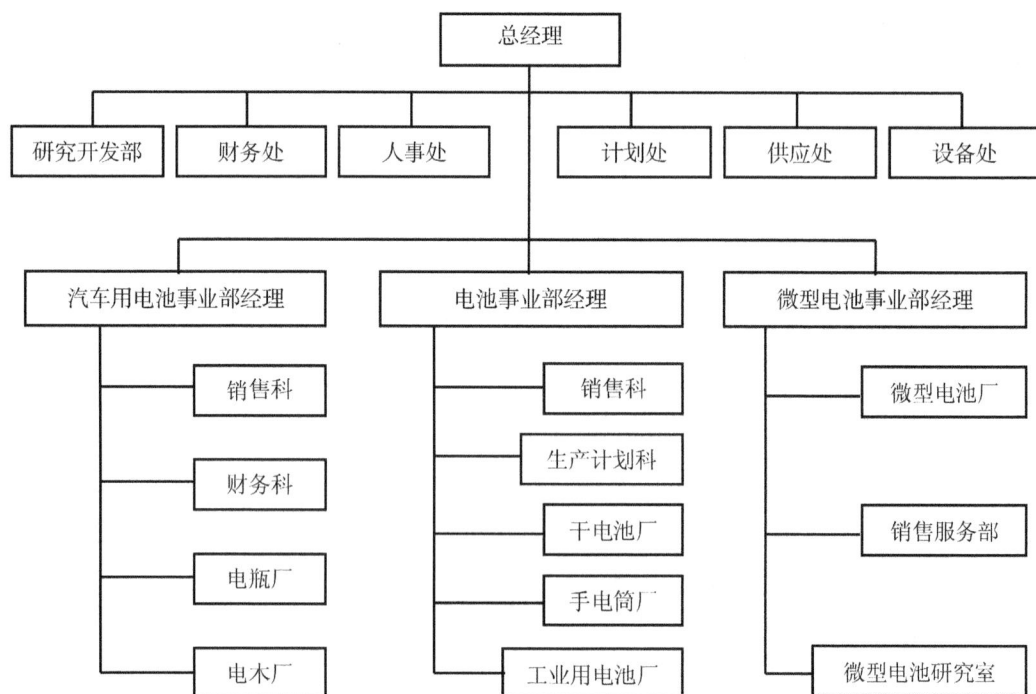

图 9 - 3 M 型结构示意图

　　采用事业部制的企业组织实行集中决策指挥下的分散经营。一般来说，总部保留的权力仅限于制定战略和设计组织结构，而不是控制。各个事业部从业务战略到日常管理具有相对独立的决策权，因此，一般被划分为利润中心，有时也被划分为投资中心。

　　事业部制已经成为当今大多数大中型企业组织的组织结构模式，事业部制的产生主要与企业组织实行多元化战略与竞争扩张相关。如果各事业部之间业务共享程度高，协同效应强，就要求企业组织的各级管理层和员工必须对企业组织的总体战略和目标具有高度的认同，在企业组织的各个管理层次、战略管理的各个环节都要建立畅通无阻的沟通和联系机制。

　　3. 矩阵结构

　　矩阵结构（Matrix Organization）是在 U 型结构的基础上，再建立一套横向目标系统，把按职能划分的管理机构与按产品划分的项目小组结合起来，使每一名小组成员既与原职能部门保持业务和组织上的垂直联系，又与按产品或项目划分的小组保持横向联系，形成一个矩阵，如图 9 - 4 所示。

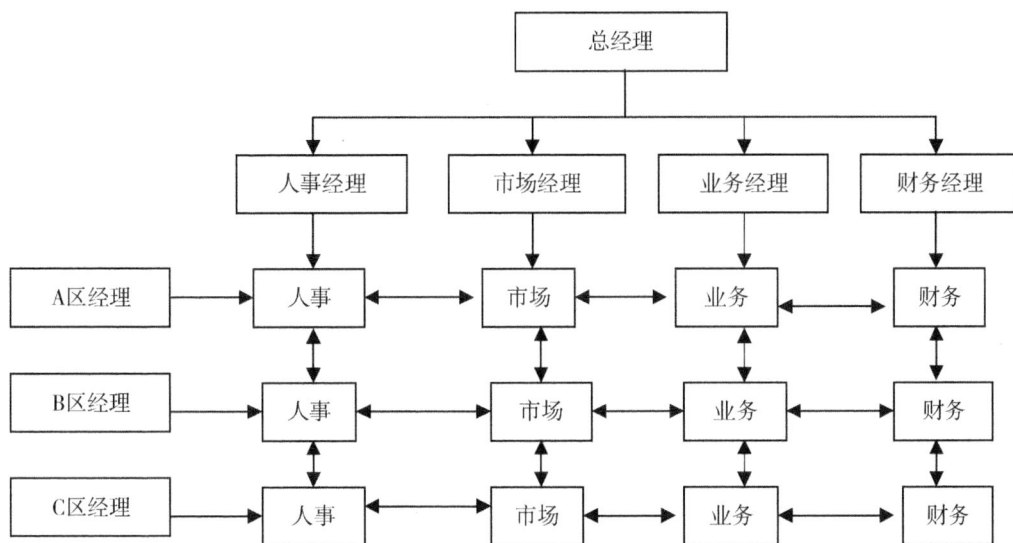

图 9 - 4　矩阵结构示意图

　　4. H 型结构

　　多元化产业经营的企业组织和控股型公司，大多采取 H 型结构（控股型结构，Holding Structure），如图 9 - 5 所示。

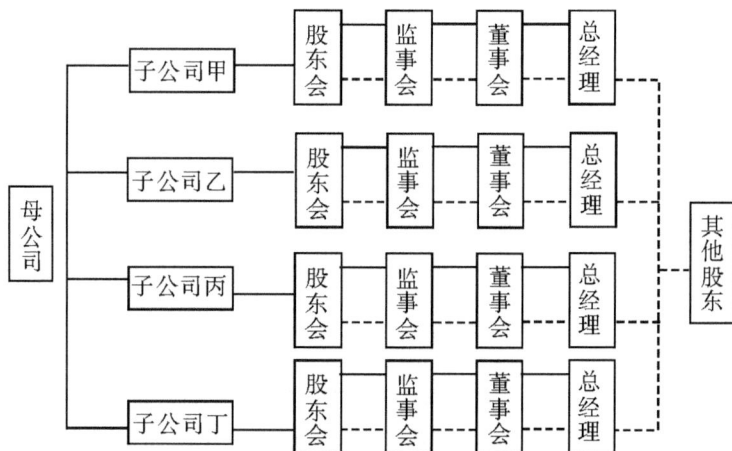

图 9-5 H 型结构示意图

分权程度高，控股公司总部专注于战略管理。其下属公司具有较大的独立性，子公司负责具体产业的生产经营活动，权力较大，具有较大的经营自主权，在财务上具有独立性。

随着组织结构变迁所形成的分权化趋势，企业集团的经营范围可能涉及十多个或上百个行业，生产的产品可能有几百种甚至上千种，每个行业的利润率、发展机会、未来前景和投资风险可能存在很大差别。此时，单纯依靠传统的财务信息已经越来越难以满足管理的内在需求。

在分权化的组织结构中，各个业务单位追求各自绩效最大化的倾向是企业组织最高管理层进行控制的重点。仅仅依靠财务指标来进行绩效评价可能会损害企业组织的整体绩效。因此，绩效评价考虑适当的非财务指标将更加全面地反映各个分部对集团总体战略目标的贡献。

如果各个事业部之间没有密切的业务联系，协同效应弱，这时的企业组织就犹如一个"投资组合"，企业组织总部将按照市场化的原则管理每个事业部。在这种情况下，价值创造指标以及财务评价对企业组织更有意义。

二、责任会计基本概念

企业组织的组织结构与其责任会计系统存在密切的联系。理想的责任会计系统应该能反映并支持企业组织的组织结构。

责任会计是在行为科学理论的基础上产生，与企业组织的组织结构相适应，在分权管理条件下，为适应经济责任制的要求，将企业组织划分为各种不同形式的责任中心，并建立以各个责任中心为主体，以权、责、利相统一为特征，以责任预算、责任控制、责任评价和奖惩为内容，通过信息的积累、加工和反馈而形成的一种企业组织的内部管理控制制度。它是把会计资料同各责任中心经济活动的规划、控制、评价与绩效评价紧密联系起来的一整套会计制度，也称责任会计制度。

责任会计的目的是提供各种会计报告，以使各责任中心的责任人了解其相应的责、权、利，作为今后评价各责任中心绩效的主要依据。一个有效的责任会计制度必须具备以下三个特征：①必须与组织战略、组织目标保持高度一致；②必须适应组织结构及每个经理人的不同决策责任；③应该激励经理人和员工。

责任会计的内容体系，归纳起来有以下六个方面：

（一）合理划分责任中心

实施责任会计，首先要按照分工明确、责任易辨的原则，合理划分责任中心。然后明确规定其权、责范围，使其能在权限范围内，独立自主地履行职责。

责任中心是一种特定的工作单元，在这个单元中，有确定的领导者负责确定的工作任务。需要注意的是企业集团的责任中心与子公司、事业部是有区别的。

（1）责任中心与法律上的独立地位没有必然联系。责任中心的划分是企业组织的实际经营和管理控制的需要。

（2）责任中心与组织结构的匹配。同样，责任中心与组织结构的匹配也没有简单的一对一的匹配关系。

（3）授权的难题。对责任中心的管理授权存在一个难题，如何在分权与集权中间寻找一个平衡点，对责任中心的工作效率有很大的影响。

（4）责任中心的实质是对市场合约的模拟行为。责任中心与母公司之间不是真正的市场关系，即使是通过价格变动来衡量相互活动，也不是企业组织外部真正意义上的价格。从这个意义上说，邯钢钢铁股份有限公司模拟市场核算、海尔股份有限公司市场链的内部模拟价格只是显示企业组织的内部经济活动信息，体现企业集团内部经济单位的交换关系。

（5）内部契约的不完整性对责任中心提出要求。设立非责任中心部门，使组织结构与管理控制和谐匹配。服务部门和职能部门通常不适于作为责任中心。对于非责任中心，如何激励成为企业组织管理的一个难点。

根据下放给经理人的决策责任的性质和层次，责任中心可分为成本中心（Cost Center）、费用中心（Discretionary Cost Center）、收入中心（Revenue Center）、利润中心（Profit Center）和投资中心（Investment Center）。

企业组织内部各责任中心之间存在一种等级制度。大型的企业组织或集团公司可能由很多投资中心组成。每个投资中心可能包含几个利润中心，而每个利润中心可能又有几个成本中心。投资中心、利润中心和成本中心之间的关系是：基本成本中心对复合成本中心或利润中心负责；利润中心对投资中心负责；投资中心对董事会负责。企业组织的各种类型和层次的责任中心形成了一个"连锁责任"网络，这就促使每个责任中心为保证经营目标一致而协调运转，它们之间的关系如图9-6所示。

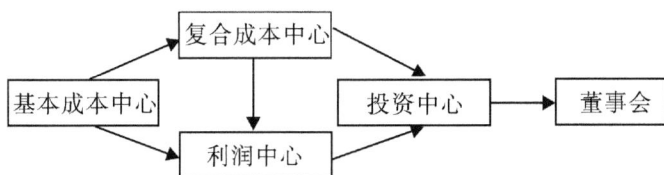

图9-6 各个责任中心的关系

（二）编制责任预算

为了顺利推行责任会计，有必要将全面预算所确定的各项指标，按照各个责任中心层层分解，区分各责任中心的可控和不可控费用，为每个责任中心编制责任预算，使企业组织的生产经营总体目标按责任中心分解、落实和具体化，作为责任中心开展日常经营活动的准绳和评价其工作成果的基本标准。

责任预算是以责任中心为对象，以其可控的成本、收入、利润或投资为内容编制的预算。责任预算由各个责任指标构成，包括主要责任指标和其他责任指标两部分，可作为企业组织全面预算的补充和具体化。

（三）合理的内部转移价格

为分清经济责任，便于正确评价各个责任中心的工作成果，企业组织内部各责任中心之间相互提供的产品或劳务都应该结算。这就需要对企业组织所转让的各种产品和劳务确定其转移价格。

（四）建立健全严密的记录报告系统

这就要建立一套完整的日常记录、计算和评价有关责任预算执行情况的新系统，并在规定时间内编制绩效报告，将实际数与预算数对比，借以评价各有关责任中心的工作成绩并分别反映其存在的问题。

（五）分析和评价实际工作绩效

根据原定的绩效评价标准对各责任中心的实际工作成绩进行比较，逐一找出差异，分析原因，判明责任，建立奖惩制度，采取有效措施，巩固成绩，改正缺点，并及时通过信息反馈来保证实现生产经营活动的预定目标。

在分权管理方式下，总部只为部门确定结果指标（财务指标），然后由部门和员工个人来确定实现结果的动因指标（非财务指标），以及这些动因指标如何影响结果指标，如何来管理这些动因指标。在分权管理方式下，结果指标和动因指标得到了明显的区分。

总部能够帮助部门和员工个人认识动因指标以及如何改善它们，但是来自总部的帮助仅限于此。因为有关动因指标的识别与改善通常在于部门和员工，而非总部。在集权管理方式下，总部不仅决定结果指标，还将给出计算公式，从而也明确了动因指标及各个指标的权重。这样，某个期间的绩效通过加权平均的方式可以计算出来。这种方法将如何在企业组织的各个层次创造价值的任务集中到了总部，部门和员工的任务就是管理好总部下达的动因指标。以上只是两种极端的方式，企业组织应该基于特定的管理情境，根据集权和分权的需要为不同层次灵活设置绩效评价指标。

除了衡量经营绩效以外，企业组织还必须对较优的经营绩效给予奖励（达到或超过预期指标的代理人将获得提薪、奖金、升迁以及临时津贴等多种形式的奖励）。对于绩效突出的部门或员工，不仅有金钱的奖励，还有非金钱（精神、名誉方面）的奖励。在某些情况下，还要惩罚那些不应出现的行为（包括解雇员工等）。

（六）建立公正、权威的内部协调机制

由于各责任中心的日常经营过程不可避免地会发生责、权、利之间的纠纷以及内部转

移价格的争议。为了公正、客观地处理这些问题，就需要建立一个由最高管理层以及专家组成的内部经济仲裁机构，专门处理、协调各种经济纠纷，必要时作出裁决。

第二节　责任中心及其考核

如前所述，部门绩效评价与报告是责任会计系统的核心内容。从绩效评价的角度来看，企业组织不同层次的部门、个人所使用的绩效评价指标不同。

一、成本中心及其考核

成本中心指只对成本或费用负责的责任中心，成本中心的特点是没有经营权或销售权，只有成本发生，没有收入，因而其责任只是对在其职权范围内发生的成本或费用负责。成本中心的目标也就是在保质和保量完成生产任务或搞好管理工作的前提下，控制和降低成本费用。

（一）成本中心的划分

成本中心只对成本负责，而没有收入压力。成本中心通常包括机构内所有的制造活动。它可以小到部门内的一块业务，也可以大到整个机构活动的一个独立方面，如分厂、生产车间、工段、班组或者一台设备。而且，对于所有的价值链活动、经营活动以及各种非经营活动都可以建立成本中心。表9-1列示了典型的成本中心。

表9-1　几个典型的成本中心

机构	成本中心
制造工厂	工具部门，流水线活动
零售商店	存货控制，维护部门
电视台	音频和视频工程部门，建筑和场地部门
大学	历史系，学生注册单位
市政府	公共安全部门，道路维护部门

成本中心分为两类：标准成本中心和费用中心。

1. **标准成本中心**

标准成本中心指那些生产的产品稳定而明确，并且已经知道单位产品所需投入量的成本中心，它以规定的质量标准、时间标准和计划产量作为评价依据。通常，标准成本中心的典型代表是制造业工厂、车间、工段、班组等。因为制造部门耗用的主要成本（直接材料与直接人工）与产量的关系通常十分明确；而非制造部门，例如，医院的食品供应部门及洗衣部门，其成本与服务的人数关系也直接明确，都可划分为标准成本中心。

标准成本中心不对该中心业务活动水平的变动负责，但要对那些在成本中心的能力范围之内，达到外部决策所要求的效率承担责任。对于标准成本中心所生产的产品来说，要根据投入与产出的关系评估其效率，而对于其经营效果的评估，则要看该中心是否在指定的质量和时间上达到了所要求的产量。

标准成本中心又有两种：一种是基本成本中心，一种是复合成本中心。前者没有下属成本中心，如一个工段通常是一个基本成本中心；后者有若干个下属成本中心，如一个车间是一个成本中心，该成本中心下面有若干个工段。如果这些工段都被划定为成本中心，那么该车间就是一个复合成本中心。

2. 费用中心

费用中心，也称酌量性成本中心（Discretionary Cost Center），指只对费用发生额负责，无法通过投入和产出的比较来评价其效果和效率，从而限制无效费用的支出无法投入的责任中心。费用中心适用于投入与产出之间没有密切关系的单位。这些单位包括一般行政管理部门，如会计、人事、劳资、计划等；研究开发部门，如设备改造、新产品研制等；某些销售部门，如广告、宣传、仓储等。一般行政管理部门的产出难以度量，研究开发和销售活动的投入量与产出量之间没有密切的联系。

（二）成本中心的考核

由于责任会计是围绕责任中心来组织，以各个责任中心为对象搜集、整理和分析有关资料，因而，责任成本是成本中心控制、评价的主要内容。责任成本按谁负责谁承担的原则把成本归集到负责控制成本中心账上。

一般说来，标准成本中心的考核指标是既定产品质量和数量条件下的标准成本。标准成本中心不需要作出价格决策、产量决策或产品结构决策，这些决策由上级管理部门作出，或授权给销货单位作出。标准成本中心的设备和技术决策，通常由职能管理部门作出，而不是由成本中心自己决定。因此，标准成本中心不对生产能力的利用程度负责，而只对既定产量的投入量承担责任。如果采用完全成本法，成本中心不对闲置能量的差异负责，但对于固定成本的其他差异要承担责任。

值得强调的是，如果标准成本中心的产品没有达到规定的质量，或没有按计划生产，则会对其他单位产生不利的影响。因此，标准成本中心必须按规定的质量、时间标准和计划产量来进行生产。这个要求是"硬性"的，很少有伸缩余地。完不成上述要求，成本中心就要受到批评甚至惩罚。过高的产量，提前产出造成积压，超产以后销售不出去，同样会给企业组织带来损失，也应视为未按计划进行生产。

确定费用中心的考核指标是一件困难的工作。由于缺少度量其产出的标准，以及投入与产出之间的关系不密切，运用传统的财务指标来评估这些中心的绩效非常困难。费用中心的绩效涉及预算、工作质量和服务水平，工作质量和服务水平的量化很困难，并与费用支出关系密切，这正是费用中心与标准成本中心的主要差别。标准成本中心的产品质量和数量有良好的量化方法，如果能以低于预算水平的实际成本生产出相同的产品，则说明该中心绩效良好。而对于费用中心则不然，一个费用中心的支出没有超过预算，可能该中心的工作质量和服务水平都低于计划的要求。

通常，使用费用预算来评价费用中心的成本控制绩效。由于很难依据一个费用中心的工作质量和服务水平来确定预算数额，其中一个解决办法是考察同行业类似职能的支出水平。例如，有的企业组织根据销售收入的一定百分比来制定研究开发费用预算。尽管很难解释为什么研究开发费与销售额具有某种因果关系，但是百分比法还是使研究开发费用预算能够在同行业之间进行比较。另外一个解决办法是零基预算，即详尽分析支出的必要性及其取得的效果，确定预算标准。还有许多企业组织依据历史经验编制费用预算，这种方法虽然简单，但缺点也十分明显。经理人为在将来获得较多的预算，倾向于把能花的钱全部花掉。越是勤俭度日的经理人，将越容易面临严峻的预算压力。预算的有利差异只能说明比过去少花了钱，既不表明达到了应有的节约程度，也不说明成本控制取得了应有的效果。因此，依据历史实际费用数额编制预算并不是一个好办法。从根本上说，决定费用中心的预算水平有赖于了解情况的专业人员的判断。上级经理人应该信任费用中心经理人，并与其密切配合，通过协商确定适当的预算水平。在考核预算完成情况时，要利用有经验的专业人员对该费用中心的工作质量和服务水平作出有根据的判断，才能对费用中心的控制绩效作出合理评价。

（三）责任成本

责任成本以具体的责任单位（部门、单位或个人）为对象，以其承担的责任为范围所归集的成本，也就是特定责任中心的全部可控成本。

可控成本指在特定时期内、特定责任中心能够直接控制其发生的成本。其对称概念是不可控成本。可控成本总是针对特定责任中心。对某个责任中心而言，某项成本是可控成本，但对其他责任中心而言，该成本则是不可控成本。例如，耗用材料的进货成本，采购部门可以控制，使用材料的生产单位则不能控制。有些成本，对于下级单位来说是不可控的，而对于上级单位来说则是可控的。例如，车间主任不能控制自己的工资（尽管它通常要计入车间成本）而其上级则可以控制。

区分可控成本与不可控成本，还要考虑成本发生的时间范围。一般来说，在消耗或支付的当期成本是可控的，一旦消耗或支付就不再可控。有些成本是以前决策的结果，如折旧费、租赁费等，在添置设备和签订租约时曾经是可控的，而使用设备或执行契约时已无法控制。

从整个企业组织的空间范围和很长的时间范围来观察，所有成本都是企业组织某种决策或行为的结果，都是可控的。但是，对于特定的部门或时间来说，则有些是可控的，有些是不可控的。

受成本中心的控制，能找到合理的依据来分配，如动力费、维修费等。如果成本中心能自己控制使用量，则可以根据其用量来分配。分配时要使用固定的内部结算价格，防止供应部门的责任向使用部门转嫁。

1. 按受益基础分配

有些费用不是专门属于某个责任中心的，也不宜用责任基础分配，但与各中心的受益多少有关，可按受益基础分配，如按装机功率分配电费等。

2. 归入某一个特定的责任中心

有些费用既不能用责任基础分配，也不能用受益基础分配，则考虑有无可能将其归属于一个特定的责任中心。例如，车间的运输费用和试验检验费用，难以分配到生产班组，不如建立专门的成本中心，由其控制此项成本，不向各班组分配。

3. 不能归属于任何责任中心的固定成本，不进行分摊

例如，车间厂房的折旧是以前决策的结果，短期内无法改变，可暂时不加控制，作为不可控费用。

（四）成本中心的责任报告

对成本中心的评价，以责任成本为重点，以绩效报告为依据，计量责任成本的实际数和预算数的差异，并分析研究其发生的原因。如果预算数大于实际数，称为有利差异；如果预算数小于实际数，称为不利差异。

责任会计以责任预算为基础，对责任预算的执行情况进行系统的记录和计量，并定期编制责任报告，对比实际完成情况和预定的目标，来评价各个责任中心的绩效。成本中心责任报告的基本内容和特点，可用表 9 – 2 来说明。

表 9 – 2   成本中心责任报告

2013 年 7 月   单位：元

	实际数	预算数	差异
下属责任中心转来的责任成本：			
一工段	565 000	564 000	+ 1 000
二工段	456 000	460 000	– 4 000
合计	1 021 000	1 024 000	– 3 000
本成本中心的可控成本：			
间接人工	150 000	148 000	+ 2 000
管理人员工资	56 000	58 000	– 2 000
设备折旧费	126 000	130 000	– 4 000
设备维修费	78 000	75 000	+ 3 000
合计	410 000	411 000	– 1 000
本成本中心的责任成本总计	1 431 000	1 435 000	– 4 000

二、利润中心及其考核

利润中心指拥有产品或劳务的生产经营决策权，既对成本负责又对收入和利润负责的责任中心。它有独立或相对独立的收入和生产经营决策权，因而，可以根据其利润的多少来评价该中心的绩效。

（一）利润中心的划分

如果某个责任中心被同时赋予生产和销售职能，该中心的自主权就会显著地增加，经理人能够决定生产什么、如何生产、产品质量的水平、价格的高低、销售的办法以及生产资源如何在不同产品之间进行分配等。这种责任中心出现在大型分散式经营的企业组织，小型的企业组织很难或不必采用分散式组织结构。如果大型企业组织采用集权式组织结构，也不会使下级具有如此广泛的决策权。这种具有几乎全部经营决策权的责任中心，可

以确定为利润中心。

利润中心包括两种类型：①自然的利润中心。它直接向企业组织外部出售产品，在市场上从事购销业务。例如，某些企业组织采用事业部制，每个事业部都有销售、生产、采购的职能，具有很大的独立性。这些事业部就是自然的利润中心。②人为的利润中心。它主要在企业组织内部按照内部转移价格出售产品。例如，大型钢铁公司分成采矿、炼铁、炼钢、轧钢等几个部门，这些生产部门的产品主要在企业组织的内部转移，只有少量对外销售，或者全部对外销售由专门的销售机构完成。这些生产部门可视为利润中心并称为人为的利润中心。再如，企业组织内部的辅助部门，包括修理、供电、供水、供气等部门，可以按固定的价格向生产部门收费，也可以确定为人为的利润中心。

通常，利润中心被看成是一个可以用利润衡量其一定时期绩效的组织单位。但是，并不是可以计量利润的组织单位都是真正意义上的利润中心。利润中心的真正目的是鼓励下级制定有利于整个企业组织的决策并努力工作。仅仅规定一个组织单位的产品价格并把投入的成本归集到该单位，并不能使该组织单位具有自主权或独立性。可以说，利润中心指经理人有权对其供货的来源和市场的选择进行决策的单位。

成本中心的决策权力是有限的。标准成本中心可以决定投入，但产品的品种和数量往往要由其他部门决定。费用中心为企业组织提供服务或从事某个方面的管理。收入中心负责分配和销售产品，但不控制产品的生产。相比之下，利润中心要向顾客销售其大部分产品，并且可以自由地选择大多数材料、商品和服务等项目的来源。根据该定义，尽管某些企业组织也采用利润指标衡量各生产部门的经营成果，但这些部门不一定就是利润中心。把不具有广泛权力的生产或销售部门定为利润中心，并用利润指标评价其绩效，往往会引起内部冲突或次优化，反而不利于加强管理。

收入中心是为了加强对企业组织的收入管理，及时收回货币资金和控制坏账而划分的部门。在许多企业组织中，设置了以推销产品为主要职能的责任中心——收入中心，即只对产品或劳务的销售收入负责的责任中心，通常指企业组织的销售部门。虽然销售部门也发生销售费用，但由于其主要职能是产品销售和取得收入，因此，以收入来确定其经济责任，更为合理。虽然费用也需要计量，但可以相对简化，只需根据弹性预算确定即可。

收入中心需要对收入或边际贡献的差异负责，如果产品的定价政策由企业组织高层决定，或价格超出该中心所控制的范围，则可以以销售数量差异及销售组合差异作为评价该中心绩效的指标。由于收入中心责任过于单一，对负责收入的单位有利，而对企业组织并没有好处，容易造成只对收入负责而不对利润负责，使这些收入中心大量占用资产而降低企业组织整体的资产使用效能，因此，许多企业组织不设收入中心。

（二）利润中心的考核

考核自然利润中心的指标主要是利润。对人为的利润中心通常以"边际贡献"作为绩效评价指标。但是，也应当看到，任何一个单独的绩效评价指标都不能够反映出某个企业组织的所有经济效果，利润指标也是如此。此外，尽管利润指标具有综合性，利润计算具有强制性和较好的规范化程度，但利润并不是一个十分具体的概念。

【例9－1】某公司的某一个部门的数据如下（单位：元）

部门销售收入   15 000

已销商品变动成本和变动性销售费用   10 000

部门可控固定性费用   800

部门不可控固定性费用   1 200

分配的公司管理费用   1 000

假设该部门的利润表如表9-3所示。

表9-3　部门利润表   单位：元

销售收入	15 000
变动成本与费用	10 000
（1）边际贡献	5 000
可控固定成本	800
（2）可控利润	4 200
不可控固定性费用	1 200
（3）部门利润	3 000
分配的公司管理费用	1 000
（4）部门税前利润	2 000

以边际贡献5 000元为评价依据，可能导致该部门经理人尽可能多支出固定成本以减少变动成本支出，尽管这样做并不能降低总成本。因此，绩效评价至少应该包括可控的固定成本。

以可控利润4 200元作为绩效评价依据可能最好，它反映了该部门经理人在其权限和控制范围内有效配置资源的能力。部门经理人可以控制收入、变动成本和部分固定成本，因而，可以对可控利润承担责任。这个评价标准的主要问题是可控固定成本和不可控固定成本的区分比较困难，如折旧、保险等，如果部门经理人有权处理这些相关资产，那么，就是可控的；反之，则是不可控的。又如，员工的工资水平通常由企业组织集中决定，如果部门经理人有权决定本部门雇用多少员工，那么，工资成本是其可控制成本；如果部门经理人既不能决定工资水平，又不能决定雇员人数，则工资成本就是不可控成本。

以部门利润3 000元作为绩效评价依据，可能更适合评价该部门对企业组织利润和管理费用的贡献，而不适合评价部门经理人的绩效。如果要决定该部门的取舍，部门利润是有重要意义的信息。如果要评价部门经理人的绩效，由于有部分固定成本是过去企业组织最高管理层投资决策的结果，现在的部门经理人已经很难改变，部门利润则超出了部门经理人的控制范围。

以部门税前利润2 000元作为绩效评价的依据通常并不合适。企业组织总部的管理费用是部门经理人无法控制的成本，由于分配企业组织的管理费用而引起部门利润的不利变化，不能由部门经理人负责。不仅如此，分配给各部门的管理费用的计算方法常常是任意的，部门本身的活动和分配来的管理费用高低并无因果关系。普遍采用的销售百分比、资产百分比、工资百分比等，会使其他部门分配基数的变化影响本部门分配管理费用的数额。许多企业组织把所有的总部管理费用分配给下属部门，其目的是提醒部门经理人注意各部门提供的利润必须抵补总部的管理费用，否则，企业组织作为一个整体就可能亏损。其实，通过给每个部门建立一个期望能达到的可控利润标准，可以更好地达到上述目的。这样，部门经理人可以集中精力增加收入并降低可控成本，而不必在分析那些不可控的管理费用的分配方面花费精力。

（三）利润中心的责任报告

利润中心责任报告的基本内容和特点，可用表9-4来说明。

表9-4　利润中心责任报告

2013年7月　　　　　　　　　　　　　　　　　单位：元

	实际数	预算数	差异
销售收入	2 100 000	2 000 000	+ 100 000
变动成本	1 000 000	1 000 000	—
分部边际贡献	1 100 000	1 000 000	+ 100 000
分部可控固定成本	800 000	850 000	− 50 000
分部可控利润	300 000	150 000	+ 150 000
分部不可控固定成本	20 000	20 000	—
部门利润	280 000	130 000	+ 150 000
分配来的管理费用	32 000	30 000	+ 2 000
部门税前利润	248 000	100 000	− 148 000

三、投资中心及其考核

投资中心是既对成本、收入和利润负责，又对投资效果负责的责任中心。投资中心具有利润中心所描述的全部职责，同时对于营运资本和实物资产也具有责任与权力。投资中心是分权管理最突出的表现，当今世界各国，大型集团公司下面的分公司、子公司一般都有独立法人地位，往往都是投资中心。

（一）投资中心及划分

投资中心指某些分散经营的单位或部门，其经理人所拥有的自主权不仅包括制定价格、确定产品和生产方法等短期经营决策权，而且还包括投资规模和投资类型等投资决策权。投资中心的经理人不仅能控制除企业组织分摊管理费用外的全部成本和收入，而且能控制占用的资产，因此，不仅要衡量其利润，而且要衡量其资产并把利润与其所占用的资产联系起来。

（二）投资中心的考核

评价投资中心的绩效指标通常包括投资报酬率、剩余收益和现金回收率。

1. 投资报酬率

这是最常见的投资中心绩效评价指标。这里所说的投资报酬率（Return on Investment，ROI）是部门利润除以该部门所拥有的资产总额。

【例 9 - 2】假设某个部门的资产总额为 20 000 元，部门利润为 4 000 元，那么，投资报酬率为：

投资报酬率 = 4 000/20 000 = 20%

用投资报酬率评价投资中心绩效有许多优点：它根据现有的会计资料计算，比较客观，可用于部门之间以及不同行业之间的比较。投资者非常关心这个指标，企业组织也十分关心这个指标，用它来评价每个部门的绩效，促使其提高本部门的投资报酬率，有助于提高企业组织的整体投资报酬率。

投资报酬率可以分解为投资周转率和部门利润率两者的乘积，并可进一步分解为资产的明细项目和收支的明细项目，从而对整个部门经营状况作出评价。

投资报酬率指标的不足也是十分明显的：部门经理人会放弃高于资本成本率而低于目前部门投资报酬率的机会，或者减少现有的投资报酬率较低但高于资金成本率的某些资产，使部门绩效获得较好评价，却伤害了企业组织的整体利益。

【例 9 - 3】承【例 9 - 2】假设某公司的资本成本率为 15%。部门经理人面临一个投资报酬率为 17% 的投资机会，需要追加投资额为 10 000 元，每年部门利润为 1 700 元。尽管对整个公司来说，由于投资报酬率高于资本成本率，应当利用这个投资机会，但该投资机会却使该部门的投资报酬率由过去的 20% 下降到 19%：

投资报酬率 =（4 000 + 1 700）／（20 000 + 10 000）= 19%

【例 9 - 4】承【例 9 - 2】，进一步假设该部门现有一项资产价值 5 000 元，每年获利 850 元，投资报酬率为 17%，超过了资本成本率，部门经理却愿意放弃该项资产，以提高部门的投资报酬率：

投资报酬率 =（4 000 - 850）／（20 000 - 5 000）= 21%

如果使用投资报酬率作为绩效评价标准，部门经理人可以通过加大公式分子或减少公式的分母来提高投资报酬率。实际上，减少分母更容易实现。尽管这样做并不是最有利的，但可以扩大企业组织的净利润项目。从引导部门经理人采取与企业组织的总体利益一致的决策来看，投资报酬率并不是一个很好的指标。

2. 剩余收益

为了克服由于使用投资报酬率衡量部门绩效带来的次优化问题，许多企业组织采用绝对数指标来实现利润与投资之间的联系。这就是剩余收益（Residual Income，RI）指标[①]。其计算公式为：

$$剩余收益 = 部门利润 - 部门资产应计成本$$
$$= 部门利润 - 部门资产 \times 资本成本率$$

剩余收益指标可以使绩效评价与企业组织的总目标协调一致，引导部门经理人采纳高于企业组织的资本成本率的投资项目。

【例9-5】承【例9-2】的资料，计算其剩余收益：

目前部门剩余收益 = 4 000 - 20 000 × 15% = 1 000 元

采纳增资方案后剩余收益 = （4 000 + 1 700）- （20 000 + 10 000）× 15% = 1 200 元

采纳减资方案后剩余收益 = （4 000 - 850）- （20 000 - 5 000）× 15% = 900 元

部门经理人会采纳增资方案而放弃减资方案，这与企业组织的整体目标相一致。

采用剩余收益指标允许使用不同的风险调整资本成本率，可以对不同部门或不同资产规定不同的资本成本率，使绩效评价更为灵活。

当然，剩余收益指标是绝对数指标，不便于不同部门之间的比较。规模大的部门容易获得较大的剩余收益，而其投资报酬率并不一定很高。在这里，可以再次体会到引导决策与评价绩效之间的矛盾。因此，许多企业组织在使用这种方法时，事先建立与每个部门资产结构相适应的剩余收益预算，然后通过比较实际数与预算数来评价部门绩效。

3. 现金回收率

在目前的实践中，投资评估的标准与绩效评价的标准之间不存在直接联系，前者以现金流量为基础，后者以收益为基础。一个通过现金流量分析认为足够好的投资项目被采纳了，因其有较好的净现值或内含报酬率或回收期。这个投资项目执行以后，人们不再根据实际数据计算这些指标，而是另外建立一套以收益为基础的指标如投资报酬率和剩余收益，这些指标在投资项目实施以前通常并未计算过。

为了使投资项目评估和绩效评估趋于一致，有两种选择：①投资决策改为以收益指标为基础；②绩效评价改为以现金流量为基础。前一种选择会受到间接费用分配方法多样性的困扰，而且难以处理货币的时间价值因素；后一种选择要容易得多。

以现金流量为基础的绩效评价指标是现金回收率和剩余现金流量。现金回收率的计算公式为：

$$现金回收率 = 经营现金流量/资产总额$$

[①] 值得指出的是：剩余收益指标已经发展成为当今非常"热门"的财务指标：经济附加值（Economic - added Value，EVA）。

在上述公式中，分子是年现金收入与现金支出的差额，分母是部门资产的历史平均值。

【例 9 – 6】假设某部门经营现金流量为 5 000 元，资产的历史平均值为 20 000 元，那么，现金回收率为：

现金回收率 = 5 000/20 000 = 25%

如果各年现金流量相同，那么，现金回收率为回收期的倒数。对于长期资产来说，例如，使用期限在 15 年以上的资产，现金回收率近似于内含报酬率，即接近实际的投资报酬率。因此，这个指标可以检验投资项目评估指标的实际执行结果，减少为争取投资项目而夸大投资项目获利水平的现象。

尽管在计算现金回收率时并未遵循权责发生制，但实际经验表明企业组织的经营现金回收率相当稳定，并且长期来看与净利率相关程度很高，因而可以作为绩效评价标准。

由于现金回收率是一个相对数指标，也会引起部门经理人投资决策的次优化，出现与投资报酬率类似的问题。为了解决这个问题，可以同时使用剩余现金流量来评价部门绩效。剩余现金流量计算公式为：

$$剩余现金流量 = 经营现金流量 - 部门资产 \times 资本成本率$$

【例 9 – 7】承【例 9 – 6】的资料，进一步假设资本成本为 15%，那么：

剩余现金流量 = 5 000 – 20 000 × 15% = 2 000 元

（三）投资中心的责任报告

投资中心责任报告的基本内容和特点，可用表 9 – 5 来说明。

表 9 – 5 投资中心责任报告
2013 年 7 月

单位：元

	实际数	预算数	差异
销售收入（1）	1 560 000	1 500 000	+ 60 000
成本（2）	1 200 000	1 000 000	+ 200 000
部门利润（3）＝（1）－（2）	360 000	500 000	– 140 000
资产平均价值（4）	2 000 000	2 500 000	– 500 000
投资报酬率（5）＝（3）/（4）	18%	20%	– 2%
剩余收益（6）＝（3）－（4）×资本成本（10%）	160 000	250 000	– 90 000

第三节 转移价格

转移价格（Transfer Price）又称调拨价格，指企业组织内部各部门之间由于相互提供产品、半成品或劳务而引起的相互结算、相互转账所需要的一种计价标准。在许多分权化管理的企业组织中，某个分部的产出就是另一个分部的投入。这就产生了一个会计问题：应该如何对转移商品定价？如果各个分部作为责任中心，在部门利润和投资报酬率的基础上，如何评估其绩效。转移商品的价值对于提供产品或劳务的生产部门来说意味着收入，对于使用这些产品或劳务的购买部门来说则意味着成本。因此，转移价格会影响到这两个部门的获利水平，使得部门经理人非常关心转移价格的制定，并经常引起争论。

如果分权经营的组织单位之间相互提供产品或劳务，就需要制定一个内部转移价格。制定转移价格主要有两个目的：①防止成本转移带来的部门之间责任转嫁，使每个利润中心都能作为单独的组织单位进行绩效评价；②作为一种价格引导下级部门采取明智的决策，生产部门据此确定提供产品的数量，购买部门据此确定所需要的产品数量。

但是，这两个目的往往存在矛盾。能够满足评价部门绩效的转移价格，可能引导部门经理人采取并非对企业组织最理想的决策；而能够正确引导部门经理人作出合理决策的转移价格，可能使某个部门获利水平很高而另一个部门亏损。在实践中，很难找到理想的转移价格来兼顾绩效评价和制定合理决策，而只能根据企业组织的具体情况选择基本满意的解决办法。

一、市场价格

市场价格就是商品在市场上自由买卖的价格。在中间产品存在外部市场的情况下，市场价格是理想的转移价格。产品内在经济价值计量的最好方法就是把产品投入市场，在市场竞争中判断社会所承认的产品价格。

二、协商的转移价格

协商价格是以外部市场价格为起点，参考独立的经营单位或与无关联的第三方之间发生类似交易的价格，共同协商确定一个双方都愿意接受的价格作为内部转移价格。在现实中，完全竞争性的市场几乎不存在。大多情况下，购买者或销售者在一定程度上都可以影响价格（比如说，通过大批量购买销售功能相近但又有所不同的产品，或者销售独一无二的产品等）。当中间产品的市场存在非完全竞争状态时，协商过的转移价格才是实际的可取价格。机会成本可以用于确定商议价格的分界线。

成功的协商价格依赖于下列三个条件：

（1）要有一个某种形式的外部市场，两个部门经理可以自由地选择接受或是拒绝某一价格。如果根本没有可能从外部取得或销售中间产品，就会使一方或双方处于垄断状态，这样谈判结果不是协商价格而是垄断价格。在垄断的情况下，谈判者的实力和技巧会影响最终价格的确定。

（2）在谈判者之间共同分享所有的信息资源。这个条件能使协商价格接近一方的机会成本，如双方都接近机会成本则更为理想。

（3）最高管理层的必要干预。因为有时双方谈判导致的转移价格不一定是企业组织的最优决策，最高管理层可能会干预协商过程。如果出现双方不能自行解决的争论，则有必要进行调解。

协商价格往往浪费大量的时间和精力，可能导致部门之间的矛盾，部门获利能力大小与谈判者的谈判技巧存在很大关系，这是协商价格的缺陷。尽管如此，协商价格仍被广泛采用，它具有一定的弹性，可以照顾双方利益并得到双方认可。少量的外购或外卖是有益的，它可以保证得到合理的外部价格信息，为协商双方提供一个可供参考的基准。

三、以成本为基础的转移价格

使用以成本为基础的转移价格的企业组织要求所有转移都要在某种形式的成本上发生。以成本为基础的转移价格包括：①完全成本；②完全成本加成；③变动成本加固定性费用。

（一）完全成本

如前所述，完全成本包括直接材料、直接人工、变动性制造费用和固定性制造费用。也许，这并不是最可取的一种转移价格，但它简单易行。以完全成本作为转移价格可能提供不正当的激励并扭曲绩效评估。对于决定内部转移是否适当而言，购买分部和销售分部的机会成本很重要，同时，这些机会成本为决定一个双方都满意的转移价格提供了有用的参考点。但是，只有在极少数的情况下，完全成本能够提供关于机会成本的准确信息。

（二）完全成本加成

以全部成本为基础加上一定利润作为内部转移价格，可能是最差的选择。它既不是绩效评价的良好尺度，也不能引导部门经理人作出有利于企业组织的明智决策。

（1）它以目前各部门的成本为基础，再加上一定百分比作为利润，在理论上缺乏说服力。以目前成本为基础，可能鼓励部门经理人维持较高的成本水平，并据此取得更多的利润。越是节约成本的单位，越有可能在下一期被降低转移价格，使利润减少。成本加成率的确定也是一个困难问题，很难说清楚它为什么会是5%、10%或20%。

（2）在连续式生产的企业组织，成本随产品在部门之间不断流转，成本不断积累，使用相同的成本加成率可能使后序部门的利润明显高于前序部门。如果扣除半成品成本转移，则因各部门投入原材料出入很大而使利润分布失衡。

但采用完全成本加成作为转移价格操作简单。因此，只有在无法采用其他形式转移价格时，才考虑用完全成本加成来确定转移价格。

（三）变动成本加固定性费用

这种方法要求中间产品的转移用单位变动成本定价。与此同时，还应该向购买部门收取固定性费用，作为长期以低价获得中间产品的一种补偿。这样，生产部门有机会通过每期收取固定性费用来补偿其固定成本并获得利润；购买部门每期支付特定数额的固定性费用之后，对于购入的产品只需支付变动成本，通过边际成本等于边际收入的原则来确定产量水平，可以使其利润达到最优水平。

按照这种方法，供应部门收取的固定性费用总额为期间固定成本预算额与必要的报酬之和，它按照各购买部门的正常需要量比例分配给购买部门。此外，为单位产品确定标准的变动成本，按购买部门的实际购入量计算变动成本总额。如果总需求量超过了供应部门的生产能力，变动成本不再表示需要追加的边际成本，那么，这种转移价格将失去其积极作用。反之，如果最终产品的市场需求很少，购买部门需要的中间产品也变得很少，但它仍然需要支付固定性费用。在这种情况下，市场风险全部由购买部门承担了，而供应部门仍能维持一定利润水平，显得很不公平。实际上，供应和购买部门都受到最终产品市场的影响，应当共同承担市场变化引起的市场波动。

📖 本章小结

本章立足于分权化管理模式，以企业组织的结构为基础，全面讨论了企业组织的责任中心及其考核和内部转移价格问题。

关键术语和概念

分权化管理　组织结构　管理控制　U 型结构　M 型结构　矩阵结构　H 型结构
责任会计　责任中心　成本中心　利润中心　投资中心　部门利润　投资报酬率
剩余收益　转移价格　市场价格　协商价格

拓展阅读

1. ［美］罗纳德·W. 希尔顿. 管理会计学：在动态商业环境中创造价值（原书第 5 版）. 阎达五，李勇等译. 北京：机械工业出版社，2007.

2. ［美］查尔斯·T. 亨格瑞，加里·L. 森登，威廉姆·O. 斯特尔顿，戴维·伯格斯塔勒，杰夫·舒兹伯格. 管理会计教程（原书第 15 版）. 潘飞，沈红波译. 北京：机械工业出版社，2012.

3. 胡玉明. 管理会计. 北京：中国财政经济出版社，2009.

4. 胡玉明，丁友刚，卢馨. 管理会计（第 2 版）. 广州：暨南大学出版社，2010.

5. 刘运国. 管理会计学. 北京：中国人民大学出版社，2011.

6. 胡玉明. 会计学：经理人视角. 北京：中国人民大学出版社，2011.

第五编　管理会计的新发展

  面对 21 世纪的经营环境，企业组织的经营环境发生了重大变化。面对这种变化，管理会计涌现出许多新的领域，如作业成本法（Activity – based Costing，ABC）、作业管理（Activity – based Management，ABM）和平衡计分卡（Balanced Scorecard，BSC）[①]。这些新的领域体现了管理会计"对内深化，对外扩展"的新发展。

---

  ① 除了这些领域之外，管理会计还出现诸如成本管理工程、质量成本会计和环境管理会计等新领域。因篇幅所限，本篇只讨论作业成本法、作业管理和平衡计分卡。

第十章　管理会计发展简史

自从现代会计"同源分流"为财务会计与管理会计之后，管理会计随着企业组织面临的经营环境的变化而不断发展。本章试图以现代公司制度、金融市场与会计学发展的共生互动关系为背景，从更广阔的背景展示会计学的两个相对独立领域，并以此为基础讨论管理会计的发展。

通过本章学习，应该掌握如下内容：
1. 现代公司制度、金融市场与会计学科发展的共生互动性
2. 管理会计的发展历程与发展趋势

第一节　现代公司制度、金融市场与会计学发展

从历史的视野看，会计学始终处于不断发展之中。如果以更广阔的视野考察会计学的发展轨迹，可以看到会计学的发展与现代公司制度和金融市场密切相关。

一、现代公司制度与金融市场的共生互动性

正如第一章所述，企业的组织形式，从其发展的历史进程来看，最早形成的是独资企业，随后才是合伙企业。无论是独资企业还是合伙企业，随着经济的发展、市场的拓宽和需求的日益增大，企业组织的生产规模也随之继续扩大。即使每年业主或合伙人自己拿出一部分资金用于再投资，以扩大生产规模，企业组织仍然感到资本紧张。这时，企业组织发现自己处于一种困境：企业组织越是成功，发展得越快，越感到资本短缺。然而，企业组织要扩大生产规模，需要投入更多的资本。企业组织一旦建立了良好的信誉，可以通过银行贷款获得资金，然而，对于一个迅速增长的企业组织而言，要是财务状况良好，偿债能力也强，向银行贷款自然比较顺利。但是，如果企业组织的经营状况并没有像预料的那么顺利，企业组织会出现亏损，这时，银行债务的沉重负担会使企业组织从此一蹶不振。因此，企业组织不会冒如此大的风险完全依赖债务生存。经过长期的实践，企业组织便想到通过使更多的人分享企业组织的利润或分担企业组织的亏损的方式来获得更多的资本（股本）可能是一种较为理想的筹资途径。由此，股份有限公司特别是上市公司（以下简称"公司"）这种企业组织形式便应运而生。

从企业组织形式的发展历程可以看到：企业组织沿着从独资企业到合伙企业，一直到公司这样一条道路不断发展。这条发展道路经历了相当长的时间，这其中也有许多原因和

背景，但是，现代公司制度的产生和发展与企业组织发展所需要的资本如何得到满足以及通过何种方式筹集资本这些问题密切相关。就此而言，企业组织形式的发展轨迹是一条"资金拉动"型的路径。

企业组织形式的发展离不开金融市场（Financial Market）。所谓"金融市场"，通俗地说，就是资金融通的场所。一个完善而发达的金融市场，应该是由金融市场的主体（金融机构）、客体（金融工具）和参与者（资本需求者和资本供应者）三个部分组成的金融体系。在所有金融市场的参与者中，现代公司是主力军。从某种意义上说，如果没有公司的存在、发展和积极参与，金融市场的蓬勃发展将无从谈起。从历史上看，企业组织形式的演化，特别是现代公司制度的形成、发展和完善，与金融市场的建立和发展相辅相成。因为金融市场为公司提供了资金融通的场所。完全可以说，没有完善的金融市场，就没有现代公司制度；而没有现代公司制度，也就没有发达的金融市场，这就是现代公司制度与金融市场的共生互动性。

二、现代公司制度、金融市场与会计学发展的共生互动性

一个社会的会计，总是以企业会计为主体。基于现代市场经济环境，市场的主体也是企业。而现代公司制度又是最能体现现代市场经济本质特征的组织形式，因而，现代企业会计之精华体现于公司会计之中。没有现代公司制度，就没有现代会计学。

发达的金融市场与现代公司制度相辅相成、共同发展的同时，推动了会计学的发展与完善。

（一）金融市场与现代公司制度的发展改变了会计在社会经济生活的地位

这主要表现在以下几个方面：

1. 会计成为一项特殊的社会服务行业

过去，会计只不过是在一个企业组织内部，受业主或经理人支配的一种起反映与控制职能作和的工作。这种职能现在依然存在并得到不断加强，却从中分离出一个不受某个企业组织支配而在组织上保持独立的部分——注册会计师（Certified Public Accountant, CPA）及由它们组成的会计师事务所。这些会计师事务所处于"超然"的地位并恪守"中立"的原则，为金融市场与现代公司制度的发展与完善提供"公正"服务。从此，注册会计师这个行业就成为一项特殊的社会服务行业。

2. 扩大了会计的服务对象

过去，会计只在一个企业组织范围内，为该企业组织提供财务信息，服务于该企业组织的经营管理。自从金融市场与现代公司制度发展之后，会计既是企业组织的一个提供经济信息的决策支持系统，又是社会的一个自由职业。作为一个社会自由职业，起着中介机构的作用的会计开始独立、公正地为所有企业组织及其利益相关者服务。这种服务从企业组织外部看首先从查账（审计）开始，继而帮助企业组织设计会计制度，并开始各项管理咨询服务。会计的服务对象具有社会化特征，今天，其内容依然处于不断变化和发展之中。

3. 拓展了会计的内容

过去，单纯应用于企业组织内部的会计基本上就是簿记（Bookkeeping），主要是记录

和计算（即记账和算账），甚至连编制财务报表（即报账）都不是其主要任务。随着金融市场与现代公司制度的发展，企业组织不仅要按规定编制并定期公布财务报表，而且为了取信于投资者、债权人等外部信息使用者，往往主动委托注册会计师审核财务报表，接受外部监督。通过外部监督，使企业组织的财务报表的质量获得公证。因此，会计在内容上得到拓展，突破了单纯为企业组织内部记账、算账的局限，延伸到报账和查账，为有效地发挥其社会职能开辟了广阔的天地。

总之，金融市场与现代公司制度的发展及其共生互动性，全方位地促进会计学的发展，使会计的职能从考察较为简单的企业组织内部财产"经管责任"关系，发展到提供有助于决策的信息，从而在协调社会经济利益分配关系、优化社会经济资源的配置等方面都发挥积极的作用。从此，"账房先生"不再是会计的代名词。

（二）金融市场与现代公司制度的产生和发展，出现了企业组织的所有权与经营权相分离的现象

企业组织的所有权与经营权相分离对会计学理论与方法产生了极为重大而深刻的影响。正如第一章所述，正是基于企业组织的所有权与经营权的"两权分离"，适应企业组织的所有者与经营者的不同信息需求，会计学产生了"同源分流"，逐步形成了财务会计与管理会计这两个相对独立的领域。由此，会计学的内容大大丰富了，标志着会计学已经进入一个更高的层次。

（三）金融市场与现代公司制度的发展，使得会计信息使用者多元化

由于会计信息使用者的多元化，财务会计所提供的信息必须符合这些信息使用者的要求，产生了所谓的"公认会计准则"，从而推动了财务会计的规范化进程，促使财务会计从传统会计发展成为现代意义上的财务会计；管理会计则在"相关信息适时地提供给相关的人"的原则指引下，随着现代企业组织内部组织结构的变化而不断发展。

（四）金融市场与现代公司制度的发展推动了会计学的国际化趋势

随着金融市场与现代公司制度的不断发展，形成了超越国家和民族界限的全球化国际金融市场和跨国公司，从而推动了会计学的国际化趋势。"国际会计"（International Accounting）成为会计学的一门独立分支，并日益引起人们的关注。同时，国际金融市场层出不穷的衍生金融工具（Derivative Financial Instrument）也日益对会计学提出新问题，促进会计学的发展与变革。

当然，完善的会计学，通过提供相关的会计信息，促进社会资源的合理流动与配置，又会反过来促进金融市场和现代公司制度的发展与繁荣。没有完善的会计学，也就没有规范化的现代公司制度与金融市场。

综合上述，现代公司制度、金融市场与会计学发展之间存在着共生互动性。理解这种共生互动性，有助于从侧面认识现代会计学两大相对独立的领域及其各自的发展趋势。

第二节　管理会计的发展历程与发展趋势

自从现代会计产生"同源分流"之后，作为与财务会计相对独立的管理会计得到迅速的发展。

一、20 世纪管理会计的发展历程

20 世纪以来，管理会计的发展历程大致可以分为三个阶段。

（一）追求效率的管理会计时代（20 世纪初到 20 世纪 50 年代）

20 世纪管理会计的发展导源于 1911 年西方管理理论的古典学派代表人物——泰罗（F. W. Taylor）发表的《科学管理原理》（*Principles of Scientific Management*）。伴随着泰罗的科学管理理论在实践中的广泛应用，管理会计如何为提高企业组织的生产和工作效率服务，便开始提到议事日程上来。于是，管理会计开始引入"标准成本"（Standard Cost）、"预算控制"（Budget Control）和"差异分析"（Variance Analysis）等与泰罗的科学管理直接相联系的技术方法，并成为管理会计理论与方法的重要组成部分。

但是，社会经济环境的影响力不可低估。在此后相当长的时间内，管理会计并没有得到应有的发展，它只是被看成会计配合泰罗推行的科学管理所作的一些尝试，只是作为传统会计的一个附带部分而存在，并没有形成相对独立的系统。其主要原因在于，一门学科的发展不仅要有本学科的一些新因素的成长，还要有邻接学科的配合和它赖以形成的理论与实践的基础或条件，所有这些在当时并不具备。

以标准成本、预算控制和差异分析为主要内容的管理会计，其基本点是在企业组织的战略、方向等重大问题已经确定的前提下，协助企业组织解决在执行过程如何提高生产效率和生产经济效果问题。生产效率和经济效果的高低，通常可借助于投入与产出的对比关系加以体现。把标准成本和差异分析纳入管理会计，通过严密的事先计算与事后分析，促进企业组织用较少的材、工和费生产出较多的产品。其综合表现就是生产成本的降低，从而提高生产经济效果。可见，以泰罗的科学管理学说为基础的管理会计，对促进企业组织提高生产效率和生产经济效果具有积极的推动作用。尽管如此，企业组织的全局、企业组织与外界（尤其是市场）关系等重要问题在管理会计中还没有得到应有的反映。因而，总体上，这个时期的管理会计还只是一种局部性、执行性的管理会计，仍处于管理会计发展历程的初级阶段。这个时期的管理会计追求的是"效率"（Efficiency），它强调"做好事情"（Doing Thing Right）。

（二）追求效益的管理会计时代（20 世纪 60 年代至 20 世纪 80 年代）

尽管管理会计的发展源于 1911 年泰罗出版的《科学管理原理》，但管理会计的真正发展却以 20 世纪 50 年代之后现代管理科学（Management Science）的发展作为永久性推动力。

从 20 世纪 50 年代开始，西方国家进入了所谓的战后期。这时，西方国家经济发展出现了许多新特点。这主要表现在：一方面，现代科学技术突飞猛进发展并大规模应用于生产领域，从而使社会生产得以迅速发展；另一方面，西方国家的企业组织进一步集中，跨国公司大量涌现，企业组织的规模越来越大，生产经营活动日趋复杂，市场情况瞬息万变，市场竞争更加剧烈。这些新特点对企业组织的管理提出相应的新要求，即迫切要求实现企业组织的管理现代化。面对突如其来的新变化，曾经风靡一时的泰罗"科学管理学说"就显得非常被动，其重局部、轻整体的根本性缺陷暴露无遗。

泰罗的"科学管理学说"着眼于生产过程的科学管理，把重点放在通过对生产过程的个别环节、个别方面的高度标准化，为尽可能提高生产和工作效率创造条件。但是，很少考虑企业组织的全局、企业组织与外部的关系，这种理论就显得有些本末倒置，大量实践表明，企业组织的盛衰、成败、生存和发展，首先取决于企业组织采取的战略、方针、决策是否正确，所定的目标是否与内外部经济环境相适应。如果战略、方针、决策错误，经营目标定错了，即使企业组织的个别环节效率再高也无济于事，甚至还会导致企业组织在剧烈的竞争中被淘汰。因此，提高企业组织经营各个环节、各个方面的生产、工作效率固然重要，但更重要的是，要把正确的经营战略和决策放在首位。所谓"管理的重心在经营，经营的重心在决策"，正是适应新环境而提出的新的管理思想。

由于泰罗的"科学管理学说"的根本缺陷，不能适应战后西方经济发展的新形势，它为现代管理科学所取代，也就成为历史的必然。现代管理科学是一个十分庞大而复杂的知识体系，它由"管理科学派"和"行为科学派"两大理论学派组成，现代管理科学的形成和发展，对管理会计的发展，在理论上起着奠基和指导作用，在方法上赋予现代化的管理方法，使其面貌焕然一新。

这个时期的管理会计追求的是"效益"（Effectiveness），它强调首先"做正确的事情"（Doing Right Thing），然后再"做好事情"（Doing Thing Right）。效率与效益是两个不同的概念，如前所述，效率一般体现于企业组织的内部投入与产出关系，效率的高低主要是执行过程的问题；而效益一般不能直接在企业组织的内部体现，必须通过企业组织与外界的联系才能得到体现，其好坏主要取决于决策是否正确。基于市场经济环境，效率只有接受市场的检验才能转化为效益，否则，不仅不是效益，反而是损失。企业组织要实现其战略目标，必须以市场为导向，同时兼顾效率与效益。至此，管理会计形成了以"决策与计划会计"和"执行会计"为主体的管理会计结构体系。其中，"决策会计"居首位。因为计划是以决策为基础的，它是决策所定目标的综合体现。

进入20世纪80年代，由于"信息经济学"（Information Economics）和"代理理论"（Agency Theory）的引进，管理会计又有了新的发展。但是，面对世界范围内高新技术蓬勃发展并广泛应用于经济领域，管理会计又显得有些过时落伍。为此，西方国家致力于管理会计信息相关性的研究，由此迎来了一个以"作业"（Activity）为核心的"作业管理会计"（Activity – based Management Accounting）时代。与"价值链"观念相呼应，管理会计借助于"作业成本法"（Activity – based Costing，ABC）与"作业管理"（Activity – based Management，ABM），又致力于如何为优化企业组织的"价值链"服务。管理会计在20世纪80年代取得的许多引人注目的新进展都是围绕着管理会计如何为优化企业组织的"价值链"和价值增值（Value – added）提供相关信息而展开的。

（三）战略管理会计时代（20世纪90年代至20世纪末）

进入20世纪90年代，变化是当今世界经济环境的主要特征。基于环境的变化，管理会计信息搜集的任务从职业化的管理会计人员转移到使用这些信息的使用者，保证了企业组织能以一种"实时"（Real Time）的方式搜集相关信息，并据此作出反应。管理会计突破了管理会计师提供信息、经理人使用信息的旧框框，而由每一个员工直接提供与使用各种信息。由此，管理会计信息提供者与使用者的界限将逐渐模糊。当然，管理会计也有助于促进企业组织适应环境的变化。例如，企业组织所面临的内外部环境变化导致"作业成本法"与"作业管理"的产生，而"作业成本法"与"作业管理"的应用又有助于企业组织实施"再造工程"（Corporation Reengineering），从而推动了企业组织的变革，提高了企业组织的竞争能力。这时，管理会计的主题已经从单纯的价值增值转向企业组织如何适应外部环境的变化。20 世纪 90 年代是一个以战略管理为中心的时代，强调"事事战略定位，时时战略定位"，由此，管理会计进入了"战略管理会计"（Strategic Management Accounting）时代，并得到发展。这个时期，"适时制"（Just－in－time，JIT）、"全面质量管理"（Total Quality Control，TQC）、"价值链"、"战略管理"、"业务流程再造"（Business Process Reengineering，BPR）等管理思想渗透到管理会计，推动管理会计的发展。

纵观 20 世纪管理会计的发展历程，管理会计总体上沿着"效率→效益→价值链优化"的轨迹发展。这个发展轨迹基本上围绕着"价值增值"这个主题而展开。

二、21 世纪管理会计的发展趋势

社会经济环境的变化必然导致企业组织结构或体制以及企业组织所面临的市场环境的变化，这些变化又会引起管理会计理论与实践的变化。

（一）21 世纪企业组织面临的宏观环境

第二次世界大战之后，科学技术的发展和广泛运用，使生产的社会化超越国界并迅速扩展，资本以国际领域作为自己的活动舞台。生产和资本国际化趋势日益增强。同时，科学技术的发展，改变了人类生产和生活的空间与方式，人类进入了一个崭新的知识经济时代。21 世纪将是一个"知识化"了的国际化、金融化时代。

1. 国际化

第二次世界大战之后，世界政治经济格局发生重大变化。当代高新技术的蓬勃发展促进了社会经济的重大变革，并使整个世界经济日益朝着国际一体化的方向发展。这种新的国际经济环境，使各国经济再也不可能孤立地发展，而是越来越多地依赖国际的经济联系和合作。在这种背景下，各国都在促进本国企业组织的国际化，跨国公司应运而生。特别是第二次世界大战以后，跨国公司的发展十分迅速，规模越来越大，范围也越来越广。当前，世界各国全球性的跨国公司群体已经主宰着当今世界各国的经济命脉，在很大程度上左右着世界经济的发展。全球性跨国公司群体使现代市场经济跨越了国家和民族的界限，突破不同的政治与经济制度的限制，使各国的经济活动紧密地联系在一起。21 世纪正迎来一个跨国公司时代，跨国公司的发展使世界经济进入了国际化时代。

2. 金融化

跨国公司的国际化经营促进了国际资本流动。第二次世界大战之后，国际资本市场的发展和成熟，不仅为跨国公司在全球范围内的投资和筹资活动提供了广阔空间，而且为跨国公司实现内部资金的国际转移创造了条件。跨国公司的这些活动促进了资本国际化，使资本在国际流动日益频繁，从而促进了金融的国际化进程。在生产与资本日益国际化的条件下，跨国公司的国际化经营活动通过金融市场完成，由此，人类社会进入了金融社会，世界经济进入了金融化时代。

3. 知识化

科学技术从未像现在这样，以巨大的威力和人们难以想象的速度，广泛而深刻地影响着人类经济和社会的发展。当今的世界已经悄悄地从工业经济时代向知识经济时代转变，知识经济将成为 21 世纪世界经济发展的主流。21 世纪将是知识经济的世纪，知识经济是"以知识为基础的经济"，"知识经济是建立在知识和信息的生产、分配和使用之上的经济"，"知识"成为最核心的生产要素。知识经济是在充分知识化的社会中发展的经济，知识经济最基本的特征就在于经济知识化。

综合上述，21 世纪呈现在企业组织面前的是一个以国际化、金融化和知识化为基本特征的现代市场经济。这就是 21 世纪世界经济的基本特征，也是认识企业组织所面临的国际大环境的基础，更是理解管理会计发展趋势的基本立足点。

（二）21 世纪企业组织面临的微观环境

21 世纪人类逐步从工业社会转入信息社会。在这个转化过程中，企业组织面临的经营环境发生了巨大变化。企业组织经营环境的基本特征是顾客化（Customers）、竞争化（Competition）和变化（Change）即所谓的"3C"。

1. 顾客化

20 世纪初期，由于劳动生产力相对低下，企业组织所能提供的供给严重不足，整个市场整体上呈现出卖方市场的典型特征。企业组织只要注重内部管理，通过大批量生产，提高劳动生产率，降低成本，生产出更多的产品就能获得迅速发展。此时，顾客的需求处于被忽视的境地，企业组织生产出来的产品不愁没有销路。到 20 世纪 70 年代，由于企业组织生产效率得到极大提高，市场上商品丰富，生产量的增长超过了需求量的增长，市场逐渐趋于饱和状态。同时，由于科学技术的发展，产品质量不断提高，产品种类日益繁多，顾客的选择范围不断扩大。顾客不仅注重需求"量"的满足，而且开始注重需求"质"的满足。顾客更加关注产品的质量和性能，较低的价格已经不是吸引顾客的主要因素。市场的主导权开始由生产者向顾客转移，市场逐步演化为买方市场。企业组织面对顾客需求层次不断提高和竞争日益激烈的环境，开始着手改变其固有的生产经营方式，力图通过提高产品质量，不断提供新优产品来吸引顾客，取得竞争优势。但是，企业组织关注产品质量与品种并不表明企业组织将充分满足顾客需求放在经营的重要位置。进入 20 世纪 80 年代和 90 年代以后，顾客需求向多样化、个性化发展，产品更新换代更加迅速，企业组织之间的竞争更加激烈，市场环境更加难以把握。由此，企业组织的经营思想发生了巨大变化，以满足顾客需求为导向，求得自身生存发展的经营理念成为企业组织经营战略的核心思想。"顾客至上"、"顾客是朋友"的理念全面渗透到企业组织的经营管理实践之中。在这种环境下，企业组织不能一味地停留在满足顾客需求的层面上，企业组织必须转变观念，在满足顾客需求的同时引导顾客的消费倾向，使得顾客的消费倾向与企业组织未来发展方向或核心能力一致。唯有如此，企业组织才能拥有永久的顾客。

2. 竞争化

在市场经济环境下，竞争是一种不可避免的经济现象，而且随着经济的发展、新技术革命的推动以及市场从卖方市场向买方市场转变，企业组织之间竞争更加激烈。以往凭借物美价廉就能在竞争中获胜的简单模式，已经被多层面的竞争所取代，企业组织竞相投入大量资金更新技术、更新设备、更新产品、引进人才以及改变经营方式和改革内部组织结构。竞争的加剧，使企业组织的经营活动的不稳定性因素越来越多，风险越来越大。只有优秀的企业组织才能主导竞争的潮流。同时，企业组织经营活动的国际化趋势不断发展，世界范围内的经济一体化已成为必然趋势，更为重要的是竞争已经超越了国界，从国内市场的竞争转向国际市场的竞争。企业组织面临着更为严峻的挑战，"没有创新就等于死亡"。竞争的压力迫使企业组织对其内部组织结构、生产经营方式与业务流程进行创新再造，对顾客化导向的现代市场经济环境的变化作出迅速、灵活的反应，从而在激烈的竞争中获得优势。

3. 变化

顾客和竞争在变化，更重要的是，变化本身的性质也在变化。变化不仅无所不在，而且还持续不断。变化已经成为常态，在变化的环境中，永恒的事物只有一件，那就是变化本身。现代企业组织的经营环境充满了倍速变化的威力。以新技术开发周期为例，一种比较精密的产品从技术原理发明、设计构思到产品投放市场的周期在 18 世纪需要 100 年，如蒸汽机；19 世纪需要 50 多年，如发电机；在 20 世纪 40 年代需要 30 多年，如内燃机；在 20 世纪 60 年代需要 20 多年，如喷气机；在 20 世纪 70 年代需要 10 多年，如核电站；最快的只要 5 年，到了 20 世纪 80 年代以后，则只需要 2 ~ 3 年时间，如个人电子计算机。在如此快速剧变的环境中，企业组织要生存与发展，就必须不断求变，且要变得快、变得巧妙。只有这样，企业组织才能在变化的环境中取得竞争优势。

（三）21 世纪管理会计的主题：培植企业组织的核心能力

如果说 20 世纪是"竞争的世纪"，那么，21 世纪将是"竞争力的世纪"。面对 21 世纪的宏微观环境，企业组织在其发展过程中已经充分意识到，比价值增值（即利润）更重要的是市场份额，比市场份额更具有根本意义的是竞争优势，比竞争优势更具有深远影响的是企业组织"独一无二"的核心能力（Core Competence）。

那么，何为核心能力呢？通俗地说，核心能力就是企业组织拥有的与众不同、独一无二的、偷不去、买不来、拆不开、带不走、溜不掉的独特资源。

企业组织的核心能力是企业组织的内在资源，竞争力则是企业组织的核心能力在市场上的外在表现。企业组织的核心能力转化为竞争力是市场对核心能力物化（也是外化）结果（核心产品或服务）的评价过程。企业组织的核心能力与设备或原材料等其他生产要素的结合生产出企业组织的核心产品或服务。企业组织的核心产品或服务在市场上的表现就是企业组织的竞争力。尽管企业组织之间的竞争通常表现为核心能力所衍生出来的核心产品、最终产品的市场之争，但其实质却是企业组织的核心能力之争。企业组织只有具备核心能力，才能具有持久的竞争优势。因此，企业组织的核心能力决定企业组织在市场竞争中的兴衰成败。如何培植和提升企业组织的核心能力至关重要。

更通俗地说，核心能力是企业组织内部一系列互补的机能和知识的结合。核心能力可能表现为先进的技术，如英特尔公司的微处理技术、佳能公司的影像技术，也可能表现为一种服务理念，如麦当劳遍及全球的快捷服务体系。核心能力的实质就是一组先进技术和能力的集合体，而不是单个分散的技术或能力。例如，微型化是索尼公司的核心能力。它不仅包括产品设计和生产上的微型化，还包括对未来市场需求微型化选择模式的引导。因此，核心能力可以视为企业组织的核心技术、管理能力和集体学习的集合。它涉及企业组织的实物支持系统、独特的知识与技能、管理体制和员工价值观念等因素。

客观地说，现代会计（尤其是财务会计）只注重企业组织的实物支持系统，较少关注企业组织独特的知识与技能、管理体制和员工的价值观念对企业组织竞争力乃至核心能力培植和提升的影响。核心能力对企业组织及其人力资源具有高度的依赖性，企业组织的员工在相当大的程度上充当了核心能力的承担者。那么，侧重于为企业组织的内部经营管理服务的管理会计如何为企业组织培植和提升其核心能力提供相关信息就成为 21 世纪管理会计发展的主题。因此，21 世纪管理会计的主题从价值增值转移到培植企业组织的核心能力，就是 21 世纪管理会计的发展趋势。

综合上述，管理会计的发展大大丰富了会计学的内容，扩充了会计的传统职能，展示了会计预测前景、参与决策、规划未来的作用，标志着现代会计学进入了一个充满活力的完全崭新的历史阶段。

📖 本章小结

本章以现代公司制度与金融市场的共生互动性为基础，讨论现代公司制度、金融市场与会计学科发展的共生互动性。在这个基础上，讨论了 20 世纪管理会计的发展历程。最后，本章以 21 世纪世界经济和企业组织经营环境的基本特征为立足点，讨论了 21 世纪管理会计的发展趋势。

关键术语和概念

现代公司制度　金融市场　会计学　共生互动性　管理会计发展历程
决策与计划会计　执行性管理会计　战略管理会计　知识经济　国际化　金融化
知识化　顾客化　竞争化　变化　核心能力

拓展阅读

1. ［美］安东尼·A. 阿特金森，罗伯特·S. 卡普兰，埃拉·梅·玛苏姆拉，S. 马克·杨. 管理会计（第 5 版）. 王立彦，陆勇，樊铮译. 北京：清华大学出版社，2009.

2. ［美］查尔斯·T. 亨格瑞，加里·L. 森登，威廉姆·O. 斯特尔顿，戴维·伯格斯塔勒，杰夫·舒兹伯格. 管理会计教程（原书第 15 版）. 潘飞，沈红波译. 北京：机械工业出版社，2012.

3. 贺颖奇，陈佳俊. 管理会计. 上海：上海财经大学出版社，2003.

4. 余绪缨. 管理会计. 北京：首都经济贸易大学出版社，2004.

5. 宋献中，胡玉明. 管理会计：战略与价值链分析. 北京：北京大学出版社，2006.

6. 胡玉明. 管理会计. 北京：中国财政经济出版社，2009.

7. 胡玉明，丁友刚，卢馨. 管理会计（第 2 版）. 广州：暨南大学出版社，2010.

第十一章 作业成本法与作业管理

20 世纪 80 年代以后，由于科学技术的飞速发展，使制造业的环境发生了重大变化。基于新的环境，传统的成本计算方法所提供的成本信息已经难以满足企业组织的经营管理需求。由此，新的成本计算方法与管理思维应运而生，其中备受关注的就是作业成本法与作业管理。

通过本章学习，应该掌握如下内容：

1. 传统成本计算法的制造费用分配及其存在的问题
2. 作业成本法的基本原理
3. 作业管理的基本原理

第一节 作业成本法的基本原理

任何理论与方法的产生都不是偶然的，而是众多因素综合作用的结果，作业成本法的产生也不例外。20 世纪 80 年代以来，世界科学技术和社会经济环境发生了重大变化。这些变化对企业组织的成本计算方法产生了一定的影响。

一、传统成本计算法的制造费用分配及其存在的问题

如前所述，制造费用是企业组织的产品生产过程发生的，不能直接归属于产品的间接成本。因此，在产品成本的计算过程中，要采用一定的分配方法将制造费用分配到产品中去。

基于传统的生产制造环境，传统生产工艺流程较为简单，间接制造费用所占的比重不大，大多数产成品的最重要的成本要素是原材料成本以及支付给生产工人的工资。对于生产的产品数量而言，这两项成本相对较高。而市场对产品的个性要求不明显，产品结构相似，产品品种较为单一，差别较小。这样，采用单一的分配基础或少数几个分配基础不会对成本计算结果造成太大的扭曲，成本计算提供的信息能够满足企业组织的经营控制与管理决策要求。

基于以"规模经济"为目标的大批量生产制造环境，制造费用的分配以业务量为基础。这种成本分配方式的合理性取决于制造费用是否完全与生产数量相联系。

传统成本计算方法通常用一个全厂范围的费用分配率或分部门的部门费用分配率来解决间接费用分配问题（如图 11 - 1 所示），这就是间接费用单一基础分配制度。基于此制

度，制造费用按共同基础及比率分配于各种产品。经常使用的分配基础包括生产产品的直接人工工时、直接人工工资、机器工时、产品产量、材料成本或主要成本、计划成本等。如果 A 产品耗用了 10 机器小时，而 B 产品耗用了 5 机器小时，则 A 产品分配到的制造费用是 B 产品的两倍。

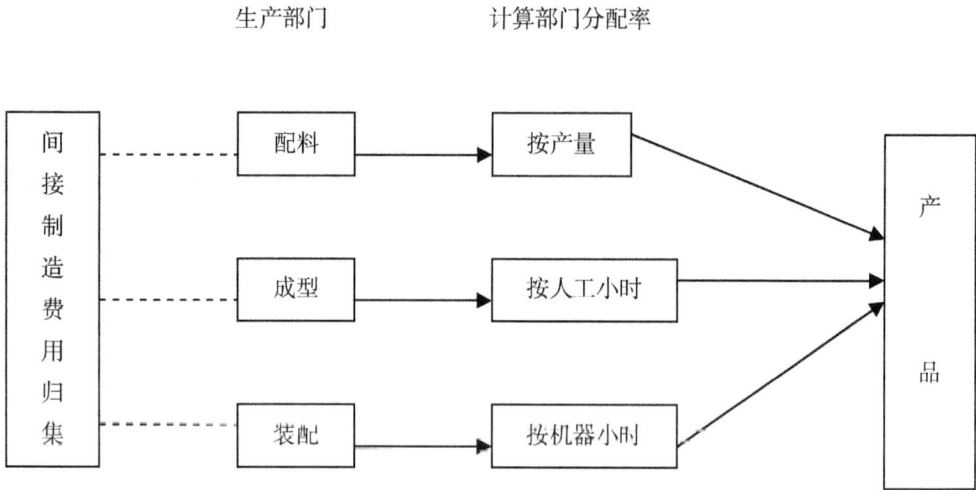

图 11-1　基于传统成本计算的制造费用分配

然而，20 世纪 80 年代以后，由于科学技术的飞速发展，经济发展和人们物质文化生活水平的提高，使得市场需求呈现出多样化、个性化和时尚化的趋势，从而导致制造业的产品多样化、个性化和不断追求新款式的竞争态势。为了在较短时间内生产出数量少、品种多、质量高的产品，企业组织的生产过程广泛应用高新技术和计算机技术，使得生产过程的自动化程度不断提高，如机器人、计算机辅助设计（CAD）、计算机辅助制造（CAM）和计算机一体化制造（CIM）逐渐普及，机器设备的通用性和灵活性更富有弹性。

随着企业组织的生产自动化程度不断提高，机器设备的价值越来越高，机器设备的维护费用与折旧费用也越来越高。高技术环境维持费等间接费用的增加，造成了产品成本结构的重大变化。原来的许多直接制造费用，尤其是直接人工成本大大下降，间接制造费用在全部成本的比重极大提高。大约 80 年前，间接费用仅仅为直接人工成本的 50% ~60%，而现在多数企业组织的间接费用为直接人工成本的 400% ~500%；以往直接人工成本占产品成本的 40% ~50%，而现在不到 10%，甚至仅占产品成本的 3% ~5%。

基于新的生产制造环境，许多制造费用并不单一地与生产数量相关，一些最重要的制造费用（如机器调整准备费用）并不受生产数量或与其相连带的指标所影响。因此，制造费用分配方法的选择对产品成本的计算影响很大。如果仅将产品产量看作唯一变量，必然导致产量较低而成本相对较高，产量较高而成本却相对较低。产品的多样化也使得标准成本法逐渐失去了存在的意义。

因此，沿用传统的单一基础分配间接费用的方法往往扭曲成本计算的结果，出现成本高估或低估的现象。其结果是：企业组织如果低估产品成本，则可能接受表面上盈利而实际上亏本的业务；如果高估产品成本，则将会有被竞争者抢占其市场的风险。因为这些产品的成本实际上低于报告给企业组织决策层的数字，因而使企业组织丧失了在仍能获利的前提下降低售价以阻止竞争者进入其市场的机会。

生产组织的重大变革促使企业组织的管理思维也发生了变化，新的企业组织观认为现代企业组织是一个为满足顾客需要而设计的一系列作业的集合体。作业成本法就充分体现了这种新的管理思维，作业成本法的出现最初是为了精确地计算成本，解决共同成本的分配问题。但是，它所提供的信息可以广泛用于预算管理、生产管理、产品定价、新产品开发、顾客盈利能力分析等诸多方面。这就使得作业成本法很快超越了成本计算本身，从而上升为以价值链（Value Chain）分析为基础的、服务于企业组织战略管理的作业管理。

二、作业成本法的基本概念

作业成本法是一种用来衡量产品成本、作业绩效、耗用资源及成本标准的方法。作业成本法的前提是"作业消耗资源，产品消耗作业"，按作业来归集和分配成本。采用多重的分摊基础，将全部资源成本分配到每个成本对象（产品、服务或顾客）上。

（一）作业、作业链和价值链

这是作业成本法最基础的概念。

1. 作业和作业链

作业（Activity）是企业组织为了特定目的而消耗资源的活动或事项。一个作业是一项事件、任务或具体目的的工作单元，如设计产品、装配机器、运转机器和分销产品等。例如，饭店为顾客服务，服务员可能就要按顺序履行下列工作，每一个工作都是一项作业：①领座；②提供菜单；③为顾客点菜；④将菜单送给厨房；⑤给顾客上菜；⑥给顾客续茶饮；⑦给顾客上单结账；⑧收钱并找零；⑨清理餐桌。

每一个作业成为其他作业的顾客，各种作业彼此连成一个整体，最终为企业组织的外部顾客服务，由此形成企业组织的作业链。所谓作业链（Activity Chain），就是相关的一系列作业的总称，它是企业组织为提供一定量的产品或劳务所消耗的人力、技术、原材料、方法和环境等的集合体。

2. 价值链

企业组织每完成一项作业都要消耗一定的资源，而作业的产出又形成一定价值，转移到下一个作业，依次转移，直至形成最终产品，提供给企业组织的外部顾客。最终产品作为企业组织内部作业链的最后一环，凝结了各个作业所形成并最终提供给顾客的价值。因此，从价值形成的过程来看，作业链又表现为价值链。价值链是一个由为生产产品或提供劳务而发生的、从原材料采购开始至销售给顾客为止的一系列价值生产作业构成的价值创造过程（如图 11-2 所示），每一种产品或劳务都有其独特的价值链。

第一层面：企业组织

```
┌──────────┐   ┌────────┐   ┌──────────┐   ┌──────────┐   ┌────────┐   ┌────────┐   ┌──────────┐
│ 用材林农场 │→ │ 纸浆厂 │→ │ 卡纸生产厂 │→ │ 卡纸印刷厂 │→ │ 饮料公司 │→ │ 杂货店 │→ │ 最终顾客 │
└──────────┘   └────────┘   └──────────┘   └──────────┘   └────────┘   └────────┘   └──────────┘
```

第二层面：流程

```
            ┌────────┐   ┌────────┐   ┌────────┐   ┌──────────┐
            │  采购  │→ │  储存  │→ │  上架  │→ │ 销售给顾客 │
            └────────┘   └────────┘   └────────┘   └──────────┘
```

第三层面：作业

```
┌──────────┐   ┌──────────┐   ┌──────────┐   ┌──────────┐   ┌──────────┐
│ 编制采购定单 │→ │ 取得定货 │→ │ 检查到货 │→ │ 运输和储存 │→ │ 支付货款 │
└──────────┘   └──────────┘   └──────────┘   └──────────┘   └──────────┘
```

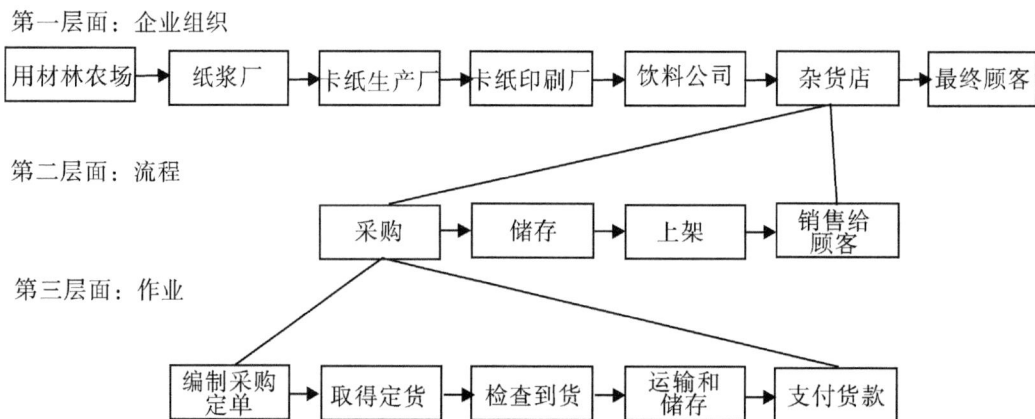

图 11 - 2　企业组织价值链的构成

根据图 11 - 2，第一层面的价值链重点描述价值链的不同企业组织，第二层面的价值链是一个杂货店采购和销售可口可乐产品的主要流程。为简化起见，这里只讨论杂货店采购和销售可口可乐产品的作业。这个流程包括从饮料公司购入可口可乐产品，储存和陈列，最终销售给顾客，一项作业就是一个工作单元。第三层面的价值链描述了杂货店采购可口可乐产品的流程进一步分解为一系列作业：①编制采购定单，订购纸盒装的可口可乐产品；②收到订购的产品；③验收货物，确保与定单产品一致，并确保产品完好无损；④储存盒装的可口可乐产品，直至上架；⑤收到供应商的发票账单后支付款项。

一系列相互联系、能够实现某种特定功能的作业集合构成作业中心（Activity Center）。例如，原材料采购作业的材料采购、材料检验、材料入库、材料保管等都是相互联系的作业，可以归类于材料处理作业中心。

（二）资源和成本

"作业消耗资源"，完成各项作业都要消耗以货币计量的资源，才能达到满足顾客需求的目的。所消耗的资源就构成了该项作业的成本，作业与资源的关系可用图 11 - 3 表示。

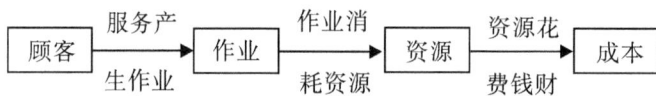

```
┌────────┐  服务产    ┌────────┐  作业消    ┌────────┐  资源花    ┌────────┐
│  顾客  │ ─────────→ │  作业  │ ─────────→ │  资源  │ ─────────→ │  成本  │
└────────┘  生作业    └────────┘  耗资源    └────────┘  费钱财    └────────┘
```

图 11 - 3　作业与资源的关系

1. 资源

资源（Resource）是作业执行过程所需要花费的代价，它是支持作业的成本费用来源。一种资源可能会被一个或多个作业所消耗。同样，一个作业库通常会消耗一种或多种资源。

与某项作业直接相关的资源应当直接计入该项作业成本（如直接材料），如果某项资源支持多种作业，就要通过一定的标准将资源分配计入各项相应的作业成本。

2. 成本库及其分配率

把相关的一系列作业所消耗的资源归集到作业中心，便构成该作业中心的成本库

（Cost Pool）。因此，成本库是作业中心的货币表现形式。

从理论上说，每种作业都要算出一个作业分配率。一个企业组织可能有成百上千项作业，也就有成百上千个作业分配率。虽然信息技术完全可以处理这样的信息量，但如果有可能减少分配率的数量还是有好处的。作业分配率越少，生成的产品成本报告就越容易解读，也越具有可操作性。

为了减少间接制造费用分配率的数量并使整个过程简洁高效，可以根据如下两个相似特征把同质作业划入作业中心：①逻辑相关；②对所有产品都有相同的消耗比率。通过汇总各项作业的成本就使成本与各作业中心发生了联系，归集与每一个作业中心相联系的间接制造费用就形成了成本库。

由于在成本库内的作业具有相同的消耗率，每一项作业的作业动因都能够按完全相同的比例把成本分配到产品。这意味着只需要一个作业动因（Cost Driver）就可以分配成本库的成本，因而，可以减少作业分配率的数量。一旦明确地界定了成本库，一项被选定的作业动因的单位成本就能用成本库的成本除以作业动因的实际容量计算出来。这就是成本库分配率（Pool Rate）。

3. 成本对象

成本对象（Cost Objective）是成本分配的目标，成本对象的选择和随后的成本分配工作都是为企业组织内部经营管理决策服务的。因此，成本对象的选择取决于经营管理决策的需要。可能的成本对象包括作业、流程、产品、项目、服务和顾客。典型的成本对象是为顾客提供的产品或服务，为了满足企业组织经营管理决策需要，成本对象也可以是顾客。

根据作业成本法，成本对象是企业组织执行各项作业的原因，也是归集成本的最终点。作业与产品的关系可用图 11-4 表示。

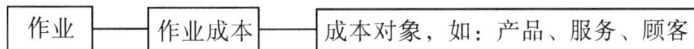

图 11-4 作业与产品的关系

（三）成本动因

成本动因指促使成本发生变动的因素。例如，材料耗用量为材料成本的成本动因。企业组织为赚取利润，必须先投入成本或消耗资源，以提供产品或劳务给顾客，从而取得收入。每项营运活动皆有其成本动因，同时与成本的发生有着因果关系。

成本动因是构成成本的决定性因素。成本动因可能与数量相关（如机器小时），也可能与营运活动有关（如机器换模次数）。从理论上说，每一项成本都能找出其成本动因。在企业组织的经营管理实践中，不同的企业组织，其成本动因不同，有些企业组织有数十种，甚至数百种成本动因。

根据作业成本法，成本动因可分为资源动因和作业动因。

1. 资源动因

根据作业成本法，作业量的多少决定着资源的消耗量，资源消耗量与作业量的这种关系称为资源动因（Resource Driver）。资源消耗量的高低与最终的产量没有直接的关系。

资源动因作为一种分配基础，反映了作业中心对资源的耗费情况，是将资源成本分配到作业中心的标准。在分配过程中，由于资源逐项分配到作业，于是，就产生了作业成本要素，将每个作业成本要素汇总就形成了作业成本库。通过对成本要素和成本库的分析，可以揭示哪些资源需要减少，哪些资源需要重新配置，最终确定如何改进和降低作业成本。

2. 作业动因

作为成本动因的一种形式，作业动因（Activity Driver）是将作业中心的成本分配到成本对象（产品、服务或顾客）的标准，它也是将资源消耗与最终产出相联系的中介。通过实际分析，可以揭示哪些作业是多余的、应该减少的，整体成本应该如何改善、如何降低。

（四）作业分类及其成本分级

为了把成本列入不同的成本库，作业可以划分为单位水平、批次级、产品级和设施级。把作业分为这四大类别有助于产品成本计算，因为这四种层次的作业分别对应四种成本动因。这种分类通常称为成本分级（Cost Hierarchy）。

1. 单位水平作业

单位水平作业（Unit Level Activity）是那些每生产一件产品就进行的作业。比如，加工和组装就是每生产一件产品就进行一次作业。产量水平作业成本随产量改变，其成本动因是产出产量，如原料使用量、直接人工小时、机器小时等。与此相关的作业成本就是单位产出级成本（Unit Level Cost），如产品生产的直接材料成本、直接人工成本等。

2. 批次级作业

批次级作业（Batch Level Activity）是那些每生产一批产品就进行一次的作业，如操作准备、检测（除非每件产品都被检测）、生产进度安排和物料装卸都是批别级的作业。批别级作业成本随批次数而变化，其成本动因是产品批次，如采购次数、机器整理次数、检验次数、运输时间等。典型的批次级成本（Batch Level Cost）包括订货成本、材料整理成本、包装发运成本等。

3. 产品级（支持）作业

产品级（支持）作业（Product Sustaining Activity）指为支持企业组织各种产品的生产而必须进行的作业。设计的变化、产品检测程序的开发、产品的营销、工艺流程和产品发送都是此类作业，其成本动因是产品或产品生产线，如机器维修次数或时间、产品研发时间、产品设计时间等。因此，产品的开发设计成本、产品功能改进成本、质量改进成本和质量检验成本等都是典型的产品级成本（Product Sustaining Level Cost）。

4. 设施级作业

设施级作业（Facility Level Activity）指那些维持工厂一般制造过程的作业，没有任何特定产品可以从中受益。设备级成本（Facility Sustaining Cost）属于企业组织全部产品的共同成本，如一般管理人员的工资、设备的折旧和维护费、供暖、照明、工厂治安和环境维护、财产保险和财产税等，这类成本属于期间成本。事实上，这些成本是固定成本，不受上述三大类成本动因的任何一种动因驱使。

在上述四大层次作业中，前三种（单位水平、批别级和产品级）包含与产品相关的作业，对这三种层次的作业，都可能计量个体产品对作业的需求。这三种层次的作业还可以根据消耗率进一步细分，这样，对这前三层次作业，在每一个层次内所有具有相同消耗率的作业实际上就可以分在一组。这种分组建立了作业的同质集合分配库：处于同级并且具有相同作业动因的作业集合。

设施级作业面对各种不同产品，难以识别个体产品如何消耗这些作业。因此，一个纯粹的作业成本法不会将这类成本分配给产品。但是，对设施级成本及其分摊的判断也可能存在例外。如果一个企业组织按生产线组织生产，就能用空间动因计量设备级作业的消耗。这是因为厂里的地面空间专门用于某种产品或组件的生产。在这种情况下，占地面积可被视为设施成本的一种可能作业动因。按照空间动因分配设施级成本还可以促进经理人减少生产用地，从而降低设施级成本。

三、作业成本法的步骤

作业成本法运用最为广泛的方法是两阶段模型（如图 11 – 5 所示）。第一阶段，根据资源动因将成本分配至各项作业。第二阶段，再以成本对象所耗用的作业为基础（作业动因），将作业成本分配到成本对象。

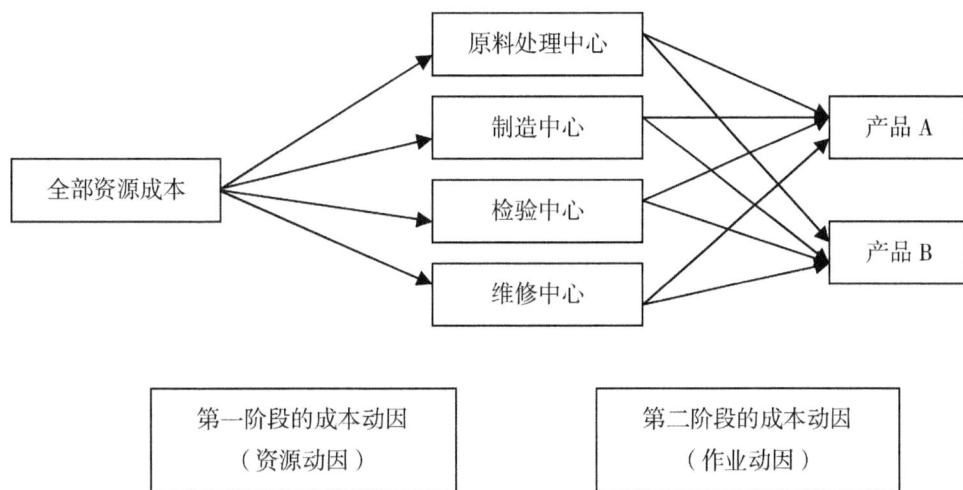

图 11 – 5　作业成本法的步骤

实施作业成本法，制造费用的归集与分配通常包括如下程序：

（一）按作业内容辨别区分不同类型的作业

通常，通过与经理人或代表各职能部门的人员面谈来识别作业。这其中需要问一组关键问题，问题的答案将提供作业成本法所需要的大量数据，将这些面谈得来的数据编成作业词典（Activity Dictionary）。作业词典汇集企业组织的各项作业，并列入若干关键的作业属性（Activity Attribute）。作业属性是一些描述各项作业的财务或非财务信息的项目，根据成本计算目标选择所需属性。与成本计算目标相关的作业属性可以包括所耗资源的类型、员工在一项作业上花的时间多少（或百分比）、消耗作业成果的成本对象（作业动因）、作业成果的计量和作业名称。

调查问卷可用来识别用于成本计算目的的作业及其属性，由问卷得到的信息既是编制作业词典的基础，也为资源成本分配到单个作业提供了有用的数据。下列项目并不完整，但有助于说明信息收集过程的基本特点。

（1）在你的部门里有多少员工？（作业消耗人工）

（2）他们都做什么工作，请描述一下？（作业是一些人为另一些人做事）

（3）在你的部门之外的顾客使用设备吗？（作业同样可指设备为他人工作）

（4）每项作业使用什么资源（设备、物料、能源）？（作业不仅消耗人工，还消耗资源）

（5）每项作业的产出是什么？（帮助识别作业动因）。

（6）使用各项作业产出的是什么人还是别的什么？（识别成本对象，如产品、其他作业、顾客等）

（7）员工需要花在每项作业的时间是多少？他们使用什么设备？（把人工成本和设备成本分配到作业所需要的信息）

【例11-1】某商业银行的信用卡部经理接受访问并被问到以上7个问题。请按先后顺序考虑提问这些问题的目的并试着回答。

（1）问题1（人力资源）：包括我在内有6名职员。

（2）问题2（作业识别）：有4种主要作业，即监管员工、处理信用卡交易、发送顾客对账单据和回答顾客咨询。

（3）问题3（作业识别）：是的。银行有自动柜员机为需要现金的顾客服务。

（4）问题4（资源识别）：我们每个人都有计算机、打印机和办公桌。使用打印机还需要供应纸张和其他一些东西。我们每人都有电话。

（5）问题5（潜在作业动因）：说到员工监管，我会处理员工的需求，并保证他们的工作效率。处理交易时会使该笔交易在我们的计算机系统里过账，这是编制每月的贷借对照表的信息资源。每月的顾客对账单据数目必须是实际寄发的数目。我认为实际提供了服务的顾客总人数是回答顾客咨询这项作业的产出。我想现金的交易数就是自动柜员机的作业量，尽管自动柜员机在其他方面，如在查核账目上，处理了更多的交易。也许，柜员机的交易次数才是它真正的作业产出。

（6）问题6（识别潜在成本对象之后）：我们有3种产品，即标准信用卡、金卡和白金卡。我们要处理这3种卡所发生的交易，为这几种信用卡的持卡人寄对账单。同样，回答的问题也都是这些持卡人的咨询。就监管而言，除自动柜员机外，我花时间保证所有作业得到应有的协作和执行。就自动柜员机的作业而言，我没起什么作用。

（7）问题7（识别资源动因）：我刚完成了一项工作调查，算出了每个员工所花时间的百分比。共有5个员工完成这3项部门作业。他们的时间有40%花在处理交易上，其余的时间平分在准备对账单和回答咨询上。打电话的时间只是用于回答顾客咨询，而花在电脑上时间有70%是处理交易，20%是在准备对账单，10%是回答咨询。还有，我自己的时间和使用电脑的时间全部用于管理。

根据调查得出的答案就可以编制作业词典。某商业银行信用卡部的作业词典如表11－1所示。

表11－1　某商业银行信用卡部的作业词典

作业名称	作业描述	作业类型	成本对象	作业动因
监管员工	调度、协调和评估工作	二级	部门内部作业	每项作业的总劳动时间
处理交易	分类、信息输入和检验	一级	信用卡	交易次数
准备对账单	审查、打印、封装和邮寄	一级	信用卡	对账单数
回答咨询	回答、登录、查看数据库和回电话	一级	信用卡	电话数
提供自动柜员机	进入账户、提款	一级	信用卡、活期存款账户和储蓄存款账户	柜员机交易次数

作业词典为作业命名（通常使用一个动词加上一个承受动作的宾语），描述构成作业的任务，把作业分为一级作业和二级作业，列出使用者（成本对象），并且识别作业产出的计量因子（作业动因）。一级作业指由产品或顾客消耗的作业。二级作业指被其他一级或二级作业消耗的作业。最终，二级作业会被一级作业消耗。例如，管理作业被以下一级作业消耗：处理交易、准备对账单和回答咨询。标准卡、金卡和白金卡这三种信用卡又消耗一级作业。对于一个企业组织来说，有一套200～300种作业的词典并不奇怪。

（二）将成本分配到作业

在确定和描述作业之后，就要确定完成每项作业所消耗的成本，即消耗的资源，如人工、物料、能源和资本等资源。通常，利用直接追溯和动因追溯把资源成本分配给作业。比如，【例11－1】的商业银行信用卡部经理可以通过问卷简单地识别每项作业消耗的人工。作业使用人工的情况如表11－2所示。

表11－2　作业使用人工情况表

作业	每项作业使用时间百分比	
	经理人	员工
监管员工	100%	0
处理交易	0	40%
准备对账单	0	30%
回答咨询	0	30%

每项作业需要的时间是将人工成本分配到作业的基础，如监管员工作业花费了经理人

的全部时间，则该项作业的人工成本就是经理人的人工成本（直接追溯）。如果一项资源为若干项作业共有（如员工资源），其分配思路为直接动因追溯，这时的动因就是前述的资源动因。

承【例 11 - 1】假设监管人员的年工资总额为 50 000 元，员工的年工资总额为 30 000元（5 个员工，人工成本总额为 150 000 元），那么，人工成本总额如何分配给各项作业？

根据表 11 - 2，其分配结果为：

监管员工：50 000 元

处理交易：60 000 元（0.4 × 150 000 元）

准备对账单：45 000 元（0.3 × 150 000 元）

回答咨询： 45 000 元（0.3 × 150 000 元）

当然，人工不是作业消耗的唯一资源。作业同样消耗材料、资本和能源。例如，通过走访可以发现信用卡部内部的作业耗用计算机、电话、办公桌和纸张。自动柜员机的作业使用了自动柜员机和能源，这些人工之外的资源成本也必须分配给不同的作业，其分配方法与人工成本的分配方法一样（利用直接动因追溯和资源动因）。比如，用于监管作业的计算机成本可用直接动因追溯来分配，其余作业的计算机成本用作业时间来分配。通过走访面谈，就可以清楚与每项作业相关的计算机的相对使用情况。总分类账表明每台计算机每年的成本是 1 200 元。这样，管理作业的成本又加上 1 200 元，而基于计算机的相对使用情况，其他作业的成本增加了 6 000 元（5 台 × 1 200 元/台）——处理交易占 70%（4 200元），准备对账单占 20%（1 200 元），回答咨询占 10%（600 元）。

对所有的资源重复上述过程，每项作业的总成本就可以算出来。表 11 - 3 给出了假设所有的资源成本已被分配的情况下，某商业银行信用卡部的各项作业成本（这些数字只是假设的数据，因为不是所需的所有资源数据都已给出）。

表 11 - 3　信用卡部的作业成本

作业	作业类型	作业成本（元）
监管员工	二级	75 000
处理交易	一级	100 000
准备对账单	一级	79 500
回答咨询	一级	69 900
提供自动柜员机	一级	250 000

（三）确定的分配基础——成本动因

作业成本的分配标准可以通过直接观察、交谈、问卷、统计分析或逻辑推理获得。

把资源成本分配给作业完成了作业成本法的第一步骤，在第一步骤中，作业被划分为一级作业和二级作业。如果有二级作业，就可能存在中间步骤。在中间步骤里，二级作业的成本被分配给那些消耗其产出的作业。比如，监管员工属于二级作业。其产出的计量因子是作业所用的员工总时间（参见表 11-1 的作业词典）。根据表 11-1，三种部门作业（均为一级作业）使用员工的人工比例分别为 40%、30% 和 30%。因而，监管作业的成本就按照这些比率（在这里就是作业动因）分配给每项消耗性的一级作业。用作业动因和表 11-3 资料计算出的成本如表 11-4 所示。

表 11-4 作业成本的分配 （单位：元）

作业	作业成本的分配
处理交易	130 000 = 100 000 + （0.4 × 75 000）
准备对账单	102 000 = 79 500 + （0.3 × 75 000）
回答咨询	92 400 = 69 900 + （0.3 × 75 000）
提供自动柜员机	250 000

（四）计算单位作业成本——作业成本分配率

如前所述，在一级作业的成本确定之后，就可以根据产品占用作业的比例把成本分配到产品，其分配基础就是成本动因。表 11-5 列出了四种一级作业的动因：已处理的交易数量、准备对账的数量、应答电话的数量和自动柜员机交易的次数。

表 11-5 作业的成本动因

作业	成本动因
处理交易	已处理的交易数量
准备对账单	准备对账的数量
回答咨询	应答电话的数量
提供自动柜员机	自动柜员机交易的次数

为了计算作业分配率，要先确定每项作业的实际容量。假设实际作业容量与所有产品消耗的作业使用总量相等，表 11-6 列示了各种产品消耗的作业量。

表 11-6 各种产品消耗的作业量

项目	标准卡	金卡	白金卡	合计
信用卡数量	5 000	3 000	2 000	10 000
已处理的交易数量	600 000	300 000	100 000	1 000 000
准备对账的数量	60 000	36 000	24 000	120 000
应答电话的数量	10 000	12 000	8 000	30 000
自动柜员机交易的次数*	15 000	3 000	2 000	20 000

*收集到的自动柜员机交易次数是总交易次数的 10%，自动柜员机总交易次数是 200 000 次。

根据表 11 - 6，计算单位作业成本：

单位作业成本 = 作业成本/成本动因数量

单位作业成本说明每种作业用量的价格，也就是作业成本分配率。

各种作业分配率如下：

处理交易： 130 000 元/1 000 000 = 0.13 元/每笔交易

准备对账单： 102 000 元/120 000 = 0.85 元/每份对账单

回答咨询： 92 400 元/30 000 = 3.08 元/每次电话

提供自动柜员机：250 000 元/200 000 = 1.25 元/每笔交易

（五）把成本分配给产品

利用计算出来的（或预定的）作业分配率乘以作业实际使用量就可以完成成本分配。产品成本计算过程如表 11 - 7 所示。

表 11 - 7　产品成本计算　　　　　　　　　　　单位：元

成本分配　　　　　　　产品名称	标准卡	金卡	白金卡
处理交易 0.13 × 600 000 0.13 × 300 000 0.13 × 100 000	78 000	39 000	13 000
准备对账单 0.85 × 60 000 0.85 × 36 000 0.85 × 24 000	51 000	30 600	20 400
回答咨询 3.08 × 10 000 3.08 × 12 000 3.08 × 8 000	30 800	36 960	24 640
提供自动柜员机 1.25 × 15 000 1.25 × 3 000 1.25 × 2 000	18 750	3 750	2 500
总成本	178 550	110 310	60 540
单位总量	5 000	3 000	2 000
单位成本	35.71	36.77	30.27

四、作业成本法例解

下面通过一个实例完整地说明作业成本法的基本原理。

【例 11 - 2】东风小型机械制造公司成型部门的制造费用过去一直按直接人工工时分配，由于市场竞争的压力，要求会计部门提供可靠的成本信息用于定价决策和成本控制。通过调查分析认为制造费用分配对产品成本计算影响很大，决定改变传统方法，采用作业成本法。

1. 确定作业和作业成本动因

2013 年 6 月，成型部门制造费用总额为 550 000 元。根据成本和作业之间的关系分析，该部门制造费用由三种作业引起，分别是质量控制、机器调控和材料整理，与各项作业相关的成本数据如表 11 - 8 所示。该公司生产的产品为高精密仪器，质量控制非常关键，质量控制成本比重较大。

表 11 - 8　作业与成本库成本总额

作业	成本库	制造费用（元）
质量控制	质量控制	250 000
机器调控	机器调控	100 000
材料整理	材料整理	200 000
合计		550 000

通过作业成本动因分析，质量控制成本与产品抽检件数相关，质量控制按成本动因即产品抽检数为分配基础；机器调控成本与机器调控次数相关，按成本动因调控次数为分配基础；材料整理成本与材料使用量相关，按成本动因材料整理数量为分配基础。

2013 年 6 月成型部门生产 A 和 B 两种产品。有关产品生产量和消耗作业量的资料如表 11 - 9 所示。

表 11 - 9　产品生产相关资料

项　目	A 产品	B 产品
生产数量（件）	6 000	2 000
直接人工工时/件	1.5	1
直接材料成本（元/件）	90	60
材料用量（公斤）	3 000	2 000
机器调控次数	3	2
产品抽检比例	10%	20%
小时工资率（元/小时）	30	30

2. 按成本动因确定制造费用分配率

三种作业成本库的成本按成本动因计算分配率，如表 11 - 10 所示。

表 11 - 10　作业成本分配率

成本库	成本总额（元）	分配基础（成本动因）	分配率
质量控制	250 000	抽检件数： A：6 000 × 10% = 600 元 B：2 000 × 20% = 400 元 合计：　　　　1 000 元	250 000/1 000 = 250 元/件
机器调控	100 000	3（A）+2（B）= 5 次	100 000/5 = 20 000 元/次
材料整理	200 000	A：3 000 公斤 B：2 000 公斤 合计：5 000 公斤	200 000/5 000 = 40 元/公斤

3. 按各产品消耗的成本动因分配制造费用

根据表 11 - 8、表 11 - 9 和表 11 - 10，制造费用分配如表 11 - 11 所示。

表 11 - 11　作业成本分配

作业成本	分配率	A 产品		B 产品	
		消耗动因	分配成本	消耗动因	分配成本
质量控制：250 000	250 元/件	600 件	150 000 元	400 件	100 000 元
机器调控：100 000	20 000 元/次	3 次	60 000 元	2 次	40 000 元
材料处理：200 000	40 元/公斤	3 000 公斤	120 000 元	2 000 公斤	80 000 元
合计：　　550 000			330 000 元		220 000 元

4. 计算单位产品成本

根据表 11 - 9 和表 11 - 10 计算单位产品成本，如表 11 - 12 所示。

表 11 - 12　产品总成本和单位成本的计算

成本要素	A 产品（6 000 件）		B 产品（2 000 件）	
	单位成本（元/件）	成本总额（元）	单位成本（元/件）	成本总额（元）
直接材料成本	90	540 000	60	120 000
直接人工成本	30 × 1.5 = 45	270 000	30	60 000
制造费用	330 000 /6 000 = 55	330 000	220 000/2 000 = 110	220 000
合计	190	1 140 000	200	400 000

5. 采用传统的制造费用分配方法

成型部门如果仍采用传统的分配方法，按直接人工工时分配制造费用，制造费用分配率可以计算如下：

直接人工总工时：A 产品：1.5 × 6 000 = 9 000 工时

B 产品：1.0 × 2 000 = 2 000 工时

合计　　　　　　　11 000 工时

制造费用分配率：550 000/11 000 = 50 元/工时

采用传统分配方法，其产品单位成本计算如表 11 – 13 所示。

表 11 – 13　**产品成本计算——制造费用按直接人工工时分配**

成本要素	A 产品（6 000 件）		B 产品（2 000 件）	
	单位成本（元/件）	成本总额（元）	单位成本（元/件）	成本总额（元）
直接材料成本	90	540 000	60	120 000
直接人工成本	30 × 1.5 = 45	270 000	30 × 1.0 = 30	60 000
制造费用	50 × 1.5 = 75	450 000	50 × 1.0 = 50	100 000
合计	210	1 260 000	140	280 000

由此可见，作业成本法与传统成本方法的计算结果存在很大差异。根据传统成本计算方法，A 产品的单位成本为 210 元，比作业成本法的 190 元高出 10.5%；而根据传统成本计算方法，B 产品的单位成本为 140 元，比作业成本法的 200 元低 30%。

从作业成本分配可以了解到，B 产品消耗的质量控制作业和机器调整作业相对较多，需要检验的数量大，而且每批产品的批量又小，所以每件产品承担的质量控制成本和机器调整的成本较高。作业成本法提供的这些更为真实的成本信息，可以让经理人了解到质量控制和产品质量改进对成本的影响，引导经理人采取措施加强作业的管理，改进产品质量的控制方法，或同时在产品质量和质量控制方法上采取改进措施，这些问题在传统的成本分配方法下都无法得以揭示。可见，不同成本分配方法对成本计算结果的影响，不相关的成本信息可能误导管理决策和经营控制。

因此，在企业组织日常的经营管理决策过程中，应该关注成本计算方法对成本信息的影响。如果有迹象表明成本信息的可靠性存在问题，应该重新审视成本计算程序和方法，考虑改进成本计算方法。这些迹象包括：①企业组织职能部门的经理人对会计部门的成本报告存在怀疑；②营销人员不愿根据会计部门的成本报告制定产品价格；③生产制造过程难度较大的复杂产品，尽管定价不是太高，但利润仍很丰厚；④产品贡献毛益的高低难以解释；⑤销售收入上升但利润却下降；⑥某些产品的贡献率很高但竞争对手却不愿生产；⑦制造费用分配率很高且不断提升；⑧车间开工多条产品生产线；⑨生产多种产品，各产品生产工艺相差悬殊，或产品批量相差较大；⑩根据会计部门提供的成本信息制定招、投标策略，招投标结果难以解释；⑪竞争对手大量生产和销售的产品，销售价格却低得令人难以置信等。

第二节　作业管理的基本原理

作业成本法虽然只是成本分配方法的改进，但对管理理念的影响却是重大的。"产品消耗作业，作业消耗资源"这个理念，不仅表达了产品与资源即成本的关系，而且以作业为连接点形成了企业组织的作业链，这就使得经理人可以通过识别作业、分析引起作业的根源，联系作业成本法评价作业效率。作业成本法与作业管理相互依存，贯穿于现代企业组织的经营管理的各个方面。

一、作业管理基本原理

作业管理是以作业为重心的全系统范围内的管理活动，目的是持续改善企业组织的经营活动。作业管理包括作业成本法和过程价值分析（Process Value Analysis）两个部分。这样，作业管理模型包括两个维度：作业成本计算维度（又称成本分配观）和过程价值分析（过程分析观），如图 11-6 所示。

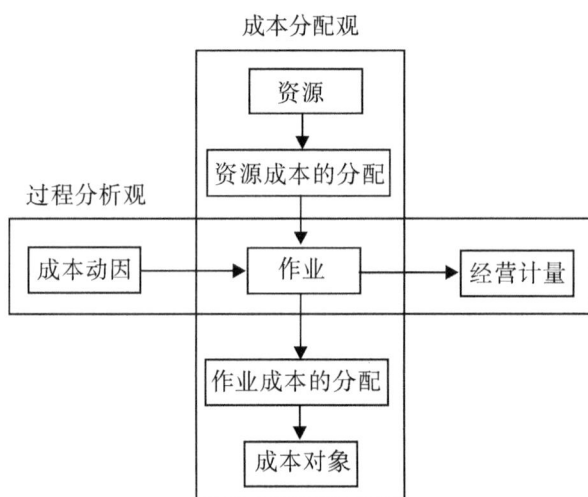

图 11-6　作业管理模型示意图

图 11-6 的垂直部分，反映了成本分配观，它说明成本对象引起作业需求，而作业需求又引起资源的需求。因此，成本分配从资源到作业，而后从作业到成本对象（产品服务或顾客）。图 11-6 的水平部分，反映了过程分析观，它为企业组织提供有关何种原因引起作业（成本动因）以及作业完成得如何（经营计量）的信息。企业组织利用这些信息，可以改进作业链，提高从企业组织外部顾客获得的价值。作业成本法从纵横两个侧面为企业组织改进作业链，减少作业耗费，提高作业的效益提供信息。

（一）减少非增值作业：持续改进的目标

企业组织向顾客提供产品或服务的经营活动由完成一定功能的作业构成。这些作业按一定的关系相连接，构成企业组织经营活动的价值链。在这个价值链中，各项作业耗费的成本不同，对企业组织的贡献也不一样。分析和评价作业、改进作业和消除非增值作业构成过程价值分析的基本内容。改进流程首先需要将每一项作业划分为增值作业或非增值作业，然后确定如何将非增值作业减至最小。

1. 增值作业

增值作业（Value – added Activity）指那些有必要保留在企业组织的作业。有些作业是为了遵守法律规定而产生的，如为遵守证券监管部门的报告要求和税务部门的填报要求而执行的作业；企业组织的其他作业由企业组织酌情决定，如果同时满足以下三个条件可视为增值作业：①该作业将带来状态的改变（有效率的）；②状态的变化不能由其他的作业完成（必要的）；③该作业使其他作业得以执行（不可消除的）。增值成本（Value – added Cost）是以完美的效率执行增值作业时发生的成本。

2. 非增值作业

非增值作业（Nonvalue – added Activity）指企业组织经营活动不必要的或可以消除的，或者虽然必要但效率不高或可以改进的作业。从顾客的视角来看，增值作业会增加产品或服务的价值，非增值作业不会增加产品或服务的价值。由于非增值作业既要消耗时间，又要消耗资源。因此，持续改进和流程再造的目标就是寻找非增值作业，并将其减至最小。执行非增值作业或增值作业的低效执行所发生的成本就是非增值成本（Nonvalue – added Cost），消除这些作业及成本不影响产品或服务的质量、功能和价值等。

一个流程的非增值作业主要包括：

（1）移动。履行增值作业时，在各个工作台之间移动货物的时间。比如，产品在工厂的工作台之间的搬运，或者病史记录在医院的办公室之间的搬运都会增加成本，但是，该作业本身并不增值。将产品搬运到下一个工作台的作业，仅仅有助于产品的增值。许多制造业为了减少产品的搬运作业，都重新布局各种设备。

（2）准备。从事一项增值作业所花的准备时间。准备包括开始工作之前的各项作业。在开始做家庭作业之前，准备书本、计算器、纸和铅笔等就是一个例子。找到计算器花费的 15 分钟是一项非增值作业，如果在做家庭作业之前，计算器已经摆放在书桌上，那么，就会减少非增值作业的准备时间。

（3）检查。检查一项增值作业正确完成所花的时间。检查包括确定产品或服务是否符合质量标准的各项作业。如果能够确保在第一时间内做好所做的工作，可以取消检查作业。

（4）等待。从事各项增值作业发生的等待时间。

为了节约时间和金钱，寻找非增值作业应该以可能发生浪费的区域为起点。在履行增值作业的过程中，往往由于需要非增值作业的支持作业。因此，要消除非增值作业几乎是不可能的。但是，因改变增值作业而提高了产品的质量，这将会减少对检查作业的需求。只有在 100% 效率的情况下，才不需要准备设备，也不需要搬运商品。实际上，即使这些非增值作业并不直接增加顾客的价值，但这些作业也是有必要存在的。

（二）目标驱动的流程和作业

当今世界级的企业组织之所以能够在全球市场参与质量、成本和服务等多维竞争是因为它们已经制定了实现更高层次企业组织使命的战略目标。为了评估各项作业对实现企业组织目标的贡献，必须将作业区分为增值作业与非增值作业两类。在这种情况下，目标驱动的作业可以描述为增加价值的作业，而非目标驱动的作业可以描述为不增加价值的作业。如果企业组织的目标是要成为行业高质产品的生产者，那么，为了改进质量而发生的作业就是目标驱动的作业。例如，如果企业组织总体战略目标是生产最佳质量的产品，那么，为了支持实现这个目标而实施的质量改进计划就可以描述为目标驱动的作业。

（三）成本节约的措施

作业管理通常通过作业消除、作业选择、作业减少和作业共享等措施来降低成本，提高效益。

1. 作业消除

作业消除（Activity Elimination）指对非增值作业或不必要的作业采取将其消除的办法，去除非增值成本以减少不必要的耗费，提高成本效率。例如，对购入的材料或零部件的检验作业，可以通过挑选信誉可靠的供货商，保证其供货质量，使检验作业得以消除。

2. 作业选择

作业选择（Activity Selection）指考虑所有能达到同样目标的不同作业或不同策略，选择其中最佳的作业或战略，最佳的作业可能是成本最低或成本相同但效率最高的作业。例如，扩大产品生产规模，可以对现有生产线加以改造扩张，也可以新投资一条生产线，或者寻求合作伙伴。不同的扩张措施，其作业构成不同，发生的成本也就不同，效果也会不一样。再如，企业组织的营销战略、促销活动、促销方式不同，促销活动引发的作业不同，产生的效果和发生的成本也会不同。通过作业成本法，比较作业的成本和效率，如果作业效果相同，选择成本最低的作业；如果成本不相上下，则选择效率最高或效果最好的作业。

3. 作业减少

作业减少（Activity Reduction）指以不断改进的方式降低作业所消耗的资源或时间。对于必要的作业通过改善以提高效率或降低成本，对于一时无法消除的非增值作业则尽量减少工作量以降低成本耗费。例如，生产过程的半成品搬运，可以通过改进工厂布局，缩短运送距离，进而减少运输作业，降低作业成本。

4. 作业共享

作业共享（Activity Sharing）指充分利用企业组织的生产能量使之达到规模经济效应，提高单位作业的效率。例如，不增加某种作业的成本而增加作业的处理量，使单位成本动因的成本分配率下降。再如，改善工厂布局，不增加厂房面积，增加工厂的产品生产能力，使产品承担的厂房折旧和维护费用减少。对于不可消除的作业，扩大其共享范围是改进作业、提高效率的最佳方式。

上述任何措施都离不开作业成本法所提供的成本信息。因此，作业成本法是作业管理的基础。在企业组织实施作业管理的过程中，经理人往往发现对流程或作业的评价有多种标准或态度，如前述的"增值作业与非增值作业"和"目标驱动作业与非目标驱动作业"。企业组织可以用于评价流程和作业的其他标准还包括社会责任、环境效率、全面质量提高和经营流程改进等。确定各项作业的评价标准并计量作业成本，有助于绩效评价。此外，一旦企业组织的关键作业发生了作业成本，就应该将其与企业组织的基本标准比较，也可以将其与其他企业组织的基本标准比较，以此作为绩效评价的基础。总之，作业成本法与作业管理为经理人提供了很多有益的信息。

二、作业预算：作业管理的运用

作业预算是在作业分析和业务流程改进的基础上，结合企业组织的战略目标和据此预测的作业量，确定企业组织在每一个部门的作业所发生的成本，并运用该信息在预算中规定每一项作业所允许的资源耗费量，实施有效的控制、绩效评价和考核。已经实施了作业成本法的企业组织也会希望建立一套作业预算（Activity - based Budget，ABB）。建立在作业层次上的预算制度是支持持续改进和流程管理的有效手段，因为作业需要消耗资源，因而发生成本，作业预算就成了比传统预算更有力的控制和计划工具。作业预算着重通过消除不必要的作业和提高必要作业的效率来降低成本。

（一）静态作业预算

成本的发生是因为作业消耗了资源，然而，消耗资源的数量取决于作业产出的需求。因此，建立一套作业预算需要经历下面三个步骤：

（1）明确企业组织的业务活动；

（2）估计每一项作业的产出需求；

（3）评估产生该层次作业所需的资源成本。

企业组织实施了作业成本法或作业管理，就已经完成了第一步。作业预算的主要任务就是为每一项作业评估工作量（需求），然后作出完成这些工作量所需资源的预算，确定接下来的每一项作业的工作量必须能够支持下一时期预期的产品销售作业和生产作业。

与传统预算一样，作业预算也从销售预算和生产预算开始。直接材料和直接人工预算也与作业成本法的构架相容，因为这些生产投入可以直接追溯到各个产品中去。作业预算与传统预算的主要区别，与制造费用、销售和管理费用这些成本种类相关。按照传统方法，这些种类的成本预算通常都是根据成本要素细化的（如第八章的表 8 - 14 所示）。这些成本要素按照生产量或销售量分为变动部分或固定部分。而且，通常这些预算的编制步骤首先是为部门（职能）内的某个成本项目编制预算，然后把这些成本项目归集起来汇总成制造费用预算。例如，制造费用预算的监管费就是各个不同部门所有监管费用的总和。而作业预算与此不同，作业预算首先确定制造、销售和管理这些作业，然后，基于提供要求的作业产出层次所需要的资源，为每一种作业建立预算。成本根据作业动因，而不是仅仅根据产量或销量分为变动成本部分和固定成本部分。

以采购物料这个作业为例，采购需求是生产各种产品和提供各种服务所必需的物料的一个功能。假设定单的数量是采购作业的动因，物料采购预算所标明的物料需要量为 15 000 份定单。为了执行采购作业，采购人员、物料用品（表格、纸、邮票、信封等）、桌椅、计算机和办公场地这些资源都是必需的。假设一名员工每年可以处理 3 000 份定单，这样就需要 5 名员工。同样，还需要为这 5 名员工配备 5 张办公桌、5 台计算机以及相应的办公场地。表 11 – 14 是一份采购作业预算（折旧费是指桌椅和计算机的折旧，占用费是指办公场地的占用成本）。

表 11 – 14　采购作业预算

工资	折旧	材料用品	占用费	合计
200 000	5 000	15 000	6 000	226 000

在采购作业消耗的资源中，物料用品是一项弹性资源，因而是变动成本；而其他所耗费的资源是定型资源，表现出一种固定成本性态（如工资、折旧的阶梯式固定成本性态）。然而，有一个重要的差异应当加以注意，就是固定性和变动性采购成本是根据定单的数量来确定的，而不是根据直接人工小时或产量或是生产产出的其他度量来确定的。每一种作业的成本性态是根据其产出计量来确定的（这不同于传统预算使用的基于生产的动因）。对于产出计量的了解可以使企业组织深刻地洞察作业成本控制。基于作业框架，控制成本转化为管理作业。例如，通过重新设计产品使产品配备更常用的配件，就可以减少定单的数量。通过减少所需的定单，可以减少弹性资源需要量；再者，所需定单数量的减少还可以降低所需的购买力，因而成本也会下降。

（二）弹性作业预算

作业成本随着作业产出的变化而发生变化，企业组织的经理人如果能够发现这种变化，就可以更加细致地规划和监督作业改进。弹性作业预算是对作业产出变化时作业成本大小的预测。基于作业框架的差异分析使得改进传统预算绩效报告成为可能。同时，差异分析也提升了作业管理的能力。

在传统预算形式下，对实际作业层次的预计成本是通过假定以单位为基础的单个动因（产量或直接人工小时）会驱动所有成本而得到的。成本公式是产量或直接人工小时的一个函数，而每一个成本项目都要建立成本公式。然而，如果成本不只随着一个动因变化，并且这些动因与直接人工小时又不是高度相关，那么，预测的成本就可能出错。

当然，解决的办法是建立多种动因的弹性预算公式，成本估计程序（高低点法、最小法等）可以用来估计和证实每项作业的成本公式。从理论上说，每项作业的变动成本构成应当与所需而且已获得的资源（弹性资源）相符，而固定成本构成部分应当与使用前的资源相对应（定型资源）。就像用作业产出计量手段那样，这种多重成本方法使得企业组织的经理人更合理有效地预测在不同作业层次应该耗用多少成本。这些成本可以与实际相比较以帮助评估预算的绩效，表 11 – 15 列示了一项弹性作业预算。

表 11 - 15 弹性作业预算

项目	动因：直接人工小时			
	公式		作业水平	
	固定	变动	10 000	20 000
直接材料	—	10	100 000	200 000
直接人工	—	8	80 000	160 000
小计	0	18	180 000	360 000
	动因：机器工时			
	固定	变动	8 000	16 000
保养费	20 000	5.50	64 000	108 000
机器设备	15 000	2.00	31 000	47 000
小计	35 000	7.50	95 000	155 000
	动因：安装数			
	固定	变动	25	30
检查费	80 000	2 100	132 500	143 000
安装费	—	1 800	45 000	54 000
小计	80 000	3 900	177 500	197 000
	动因：定单数			
	固定	变动	15 000	25 000
采购	211 000	1	226 000	236 000
合计			678 000	948 000

📖 本章小结

本章在分析传统成本计算法的制造费用分配及其存在问题的基础上，引入作业成本法的基本概念和基本原理，比较了传统成本计算法与作业成本法的差异。在此基础上，进一步讨论了作业管理的基本原理及其在预算管理中的运用。

关键术语和概念

作业成本法 作业链 成本库 成本对象 成本动因 资源动因 作业动因
作业词典 作业管理 增值作业 非增值作业 作业分析 过程价值分析 作业预算
静态作业预算 弹性作业预算

拓展阅读

1. ［美］罗纳德·W. 希尔顿. 管理会计学：在动态商业环境中创造价值（原书第 5 版）. 阎达五，李勇等译. 北京：机械工业出版社，2007.

2. ［美］查尔斯·T. 亨格瑞，加里·L. 森登，威廉姆·O. 斯特尔顿，戴维·伯格斯塔勒，杰夫·舒兹伯格. 管理会计教程（原书第 15 版）. 潘飞，沈红波译. 北京：机械工业出版社，2012.

3. 王平心. 作业成本计算理论与应用研究. 大连：东北财经大学出版社，2001.

4. 胡玉明. 管理会计. 北京：中国财政经济出版社，2009.

5. 胡玉明，丁友刚，卢馨. 管理会计（第 2 版）. 广州：暨南大学出版社，2010.

6. 刘运国. 管理会计学. 北京：中国人民大学出版社，2011.

第十二章　平衡计分卡

纵观国内外企业组织的发展史，为什么有的企业组织能够经受百年的风雨沉浮而经久不衰，成为"基业长青"的企业组织？为什么有的企业组织只能是昙花一现的"流星"而不能成为"明星"？为什么中国一些上市公司在上市前绩效优秀，上市不久就陷入困境呢？难道这只是财务问题吗？

所有这一切都给出了一个值得深思的问题：企业组织的可持续发展问题。企业组织的绩效评价如何以战略为核心，塑造企业组织的核心能力，从而推动企业组织的可持续发展呢？这就是本章试图讨论的主题：平衡计分卡。

通过本章学习，应该掌握如下内容：

1. 企业组织价值创造模式的转变
2. 财务绩效评价的内在局限
3. 平衡计分卡的基本原理及其运用
4. 平衡计分卡的战略思维

第一节　价值创造模式的转变

正如第十章所述，企业组织的经营环境已经发生了重大变化。由此，可能导致企业组织的价值创造模式的转变，从而使得以财务指标为基础的绩效评价的局限性日益突出。

一、价值创造模式的转变

基于新的经营环境，企业组织的价值创造模式（Value Creation Model）发生了变化。今天，管理咨询公司十分引人注目，管理咨询公司就是一个靠无形资产（而不是有形资产）创造价值的很好例证。管理咨询人员并不非常倚靠有形资产，相反，他们组织公司内部所有与咨询项目有关的专家并利用来自以前顾客的经验知识为顾客提供富有创造性的问题解决方案，从而为顾客创造价值。目前，蓬勃发展的高新技术公司更是如此。在这些以人力资本（Human Capital）为主导的企业组织里，观念或思想是资本，其他的东西不过是货币而已。

在以有形资产为基础的工业经济向几乎完全依赖知识资产的知识经济转轨过程中，人力资本创造价值的情形不断地发生于世界范围内的各种企业组织。对于身处当今商业环境的每个人，这种转变有目共睹。布鲁金斯研究所（Brookings Institute）的研究结果同样证实了这一点。图 12-1 描绘了美国上市公司无形资产价值不断增加的趋势，根据该研究成果，变化的步伐持续加快。布鲁金斯研究所的马格丽特·布莱尔（Margaret Blair）认为有形资产的价值已经持续大幅度下降，"如果你只看各家公司的各种有形资产，你看到的只是可以用各种一般会计方法衡量其价值的东西。现在，这些东西的价值还值不到公司价值的 25%。公司价值的另外 75% 来源于那些公司账簿上没有衡量或报告的东西"，"即使是可口可乐公司和迪斯尼公司，其绝大部分价值的实际创造也来自资产负债表没有反映的那些资产。"

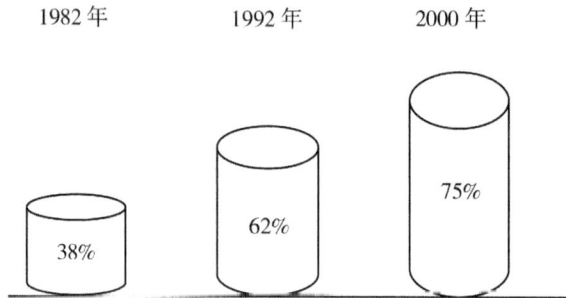

图 12-1　美国上市公司无形资产价值不断增加的趋势

企业组织的价值创造模式从主要倚靠有形资产到主要倚靠无形资产的转变，对企业组织的绩效评价具有重要而深远的影响。以资产负债表和利润表这种表格化方法为特征的财务绩效评价与有形资产占主导地位的环境完全匹配，因为影响财产、厂房和设备的各种交易都可以记录和反映在企业组织的账簿上。然而，特别关注无形价值创造机制的新经营环境更需要新的绩效评价思维。价值不只源于有形资产，来自无形资产的价值越来越多①。企业组织的绩效评价应该同时跟踪这两种价值驱动因素。因此，新的绩效评价思维必须具备辨认、描述、监控和反馈那些驱动企业组织取得成功的各种无形资产的能力。

二、财务绩效评价的内在局限

财务绩效评价以企业组织的财务报表及其财务指标为基础，而财务报表是财务会计模式的产物。从总体上看，财务会计模式是以权责发生制为确认基础、以历史成本为计量基础，以复式簿记为记账方式"三足鼎立"的会计模式。这种"三足鼎立"的会计模式必然导致财务会计以财务报表为主体并主要采用表内揭示的方式提供货币性财务信息。目前财务会计对所谓"表内业务"与"表外业务"的区分只不过局限于传统意义上的"表"的概念。由此而将一些企业组织的经营活动视为"表外业务"。这些被视为"表外业务"的经营活动对企业组织未来可持续发展的影响更为重大。因此，基于这种会计模式，企业

---

① 由"制造"（车间）转向"创造"与"营销"（现代企业组织）就是企业组织的价值创造模式转变的标志。"一流的企业组织卖观念，二流的企业组织卖产品，三流的企业组织卖原材料或劳动力"，"卡通猪比猪圈里的猪更好养、繁殖更快，也更值钱"等都是企业组织的价值创造模式转变的生动写照。

组织的财务报表及其财务指标用"会计特有语言"① 总结了企业组织经营活动的财务后果。企业组织的财务报表难以全面反映企业组织的经营活动。

基于历史成本原则②，财务报表及其财务指标以"会计特有语言"描述企业组织的经营活动及其结果充其量只能说明"企业组织过去做得怎么样"，财务报表及其财务指标并没有向人们保证或者承诺企业组织"明天风采依旧"或者"明天会更好"。因此，财务报表及其财务指标只是讲述企业组织过去的故事，这就决定了其"故事"的逻辑起点是结果导向。单独的"结果"无法展示企业组织"之所以产生如此结果"的前因后果，因此，只"知其然，而不知其所以然"。比如，某公司 2012 年度创造利润 5 000 万元，看到这数字能够清楚这个利润基于何种环境，基于何种战略取得的吗？以中国上市公司为例，为什么一些上市公司在上市之前财务绩效优秀，上市不久就陷入困境呢？难道这只是财务问题？即使这些上市公司上市之前的财务绩效完全真实可靠，上市之后，该上市公司照样可能陷入困境，因为财务报表及其财务指标只是讲述企业组织过去的故事，即使没有"做假账"，企业组织上市之后，战略定位可能发生问题，原先良好的财务绩效"一去不复返"。在这个世界上，不乏著名企业组织因为"抱残守缺"坚持曾经的辉煌但基于变化的环境不再适用的战略而衰落的例证。也有可能上市之后，其内部组织结构发生变化而修改原先创造良好财务绩效的前提条件，从而致使财务绩效不佳。也有可能上市之前，其生产的产品正处于成熟期，自然能够给其带来良好的财务绩效，但上市之后，产品刚好进入衰退期，其财务绩效当然不佳。诸如此类的原因都可能导致企业组织上市前后财务绩效的变化，怎能忽视隐含于财务绩效背后的绩效动因（Performance Driver）而简单地将企业组织上市前后的财务绩效进行对比呢？显然，财务报表及其财务指标无法充分体现这些绩效动因。只有立足于"环境—战略—过程—行为—结果"一体化的逻辑基础，才能真正理解和体会"结果"，这对于讲述企业组织的经营活动"过去故事"的财务报表及其财务指标可就有点勉为其难了！

另外，基于货币计量，财务报表及其财务指标只能讲述企业组织有形资产的故事。图 12-1 表明，企业组织的资产已经软性化，无形资产成为企业组织创造价值的重要源泉。无形资产可以使企业组织发展顾客关系，建立顾客忠诚度，发展新的顾客与市场，开发创新的产品与服务，以低成本在短时间内提供个性化、高质量的产品或服务，增强企业组织的员工技术能力，提高生产能力和质量，缩短对顾客需求的反应时间。新信息技术的出现和全球市场的开放改变了现代企业组织的经营活动的基本假设。仅靠有形资产，企业组织已经难以保持持续的竞争优势。信息时代呼唤着新的竞争驱动力。一个企业组织对无形资产的开发与利用能力已经成为其创造持续竞争优势的主要决定因素。然而，财务报表及其财务指标并没有充分地讲述无形资产的故事。

在这里，不妨作一个极端的假设：如果两家公司的财务指标完全相同，这两家公司一样吗？可能不一样，因为这两家公司的持续竞争优势可能不同。比如，人力资源的素质、

---

① 这些"会计特有语言"体现于会计确认、计量与报告准则。

② 现在，公允价值（Fair Value）非常流行。不过，需要明确的是：历史成本曾经是公允价值，而公允价值一旦入账，便转化为历史成本。因此，总体上说，公允价值的流行并没有从根本上影响这里的分析。

员工的凝聚力与士气、研究与开发能力等方面可能不同。

综合上述，财务报表及其财务指标只能讲述企业组织的经营活动有形资产过去的故事。而决策总是面向未来，而且企业组织主要依靠无形资产创造价值。这样，财务报表及其财务指标的局限性不言而喻。如此一来，以存在"内伤"的企业组织的财务报表及其财务指标为主体的绩效评价自然也就存在许多局限性。

具体地说，由于企业组织价值创造模式的转变，以财务报表及其财务指标为基础的绩效评价存在如下五个主要问题：

（一）脱离当今企业组织的经营环境

当今企业组织的价值创造并不仅限于企业组织的有形、固定资产。相反，价值根植于企业组织内部人力资源的理念、顾客和供应商的关系、关键信息的数据库、创新和质量的文化等因素。财务指标对于提供顾客、质量或员工问题与机会的早期预警没有什么帮助。财务指标固然重要，但是，驱动价值实现的动因更为重要，这些动因是一切追求价值最大化的企业组织可持续发展的基础。

（二）犹如看着后视镜开车

企业组织的财务绩效评价作为一种基于对过去经营数据的评价，只能获取滞后指标（Lagging Indicators），不能及时具体地捕捉到最近乃至更远的一个会计期间企业组织经理人的行为给企业组织创造了多少价值或者对企业组织的价值增值有什么破坏性影响。即使对于过去的行动，财务绩效评价也只是评价企业组织的经营活动的一部分而不是全部。对于今天和明天为创造未来财务绩效而采取的行动，财务绩效评价不能提供充分的指导。

（三）倾向于强调职能部门

财务报表通常按照职能部门编制，各个部门单独编制报表，然后汇总最终编制成企业组织的总表，这种方法与当今职能交叉的企业组织形式不相符。现在在流行由各种不同的职能部门组成团队，它们一起以前所未有的方式解决问题并创造价值，财务绩效评价不能计算这种新型关系的真正价值或成本。

（四）缺乏长远的战略思维

现在，企业组织许多计划的改变都以大幅度降低成本这个措施为特征。这可能对企业组织的短期财务指标存在正面的影响，但是，这种削减成本的措施经常针对企业组织的长期价值创造行为（如研究与开发、设计和顾客关系管理等）而来。这种以牺牲长期价值创造为代价的短期收入可能导致企业组织的资源局部优化。由于财务指标存在人为操纵的空间，企业组织的财务绩效评价可能造成企业组织的经理人过分重视取得和维持短期的财务成果，使企业组织的经理人急功近利，在短期绩效方面投资过多，而在长期价值创造方面（特别是使未来增长得以实现的无形的知识资产方面）的必要投资过少。

（五）财务指标与企业组织各个层次的相关性减弱

就其基本特征而言，财务报表（尤其是合并报表）非常抽象。站在另一个层次来看，这种抽象可能掩饰很多特点。整个企业组织的财务报表编制过程就是这样一种情况：不断地一个层次又一个层次往上堆积信息，直到这些信息对于大多数经理人和员工的决策都毫无用处的境地。企业组织的内部各个层次员工都要有一些可以据此工作的绩效数据，这些数据必须与其日常工作紧密相关。

表 12 - 1 列示了基于 20 世纪工业经济时代与 21 世纪知识经济时代的企业组织的主要差异。

表12 - 1　20 世纪工业经济时代与 21 世纪知识经济时代的企业组织

20 世纪工业经济时代	21 世纪知识经济时代
批量、标准化产品	小批量、个性化产品
强调规模经济	强调顾客化
注重有形资产的运用	注重无形资产的开发与运用
注重财务分析	注重财务与非财务相融合的价值创造动因及其可持续性分析
价值创造主要来自生产环节	价值创造主要来自设计和营销环节

第二节　平衡计分卡

基于新的经营环境，企业组织的经理人与投资者充分意识到以财务指标为主体的绩效评价的局限性。于是，一种体现"环境—战略—过程—行为—结果"一体化，以战略为导向，立足财务指标，又超越财务指标，财务指标与非财务指标相融合的战略绩效评价思维便应运而生，这就是平衡计分卡。

一、平衡计分卡的基本框架

作为一种绩效评价思维，在保留了主要财务指标的同时，平衡计分卡引入了未来财务绩效的动因，即顾客、内部业务流程、学习与成长。因此，平衡计分卡将企业组织的绩效评价基本框架井然有序地分为财务维度（Financial Perspective）、顾客维度（Customer Perspective）、内部业务流程维度（Internal Process Perspective）以及学习与成长维度（Learning and Growth Perspective），而所有的评价方法都旨在实现企业组织的一体化战略。

（一）财务维度

财务维度是平衡计分卡的一个重要组成部分，尤其是对企业组织则更是如此。这个维度的指标告诉企业组织的经理人实施其他维度已经通过指标设计细化的战略是否改善最终财务结果。企业组织的经理人可以竭尽全力改善顾客满意度、质量、及时交货等指标，但是，如果缺乏揭示影响企业组织财务绩效的指标，这些指标的价值就非常有限。财务维度的指标通常是一些传统的滞后指标（Lagging Indicator）。

由于企业组织其他各个维度的改善只是实现财务维度目标的手段，而不是目标本身，企业组织所有的改善都应当通向财务目标。因此，平衡计分卡将财务目标作为评价其他目标的焦点。如果说每项评价方法是平衡计分卡这条纽带的一部分，那么，这条纽带的因果关系最终结果还是归于"提高财务绩效"。企业组织出于不同的经营战略阶段，其财务绩效评价的侧重点不同。处于成长阶段的企业组织，其财务目标侧重于销售收入增长率以及目标市场、顾客群体和地区销售额增长；处于维持阶段的企业组织大多采用与获利能力有关的财务目标如经营收入、毛利、投资报酬率和经济附加值；处于收获阶段的企业组织更注意现金流动，以使现金流量达到最大化。

更为重要的是，企业组织的财务维度绩效评价必须考虑竞争对手[1]。例如，企业组织的销售收入的增长是一件好事。但是，必须深入分析销售收入为何增长？它可能来自市场份额的扩大。如果真如此，企业组织还应该进一步分析市场份额的扩大是来自企业组织竞争力的增强，还是来自市场份额总体规模的扩大。同样，企业组织的销售收入虽增长，但在市场上所占份额却遭受损失，这可能表明企业组织的战略或其产品和服务的吸引力存在问题。图 12-2 充分显示了这点。

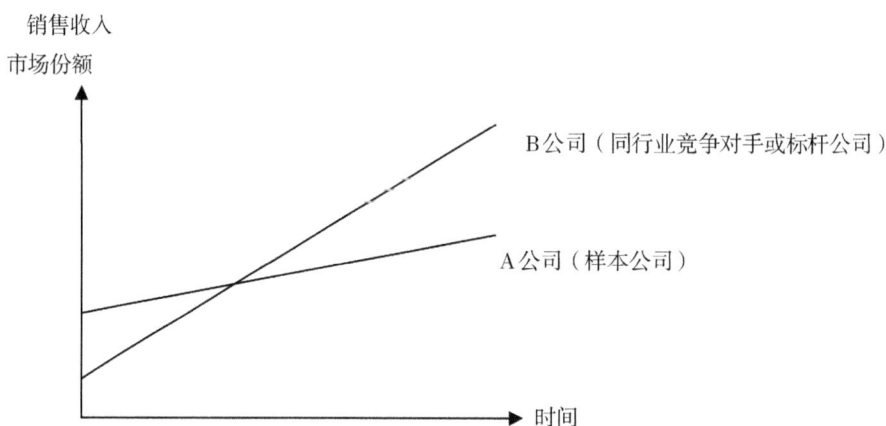

图 12-2　相对销售收入或市场份额的增长

如果企业组织的经理人单独考察 A 公司的销售收入或市场份额[2]，可以发现其销售收入或市场份额逐年增长，令人振奋。但是，如果企业组织的经理人进一步联系其竞争对手 B 公司的销售收入或市场份额的增长，便发现 A 公司的增长速度不如 B 公司，说明 A 公司的竞争地位面临重大挑战。因此，如果企业组织的经理人没有联系竞争对手的状况，单独评价企业组织的财务绩效，很容易陷入"孤芳自赏"的自我封闭状态，从而对企业组织的绩效作出错误的评价。

（二）顾客维度

企业组织靠什么持续地实现财务目标呢？答案只有一个：顾客。因此，任何企业组织与其财务目标相联系，想要获取长远、卓越的财务绩效，就必须不断创造出受顾客青睐的产品或服务[3]。平衡计分卡为解决顾客维度的问题，选择了两套绩效评价方法：一套是企

---

[1]　这体现了当今流行的"标杆"（Benchmarking）思想。

[2]　严格地说，"市场份额"不属于财务维度的内容，但因为其道理与销售收入相同，因此放在这里一并讨论。

[3]　在 21 世纪，满足顾客需求的企业组织只能赢得生存的空间，只有不断地创造并引导顾客需求的企业组织才能赢得发展的空间。

业组织在顾客维度所期望达到绩效而采用的绩效评价指标。由于这些指标几乎适用于所有企业组织，因此，又称之为"核心评价组"指标，主要包括"市场份额"、"顾客留住率"、"顾客获得率"、"顾客满意程度"、"顾客给企业组织带来的利润率"等绩效指标，其含义如表 12 – 2 所示。

表 12 – 2 核心评价组指标及其含义

指标	含义
市场份额	反映业务部门在销售市场上的业务比率
顾客留住率	从绝对或相对意义上，反映业务部门保留或维持与顾客现有关系的比率
顾客获得率	从绝对或相对意义上，评估业务部门吸引或赢得新顾客的比率
顾客满意程度	根据具体绩效标准评价顾客对产品或服务的满意程度
顾客给企业组织带来的利润率	在扣除支持某一顾客所需的专门支出之后，评估一个顾客或一个部门的净利润率

这些核心评价组指标构成一个因果关系链（如图 12 – 3 所示）。

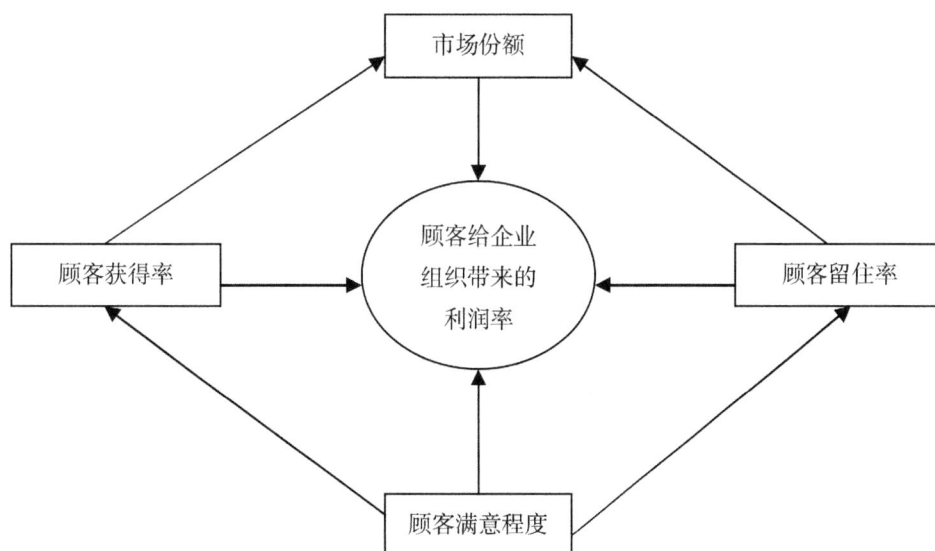

图 12 – 3 核心评价组指标因果关系链

图 12 – 3 本身就是一个因果关系链。其中的"顾客给企业组织带来的利润率"这个指标至关重要，因为市场份额只是实现财务目标的基础，而不是财务目标本身。庞大的市场份额未必能够给企业组织创造价值。只有能够给企业组织带来利润率的顾客所构造的市场份额才能为企业组织创造价值或带来利润，否则，市场份额越大，企业组织可能亏得越多。片面地追求市场份额可能会毁灭企业组织的价值。"顾客给企业组织带来的利润率"

这个指标是检验市场份额有效性的重要指标。同时，它也是连接平衡计分卡的财务维度与顾客维度的桥梁。

而另一套评价方法则是针对第一套评价方法的各项指标，分析达到各项指标应采取的措施及影响因素，然后加以评价。而对于各分项指标，又制定细分评价手段。例如，"企业组织与顾客关系"即可用"经营诚实及公开度"、"灵活度"、"合同执行情况"、"团队协作精神"等指标加以评价。如此，逐层细分，制定出评分表，除了统计顾客满意程度等各部分得分外，还可了解各部门的业务表现，而总的累计得分又可反映企业组织在哪些方面未能满足顾客要求及其原因。

如何使顾客满意关键在于企业组织的产品或服务的质量，质量是设计、制造出来的而不是检验出来的，质量形成于产品或服务的设计和制造流程。那么，企业组织如何持续提供顾客满意的产品或服务呢？答案就是：优化企业组织的内部业务流程。

（三）内部业务流程维度

平衡计分卡的第三个维度是制定企业组织内部业务流程的目标和评估手段，这是平衡计分卡与传统的绩效评价系统最显著的区别之一。传统的绩效评价集中于控制和改善现存职能中心或部门的作用，有些企业组织即便加入了"产品质量报酬率"、"生产能力"和"生产周期"等评价指标，也大都停留于改善单个部门绩效层面上。仅靠改善这些指标，只能有助于企业组织的生存，而不能形成企业组织独特的、可持续发展的竞争优势。平衡计分卡从满足投资者与顾客需求的经营战略出发，制定了井然有序、自上而下的经营目标评估手段。基于企业组织的内部业务流程（如图 12-4 所示），针对研究与开发过程、经营过程和售后服务过程设置不同的绩效评价指标。

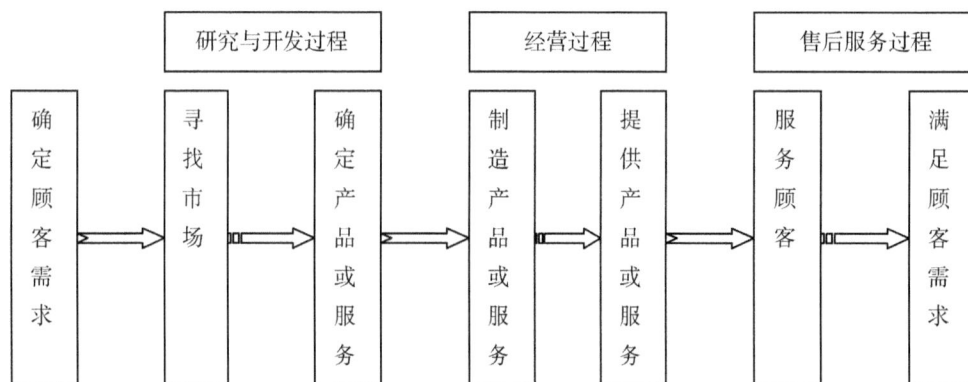

图 12-4　企业组织的内部业务流程

对于企业组织创造价值而言，研究与开发过程是一个漫长的过程。在这个过程中，企业组织首先以顾客为导向，发现和培育新市场、新顾客，并兼顾现有顾客的目前需要和潜在需要。在此基础上，着手设计和开发新产品或服务，使新产品或服务打入新市场，满足顾客需求。因此，企业组织应注重研究开发能力的评估，其主要绩效评价指标包括研究与开发强度（研究与开发支出占销售额的比重）、新产品销售额占全部销售额的比重（创新收益）、专利产品销售额占全部销售额的比重（创新收益的竞争优势）、新产品利润率和新产品开发时间等。新产品是企业组织长期创造价值的驱动力，一个停止新产品研究与开发的企业组织必将为不断变化的市场所淘汰。

相比之下，经营过程是企业组织创造价值的一个"水到渠成"的短暂过程。在这个过程中，企业组织向顾客出售产品或提供服务。这个过程强调对顾客及时、有效、连续地提供产品或服务。时间、质量和成本是经营过程的绩效评价指标。因此，在经营过程中，传统财务绩效评价方法如"标准成本"、"预算控制"和"差异分析"等依然可以作为监控手段，但远远不够，还应该再附加如"企业组织经营灵活性"、"生产周期"、"对顾客需求反应时间"、"对顾客提供产品多样性"、"废品率"、"返工率"等指标。

企业组织的售后服务过程旨在使顾客更快、更好、更充分地使用产品或服务的功能，而不是保护落后（有缺陷的产品在经营过程就应该淘汰）。因此，企业组织的售后服务过程也可采用有关"时间、质量、成本"等方面的绩效评价指标如"服务反应周期"、"人力成本"、"物力成本"、"售后服务的一次成功率"。

值得指出的是，企业组织的经理人在关注流程的时间和质量时，往往忽视这些内部业务流程的成本。以产品为核心的成本计算方法不能提供流程层次的成本，有序的"作业"构造了流程。因此，平衡计分卡必须与第十一章讨论的作业成本法、作业管理相结合①。作业成本法与作业管理构成平衡计分卡内部业务流程维度的重要组成部分。

接下来的问题就是，企业组织的内部业务流程应如何满足顾客日新月异的需求变化呢？靠的就是企业组织的学习与成长。

（四）学习与成长维度

平衡计分卡的第四维度就是企业组织的学习与成长，它是为前三个维度取得绩效突破提供持续的推动力量。基于平衡计分卡的绩效评价的目的之一就在于避免企业组织的短期行为，推动企业组织沿着可持续发展的道路前进。因此，它必然强调无形资产投资的重要性，而不局限于传统的有形资产投资，以达到提高员工能力、拓展信息系统功能、激发员工积极性等目的。

企业组织只有不断学习，才能不断创新，从而不断成长，而企业组织学习的主体是企业组织的员工。如何造就和营造企业组织员工自觉学习的氛围呢？

学习与成长维度的绩效评价指标主要包括"员工满意程度"（或"员工留住率"、"员工意见采纳百分比"）、"员工工作能力"（或"员工的劳动生产率"）、"员工的培训与提升"（或"员工素质"）、"企业组织的内部信息沟通能力"。其中，"员工满意程度"至关重要。正如第十章所述，企业组织本身就是一个"顾客链"，改善企业组织的业务流程和绩效的建议与想法越来越多地来自第一线的员工，这些员工离企业组织的内部顾客（业务流程）和企业组织的外部顾客最近，员工本身就是企业组织内部各业务流程的顾客。如果企业组织的内部顾客（企业组织的员工）本身不满意，怎能持续改善企业组织的内部业务流程呢？同时，要使企业组织的外部顾客满意，首先必须使企业组织的内部顾客满意。如果企业组织的内部顾客（企业组织的员工）在对外部顾客（顾客或消费者）提供服务时，充分感受到其所从事工作的"愉悦"，就会自然而然地将其内心的"愉悦"传递给外部顾

---

① 其实，前述顾客维度在判断顾客是否给企业组织带来利润率时，也需要借助于作业成本法与作业管理。

客，从而感染外部顾客。这样，外部顾客又怎能不满意呢？企业组织又何愁不能获得新顾客、留住老顾客呢？如果企业组织既不能持续改善其内部业务流程，又不能使其外部顾客满意，那将如何持续实现其财务目标呢？从这个意义上说，"员工满意程度"远比"顾客满意程度"重要。

企业组织可以买用一个人的时间，可以雇到一个人到指定的工作岗位，也可以买到按时或按日计算的技术操作，但是，企业组织难以买到一个人的热情、创造性和全身心地投入。而这种"热情、创造性和全身心地投入"对企业组织的创新与成长至关重要。因此，企业组织的员工只有"乐业"才能"爱岗"、"敬业"。

当然，要使企业组织的员工充分发挥作用，必须使其获得足够的信息，让员工了解有关企业组织的顾客、内部业务流程以及决策的后果等方面的信息即知情权。因此，"企业组织的内部信息沟通能力"指标也非常重要。

总而言之，企业组织只有不断学习，才能不断成长，从而持续改善内部业务流程，持续提供顾客满意的产品或服务，最终持续实现企业组织的财务目标。由此，财务、顾客、内部业务流程、学习与成长等具有因果关系的四个维度共同确立了平衡计分卡的基本框架。

在平衡计分卡的上述四个维度中，财务维度是最终目标，顾客维度是关键，内部业务流程维度是基础，学习与成长维度是核心。财务维度解决的是"想赚多少钱"的问题，顾客维度解决的是"想赚谁的钱"的问题，内部业务流程维度解决的是"擅长干什么才能赚钱"的问题，学习与成长维度解决的是"是否有能力持续赚钱"的问题，平衡计分卡最终解决的是"如何持续创造价值"的问题。如果把可持续发展的企业看成一棵果树，那么，"树根"就是平衡计分卡的学习与成长维度，"树干"就是平衡计分卡的内部业务流程维度，而"树枝"就是平衡计分卡的顾客维度，"果实"便是平衡计分卡的财务维度。

理想的绩效评价指标应该突出企业组织的绩效或价值创造的动因，提醒企业组织可能发生哪些管理问题（发现问题），从而提供一些追寻管理问题起因的线索（分析问题和解决问题）。"看不到问题是最大的问题"，如果企业组织不能发现管理问题，怎么知道管理问题出在哪里呢？企业组织不知道管理问题在哪里，又如何分析和解决管理问题呢？平衡计分卡四个维度及其绩效评价指标的"因果关系链"和"时间差"较好地解决了这些问题①。

二、平衡计分卡的战略思维

正如第十章所述，面对 21 世纪企业组织面临的经营环境变化，企业组织是否具备"独一无二"的核心能力是企业组织能否可持续发展的关键。基于这样的经营环境，企业组织应该争取"唯一"而不是"第一"，缺乏"唯一"的"第一"难以持久，企业组织

---

① 例如，顾客满意度较差可能影响财务目标的顺利实现（"因果关系链"），但是，从顾客不满意到顾客流失还需要一段时间（通常是 3~6 个月的时间）。因此，顾客满意度较差不会马上危及财务目标的实现（"时间差"），这样，就可以起到预警作用。企业组织也就可以"未雨绸缪"，在顾客流失之前，改善顾客满意度这个绩效评价指标，从而持续创造价值。

只有具备核心能力，才能在激烈的市场竞争中，保持"唯一"。唯有如此，企业组织才能可持续发展，所有这一切都仰仗于企业组织的战略定位。因此，许多企业组织都寻找制胜的战略良方。

也许，企业组织都制定了伟大战略，但是，设计精巧、构思美妙的伟大战略，不会自然实现。没有实施的战略只能是一种"美丽的幻想"，对企业组织也不会产生什么效益。许多企业组织之所以失败是因为战略实施问题而不是战略制定问题。如何解决战略制定与战略实施之间的问题是企业组织发展过程面临的关键问题，也是绩效评价需要解决的重要问题。

基于当今"事事强调战略定位，时时强调战略定位"的环境，企业组织的绩效评价究竟应该选择或设计哪些指标呢？"评价什么，就得到什么"。反之，"想得到什么，就应该评价什么"。战略决定了企业组织的绩效评价应该选择或设计哪些指标。由此，企业组织的绩效评价必须以战略为导向。企业组织的任何伟大战略的实施都离不开财务资源的支持，而任何战略之所以伟大就在于最终能够为企业组织创造价值。可谓"万涓之水，终究汇流成河"。这样，企业组织的绩效评价应该立足于财务指标，但又要超越财务指标，平衡计分卡的理念与此不谋而合。

然而，企业组织的战略很抽象，但战略的实施却非常具体。企业组织如何通过各种目标（体现企业组织的战略主题）与绩效评价指标的选择或设计描述战略，化战略为行动，从而有效地实施战略呢？企业组织又如何评价其战略实施的效果，从而反馈于战略的制定或修订呢？图12－5体现了这种思想。

根据图12－5，平衡计分卡各个维度的目标都源于企业组织的战略，而各个维度的绩效评价指标来源于其目标。通过绩效评价指标引导企业组织经理人的管理行为，从而化战略为行动并评价战略实施的效果。由此可见，基于平衡计分卡的绩效评价既不是平衡计分卡四个维度指标的简单组合，也不是一些财务指标与非财务指标的简单拼凑，它是企业组织的战略与一系列绩效评价指标相联系的有机整体。而所有这一切都必须围绕企业组织的战略这个核心，体现战略导向。

根据图12－5，以财务维度为例，以企业组织的战略为导向，确定企业组织财务维度的目标（就是将战略具体化为目标）。企业组织的财务维度目标可以是利润最大化、现金流量最大化或价值最大化。如果企业组织确定了其财务维度目标是价值最大化，那么，接下来的问题就是确定采用什么绩效评价指标（就是将目标转换成关键成功因素和关键绩效指标）。也许，经济附加值是最合适的绩效评价指标。如果企业组织采用经济附加值作为财务维度的绩效评价指标，那么，就应该通过经济附加值指标评价企业组织是否实现财务维度的价值最大化目标。同时，观察由此而引起的企业组织及其经理人的管理行为反应以及这种管理行为反应是否有利或偏离企业组织的战略，并评价战略实施的效果。通过绩效评价将企业组织及其经理人的管理行为引导到实现企业组织的战略轨道上来，反馈于战略的制定或修正（就是用关键绩效指标引导战略的有效实施并评价战略实施的效果）。其他维度的道理也不外如此。

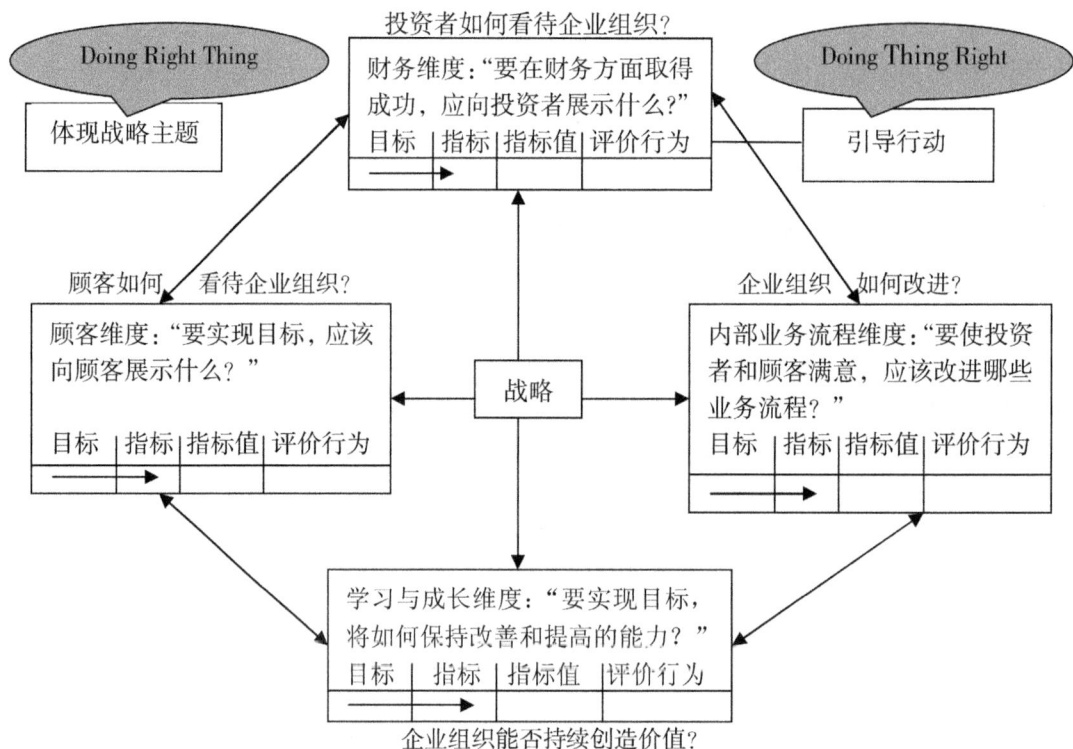

图 12 - 5　平衡计分卡的战略思维

　　如此一来，基于平衡计分卡的绩效评价的逻辑起点与核心是企业组织的战略。这样，基于平衡计分卡的绩效评价首先必须解决两个重要问题：第一，企业组织的经理人是否已经详细地描绘出企业组织的战略；第二，企业组织的经理人是否已经选择或设计出可以引导战略实施并评价其实施效果的关键绩效评价指标。也就是说，在所选择或设计的绩效评价指标与企业组织的战略之间必须存在一个明确的因果关系。基于平衡计分卡的绩效评价的整个过程的逻辑起点是先描绘出企业组织的战略，如果企业组织的经理人没有清晰地制定并描述企业组织的战略，那么，确定关键绩效评价指标的行为在相当大的程度上也就失去了意义。绩效评价指标的选择或设计应该围绕企业组织的战略，绩效评价指标应该成为传达并具体化企业组织的战略，引导战略实施，从而化战略为行动，并成为与企业组织的各级经理人和员工沟通的工具。当然，企业组织所选择或设计的绩效评价指标还应该是评价企业组织战略是否得以成功实施的工具。

三、平衡计分卡"平衡"什么

　　企业组织是一个矛盾的统一体，需要平衡。其实，平衡计分卡所隐含的精神就是"平衡"的观念。英文"Balanced Scorecard"（平衡计分卡）当中的 Balanced（平衡）意味着什么呢？

（一）平衡计分卡"平衡"什么

　　如前所述，平衡计分卡由财务维度、顾客维度、内部业务流程维度、学习与成长维度等四个具有"因果关系"的维度构成。平衡计分卡的任何一个维度出现了问题，都会"殃及"其他维度，企业组织都难以实现其可持续发展目标。因此，平衡计分卡首先需要平衡的便是其四个维度之间的关系①。平衡计分卡除了平衡其四个维度之间的关系之外，还要平衡以下三个关系：

1. 财务指标与非财务指标之间的平衡

财务指标固然重要，但是，它们是企业组织经营活动的财务结果，在指导和评价企业组织通过无形资产创造未来价值方面并不充分，而平衡计分卡解释了隐藏在传统的利润表和资产负债表背后的关键价值创造过程，而且加入未来绩效动因，从而克服了依赖财务指标的局限。在某些情况下，非财务指标能够比财务指标更直接、更迅速有效地评价企业组织的经理人绩效。

2. 前置指标与滞后指标之间的平衡

滞后指标（Lagging Indicator）通常代表过去已经取得的绩效，而前置指标（Leading Indicator）是产生滞后指标的绩效动因。没有前置指标，滞后指标无法反映目标是如何实现的。相反，没有滞后指标，前置指标反映了短期改进但不能说明这对企业组织是有益的。平衡计分卡提醒企业组织的经理人，不能忘记财务指标是滞后指标。财务指标是在事后揭示企业组织的绩效如何。如果企业组织想保持财务目标的持续增长，就应该了解反映价值创造的前置指标。这些前置指标在价值创造或毁灭行为体现于财务指标之前就已经发出了相应的预警信号。平衡计分卡兼容前置指标与滞后指标实际上就是构建以"因果关系"为纽带，"环境—战略—过程—行为—结果"一体化的战略绩效评价体系。

3. 企业组织内外部不同群体利益的平衡

正如第一章所述，企业组织是一系列契约的连接点。契约的背后隐藏着利益冲突。股东和顾客是外部群体，而员工和内部业务流程是内部群体。这些不同的群体对企业组织绩效的认识有各自不同的视角，存在不同的绩效预期。有财务层面的绩效预期，也有非财务层面的绩效预期，既有短期的绩效预期，又有长期的绩效预期。在有效实施战略的过程中，这些不同群体之间时而发生的矛盾并加以平衡。

（二）平衡计分卡四个维度是否足够

接下来的一个问题是：平衡计分卡四个维度就足够了吗？或者为什么是四个维度，而不是三个或五个乃至更多维度呢？对此，许多人都难以给予明确的回答。因为平衡计分卡的产生源于20世纪90年代以来卡普兰（Kaplan）和诺顿（Norton）的案例与实地研究（Case/Field Study）之经验总结，从而也就难以通过严格的数理证明回答为什么平衡计分卡四个维度就足够了。相反，企业组织的经理人需要思考的问题是：增加或减少一个或几个维度是否合适？如果在企业组织的具体管理实践过程中，企业组织的经理人不能回答这个问题，那只能承认或默认平衡计分卡四个维度就足够了②。

---

① 平衡计分卡四个维度以及各项绩效评价指标的设置只是体现了战略目标和激励方向（战略主题），而权重（Weight）则体现了其四个维度以及各项绩效评价指标的重要性程度。平衡计分卡隐含的"平衡"思想通过"权重"得以体现。当然，战略决定权重。

② 有的学者（如中国台湾地区的会计学者吴安妮教授）认为应该增加"风险"维度。但是，其理由和证据不够充分。因为平衡计分卡的四个维度无不体现了风险因素。既然如此，风险因素尚不能构成一个独立的维度。

其实，平衡计分卡的四个维度只是一个基本框架。这是一个以战略为导向的开放性框架，企业组织的经理人完全可以也应该根据其特定的战略和行业特征，构造与其管理情境相匹配的平衡计分卡[①]。

那么，平衡计分卡各个维度应该包括多少绩效评价指标才合适呢？平衡计分卡各个维度是否包含的绩效评价指标越多越好呢？应该说，平衡计分卡各个维度应该包括多少绩效评价指标取决于企业组织的具体战略和管理情境，难以一概而论。但是，平衡计分卡各个维度绝不是包含的绩效评价指标越多越好。如果平衡计分卡各个维度包含的绩效评价指标过多，不仅可能导致信息过载，不符合信息的成本与效益原则，更重要的是可能导致各个绩效评价指标之间主次不分，"因果关系"模糊。

最后，值得指出的是，尽管企业组织的经理人可以总结基于平衡计分卡的绩效评价的实践经验，但是，从理论上说，企业组织的经理人不仅无法具体说明基于平衡计分卡的绩效评价应该包括哪些绩效评价指标，而且也无法告知平衡计分卡四个维度以及各个绩效评价指标的权重如何。企业组织的经理人既难以确定统一的绩效评价指标体系，也不存在统一的权重。一切因企业组织的具体管理情境而异，没有固定的模式可以套用。基于平衡计分卡的绩效评价对每个企业组织都是独特的，必须按各个企业组织的需求和特点"量体裁衣"。企业组织基于平衡计分卡的绩效评价指标的选择或设计具有鲜明的"企业化"和"行为化"特征。对特定企业组织而言，平衡计分卡四个维度究竟应该包括哪些具体绩效评价指标，不同行业、企业组织都有所不同，即使是同一个企业组织，处于不同发展阶段也可能有所不同。这就需要企业组织的经理人或学者通过具体的"案例/实地研究"对特定企业组织选择或设计具体的绩效评价指标并赋予不同的权重。更重要的是，企业组织的经理人还要进一步观察所选择或设计的基于平衡计分卡的绩效评价指标在企业组织的管理实践过程中所引起的管理行为反应及其与企业组织战略的偏离情况，不断修正基于平衡计分卡的绩效评价的指标选择或设计与权重的分配，使基于平衡计分卡的绩效评价与企业组织的战略和具体管理情境相匹配。

综合上述，基于平衡计分卡的绩效评价，构建了一个以战略为起点和终点、从战略开始又回归到战略、企业组织的内外部视角相结合、企业组织的战略与财务相融合、企业组织的财务与业务连为一体、立足于财务指标又超越财务指标、财务指标与非财务指标相融合的战略绩效评价思维。

[①] 美国西尔斯（Sears）百货公司把基于平衡计分卡的绩效评价简化为"三个引人入胜的因素"（引人入胜的工作场所、引人入胜的购物场所、引人入胜的投资场所），从而描述其绩效评价指标的"因果关系链"。员工（一个引人入胜的工作场所）、顾客（一个引人入胜的购物场所）和投资者（一个引人入胜的投资场所）这三个因素把西尔斯百货公司带到一个强有力的引领市场的领导者位置上。这就是西尔斯百货公司运用基于平衡计分卡的绩效评价的成功之处。可是，西尔斯百货公司的平衡计分卡就只有三个维度。

📖 本章小结

本章以企业组织的经营环境变化为起点，讨论企业组织的价值创造模式的转变以及由此而引起的财务绩效评价的局限性，进而讨论一种体现"环境—战略—过程—行为—结果"一体化、以战略为导向、立足财务指标又超越财务指标、财务指标与非财务指标相融合的战略绩效评价思维，这就是平衡计分卡。

关键术语和概念

价值创造模式　财务绩效评价　战略绩效评价　平衡计分卡　财务维度　顾客维度
内部业务流程维度　学习与成长维度　战略思维　权重　财务指标　非财务指标
前置指标　滞后指标

拓展阅读

1. ［美］罗伯特·S. 卡普兰，大卫·P. 诺顿. 平衡计分卡——化战略为行动. 刘俊勇，孙薇译. 广州：广东经济出版社，2004.

2. 胡玉明. 平衡计分卡是什么：一个管理工具的神话. 北京：中国财政经济出版社，2004.

3. 宋献中，胡玉明. 管理会计：战略与价值链分析. 北京：北京大学出版社，2006.

4. ［美］安东尼·A. 阿特金森，罗伯特·S. 卡普兰，埃拉·梅·玛苏姆拉，S. 马克·杨. 管理会计（第5版）. 王立彦，陆勇，樊铮译. 北京：清华大学出版社，2009.

5. 胡玉明. 管理会计. 北京：中国财政经济出版社，2009.

6. 刘运国. 管理会计学. 北京：中国人民大学出版社，2011.

7. ［美］查尔斯·T. 亨格瑞，加里·L. 森登，威廉姆·O. 斯特尔顿，戴维·伯格斯塔勒，杰夫·舒兹伯格. 管理会计教程（原书第15版）. 潘飞，沈红波译. 北京：机械工业出版社，2012.

8. ［美］保罗·R. 尼文. 平衡计分卡实用手册（第3版）. 胡玉明，刘运国译. 北京：清华大学出版社，2013.